江西优秀文化精神标识及其传承研究

徐忱 著

中国文史出版社

江西省高校人文社会科学研究 2019 年度项目
《江西优秀文化精神标识及其传承研究》（ZZ19102）
研究成果

国家社科基金后期资助项目（19FZZB007）
赣州师范高等专科学校配套经费阶段性成果

目　录

绪　论

（一）　研究目的

习近平总书记高度重视并创新性提出精神标识概念，大力推动其与中华优秀传统文化相结合，促进了中国特色社会主义文化自信的巩固与发展。他曾先后多次在数个重要会议上阐释精神标识概念。习近平总书记在建党 95 周年庆祝大会上强调："文化自信，是更基础、更广泛、更深厚的自信。在 5000 多年文明发展中孕育的中华优秀传统文化，在党和人民伟大斗争中孕育的革命文化和社会主义先进文化，积淀着中华民族最深层的精神追求，代表着中华民族独特的精神标识。"习近平总书记在庆祝改革开放 40 周年大会上指出："改革开放铸就的伟大改革开放精神，极大丰富了民族精神内涵，成为当代中国人民最鲜明的精神标识！"习近平总书记在 2022 年春节团拜会上总结："一百年来，党和人民取得的一切成就都是团结奋斗的结果，团结奋斗是中国共产党和中国人民最显著的精神标识。"习近平总书记分别谈到中华民族、中国共产党、中国人民的精神标识，并且要求我们"准确提炼并展示中华优秀传统文化的精神标识"。中华优秀传统文化由各地区各民族文化汇聚而成，每个地区每个民族的优秀传统文化不仅代表其自身，也是中华优秀传统文化的缩影。我们要准确提炼并展示中华优秀传统文化的精神标识，必须首先深入了解各地区各民族的历史文化，作为生活在江西红土圣地的江西学人，《江西优秀文化精神标识及其传承研究》成为我们的选题。

什么是精神标识？不同学科有不同的解读。詹小美教授从传播学视角指出，"精神标识是民族国家价值表达的外显形式，它以思想的记号和价值的标志，指谓了具体民族生存与发展的价值定位和价值主张".① 她认为,中华精神标识体现着"中华民族一以贯之的精神追求,是中华民族道德情操和文化信仰的集中表达",② 包括"人民为本、家国情怀、德法兼治、和而不同"③ 四个层面的内容。这是迄今为止有关精神标识概念的最具学术性的阐释,为我们从思想政治教育角度理解"优秀传统文化精神标识"提供了经验。思想政治教育专业要怎样理解"优秀传统文化精神标识"?

首先,我们要明确理论,即马克思主义基本原理同中华优秀传统文化相结合。党的十八大以来,中国特色社会主义进入新时代,习近平总书记带领全党,在建设社会主义现代化国家征途上,始终坚持马克思主义基本原理同中国具体实际相结合、同中华优秀传统文化相结合,独立自主、锐意创新处理党和国家重大事务。习近平总书记指出:"我们要坚持把马克思主义基本原理同中国具体实际相结合、同中华优秀传统文化相结合,用马克思主义观察时代、把握时代、引领时代,继续发展当代中国马克思主义、21 世纪马克思主义!"因此,优秀传统文化精神标识必须是"马克思主义基本原理同中华优秀传统文化相结合"理论的产物。离开该理论,优秀传统文化精神标识便必然脱离马克思主义中国化正轨。脱离正轨的优秀传统文化精神标识不是思想政治教育专业所需要的精神标识。

其次,我们要明确内容,即只有经过历史长河洗礼,经过大浪淘沙的精神内涵及其物质具象存在才是优秀传统文化精神标识的内容。中华文明绵延五千年,各省各民族的历史同样源远流长,能够代表国家、民族、地区的优秀传统文化精神标识俯拾皆是,皆为瑰宝,皆须弘扬。为此,我们需要以正确理论为指引。习近平总书记以"以爱国主义为核心的民族精神和以改革创新为核心的时代精神"作为中国精神的内容,为我们研究优秀传统文化精神标识指明方向。就江西而言,江泽民同志和习近平同志曾先后就苏区精神、井冈山精神、长征精神的内涵

① 詹小美:《中华精神标识的要义凝练与国际传播》,《人民论坛·学术前沿》2018 年 9 月上。
② 詹小美:《中华精神标识的要义凝练与国际传播》,《人民论坛·学术前沿》2018 年 9 月上。
③ 詹小美:《中华精神标识的要义凝练与国际传播》,《人民论坛·学术前沿》2018 年 9 月上。

做过总结概括与科学定性。2001 年 6 月初，江泽民同志考察江西，指出"井冈山精神，最重要的方面就是坚定信念、艰苦奋斗，实事求是、敢闯新路，依靠群众、勇于胜利"。2011 年 11 月 4 日，习近平在纪念中央革命根据地创建暨中华苏维埃共和国成立 80 周年座谈会上发表重要讲话，指出苏区精神的内涵是"坚定信念、求真务实、一心为民、清正廉洁、艰苦奋斗、争创一流、无私奉献"。2016 年 10 月 21 日，习近平总书记在纪念红军长征胜利 80 周年大会上发表重要讲话，阐释伟大长征精神的内涵是"把全国人民和中华民族的根本利益看得高于一切，坚定革命的理想和信念，坚信正义事业必然胜利的精神；就是为了救国救民，不怕任何艰难险阻，不惜付出一切牺牲的精神；就是坚持独立自主、实事求是，一切从实际出发的精神；就是顾全大局、严守纪律、紧密团结的精神；就是紧紧依靠人民群众，同人民群众生死相依、患难与共、艰苦奋斗的精神"。中共主要领导人围绕江西革命精神内涵的重要讲话和重要指示是我们研究江西优秀文化精神标识的科学指引。

再次，我们要明确方法，即通过运用马克思主义中国化研究方法，梳理江西绵延历史文化，挖掘那些属于江西的历久弥坚弥新弥真弥实的精神标识。摆在我们面前的，是江西浩瀚的历史长卷，是先辈在这片江南鱼米之乡耕作的历史剪影，是革命先烈在这块红土圣地不怕牺牲追求真理的精神浓缩。我们要做的，是采撷那些珍贵的历史镜头，并通过这些历史镜头告诉人们：它们就是江西优秀文化精神标识。历史镜头从古及近，不同时期受不同思想主宰，我们要找寻的是那些依然能够鼓舞新时代前进步伐的历史镜头，是那些经过马克思主义中国化依然具有现实意义的历史镜头。这些历史镜头无一例外均采撷自学界已有的有关江西历史的研究成果。如许怀林的《江西史稿》、钟起煌主编的 11 卷本《江西通史》、俞兆鹏和陈进玉主编的《中国地域文化通览·江西卷》、郑克强总主编的 9 卷本《赣文化通典》等著作。包括这些著作在内的有关江西历史文化的研究成果，为江西优秀文化精神标识研究提供了扎实的史料、史事基础，是本研究得以便利展开的前提条件。而梳理史料则须在历史研究法的基础上，采用马克思主义中国化研究方法，以求完整、准确提炼江西优秀文化精神标识。

最后，我们要明确传承性，即江西优秀文化精神标识传承自历史过程，并且赓续不绝，永葆时代精神，始终与时代接轨，是每个时代人们共同遵循的精神力量与物质遗产。传承的内容和方向是本研究的重要目的。历史长河滔滔不绝，我们仅仅处于其稍纵即逝的一段时光。这段时光对历史而言虽然短暂，但对个体的人和处在这段时光的国家而言，则是丰富的、充实的、变化的、运动的、矛盾的。我们在这段时光内，既要继承源自历史的文化与精神，又要展望未来，开辟发扬优秀传统文化的未来前景。每一代人的传承都是一次优秀文化的接续发展，这种传承分自觉与非自觉两种。中国古代文化的精神标识传承是后者，而我们所做的是前者。这里所说的优秀文化精神标识自觉传承是指基于国家发展的有意识、有目的、有方法的发展与发扬优秀传统文化。有意识是指明确优秀文化精神标识的价值与作用；有目的是指对优秀文化精神标识与国家未来发展方向的一致性具有高度认同；有方法是指能够运用马克思主义中国化研究方法提炼优秀文化精神标识并为国家发展大局服务。

综上，我们认为，优秀文化精神标识是某一地区或某一民族源自历史的、历久弥新的、最具辨识度的精神品质与物质文化符号。源自历史，是因为它不是突如其来的，而是在时间的运动中不断发展而形成；历久弥新，是因其能够超越时代背景而始终保持生命力；最具辨识度，于精神品质而言，是指其与其他地区或民族得以区别或共享的最强特征，于物质文化符号而言，是指其与其他地区或民族得以区别的独一无二的物质存在。《江西优秀文化精神标识及其传承研究》将基于这样的"优秀文化精神标识"概念，研究贯穿江西省历史的属于江西或同时与其他省份共享的重要精神品质，研究能够展现江西省独特文化特征的物质文化符号。

（二）研究框架和内容

《江西优秀文化精神标识及其传承研究》的研究框架和内容由两部分构成：

一是江西优秀文化精神标识有哪些种类，都是什么；二是它们是如何传承至今的，未来将如何传承下去。其中，第一部分又分精神品质与物质文化符号两类。这是本研究的总体研究框架和内容。不过，写作方法则不能循此框架，因为那样的话，各部分内容单摆浮搁，彼此分离，不成体系。为此，我们根据前辈学者研究成果以及丰富史料，按照精神品质，将江西优秀文化精神标识分为六大类，并将物质文化符号按照精神标识归类，以此做到精神标识与物质文化符号相统一，历史叙述与文化传承相统一。江西优秀文化精神标识六大类内容分别是：

> 敢为人先，开榛辟莽。
>
> 天性好善，追求正义。
>
> 团结奋斗，爱国爱家。
>
> 重文重教，不学为辱。
>
> 思想包容，倡导良知。
>
> 积极进取，创新求变。

第一，敢为人先，开榛辟莽。"开榛辟莽"在这里不仅指江西先人对自然的开发利用，而且指他们留给我们的数不清的物质文化遗产。距今一万年前，新石器时代早期的江西先人已经成功培育出人工稻。江西还发现了距今超万年的夹粗砂条纹陶瓷和绳纹陶，美国哈佛大学教授欧弗·巴尔·约瑟夫称它们是"世界上最早的陶器"。中国最早的铜矿遗址是距今三千年的江西瑞昌铜岭铜矿遗址。秦代，打通大庾岭通往岭南的交通渠道，赣闽粤建立陆路联系。"开榛辟莽"还指江西先人创造性地把自然山水与文化相结合，吸引儒释道各方名流，竞奔豫章。如"山西慧远、福建怀海、湖南周敦颐、山东辛弃疾、四川虞集、浙江王守仁等"。[①]"开榛辟莽"更指中共新民主主义革命时期的"敢为人先"。在中国共产

---

① 俞兆鹏、李少恒主编：《中国地域文化通览·江西卷》，北京：中华书局，2013年，第14页。

党领导下，江西红土圣地永远记载着中国革命的"五个第一"，即中共领导的第一次工人大罢工——安源路矿工人大罢工；中共第一次独立领导革命军队打响反抗国民党反动派第一枪——南昌起义；中共第一次打出工农革命军旗帜——秋收起义；中共建立的第一个农村革命根据地——井冈山革命根据地；中共建立的第一个红色政权——中华苏维埃共和国临时中央政府。改革开放以来，江西重视自然生态保护，1988年制定《江西省山江湖开发治理总体规划纲要》，保护鄱阳湖等地标环境和水质，山江湖工程被誉为发展中国家生态建设的典范，"绿色生态成为江西的最大财富、最大优势、最大品牌"。江西优秀文化敢为人先开榛辟莽的精神标识既表现出传承性，也体现了发展性。它不仅是对自然的开发、利用、保护，也是思想上、文化上的勇闯新路。

第二，天性好善，追求正义。接纳战乱迁徙人口是江西人民"天性好善"的重要表现。江西人民第一次大规模接纳战乱迁徙人口是在唐末。唐末安史之乱、黄巢起义、秦宗权割据，中原民不聊生，被迫南迁寻找生路。江西人民敞开怀抱，接纳同胞。彼时，江西处于杨吴、南唐统治时期，社会秩序安定。据统计，这一时期，江西增置19个县，人口增长可见一斑。江西人民第二次大规模接纳战乱迁徙人口是在北宋末年。金侵宋，赵氏南渡，偏居临安，江南成为宋人迁居之地。迁入江西的人口，不仅有平民，还有北宋宗室、士绅，多阶层大规模的拥入极大地丰富了江西人口结构。反抗剥削压迫是江西人民"追求正义"的重要表现。古代，江西人民反抗剥削压迫的主要手段是起义。这些起义中，比较著名的有：隋朝林士弘、操师乞起义；吴先、张遇贤领导的反抗南唐统治的人民起义；文天祥抗元斗争；徐寿辉、陈友谅结束元朝政府在江西的统治的斗争；明代崇义县赣南农民起义；清代赣州佃农抗租斗争等。古代江西人民有"好讼"之名，为宋代黄庭坚、曾巩等文人所不齿。但换个角度看，凡事诉诸法律正是通过非暴力手段解决社会冲突的最佳方式。江西人民以和平方式追求公平正义，正是其"天性好善"的写照。革命战争时期，江西人民在中国共产党领导下，先后参与《井冈山土地法》《兴国县土地法》实践，参与中央苏区选举等民主实践，体现其向往平等、追求正义的精神品质。同时，江西人民积极参加革命战争，为争取人民幸福，无畏流血牺牲。据统计，革命年代，江西仅有名有姓的烈士就超过 25 万人，占全国烈士人数的 1/6。

第三，团结奋斗，爱国爱家。朝代更迭之际，往往涌现赤胆爱国之士。南朝陈名臣周罗睺、南宋抗金名将刘锜、南宋文天祥和江万里抗元，可歌可泣；明大臣杨廷麟抗清，血染沙场。此外，爱国还表现在大型基础设施如堤坝、沟渠等水利工程的建设上，表现在赣江—鄱阳湖航道建设上，表现在大庾岭驿道建设上，表现在梯田大规模垦辟上。总之，历朝历代的兴旺与发展离不开人民的奉献。江西人民不仅具有爱国主义精神，而且极度重视家族宗族团结，洋溢出强烈的家国情怀。江西历史上，出现过不少人口数百人的大家庭。如宋代德安"义门陈氏"，十三世同堂，人口超七百。这些大家庭重视教育，同心同德，"上下姻睦，人无间言"。① 当然，大家庭也面临各种现实问题，往往走到分家析产，形成多个小家庭。这些同姓血亲小家庭又组成宗族，建设宗祠，祭祀共同先祖。江西丰富的宗祠文化代表着江西人民团结奋斗的精神。

第四，重文重教，不学为辱。重文重教主要表现在书院和科举两方面。唐宪宗年间，江州浔阳县陈氏家族兴办的东佳书堂是江西最早的私家书院。宋代，江西书院教育与学校教育并盛，两宋期间合计开办书院 136 所，② 兴办学校 81 所。③ 很多名士在江西兴办书院，如幸南容的桂岩书院、陆九渊的象山书院以及传承江西之学的东湖书院。一些书院也因学者名闻天下，如朱熹讲学的白鹿洞书院。重文重教产生良好社会效果，江西历代科举人才辈出。唐代，江西共有 65 位进士，④ 这个数字在全国来说是当之无愧的佼佼者。宋代，江西共有进士 5442 人，以 68 县平均计，每县约 80 人。⑤ 重文重教，人才辈出，王安石、欧阳修、

① 《卷 456 列传第 215 孝义》，[元] 脱脱：《宋史》第 38 册，北京：中华书局，1977 年，第 13391 页。
② 许怀林：《江西史稿》，南昌：江西高校出版社，1998 年，第 360 页。
③ 许怀林：《江西史稿》，南昌：江西高校出版社，1998 年，第 364 页。
④ 许怀林：《江西史稿》，南昌：江西高校出版社，1998 年，第 155 页。
⑤ 许怀林：《江西史稿》，南昌：江西高校出版社，1998 年，第 367 页。

文天祥、晏殊等可谓江西名士之佼佼者。明清时期，书院学校继续发展。明代，创办书院 164 所；清代创办 205 所。[1] 明清两代，全国共有 51624 名进士，其中江西人 4988 名，[2] 占进士总数近 10%。江西还是程朱理学与陆王心学的发源地。宋代理学始于周敦颐，传程颢、程颐，南宋后，勃兴于朱熹。陆九渊开创理学的主观唯心论学派，至明代，传王守仁，史称"陆王心学"。晚清时期，"江西书院、社会义学及乡学仍然保持前清旺盛势头，书院 505 所，社会义学及乡学 298 所"。[3] 与此同时，教会学校等新式学堂和新式教育兴起。清末新政时期，江西设立高等学堂 10 所，中等学堂 26 所，小学堂 409 所，[4] 均有官办、民办、教会办之别。中央苏区时期，党制定苏维埃政府文化教育总方针，"厉行全部的义务教育"，[5] 开展社会教育和干部教育，尤其重视儿童教育。新中国成立 70 年来，"特别是改革开放以来，江西省教育事业改革发展取得历史性成就。各级各类学校专任教师从 1949 年的 23798 人增加到 2018 年的 583671 人，翻了 24.5 倍，高素质人才和技能人才 70 年增加近 50 倍，教育经费投入从 1950 年的 440 万元增加到 2018 年的 1374 亿元"。如今，"重文重教，不学为辱"的精神品质依然是江西社会的重要特征。

第五，思想包容，倡导良知。江西历史悠久，兼容并包，包括佛道耶三大宗教在内的各种思想均能在此蓬勃发展。秦汉时期，儒释道思想始于江西传播。隋唐时期，一些得道高僧在江西开辟祖庭，如马祖道一的洪州宗（南昌佑民寺）、良价和本寂的曹洞宗（宜丰洞山）、慧远的净土宗（庐山东林寺）。江西道教始于汉末，渐兴于唐。宋元时期，统治者重视佛教，扶植道教。明代，道教高道辈出，佛教曹洞宗出现"曹洞中兴"。同时，天主教亦在江西初步发展，意大利传教士利玛窦曾在南昌生活三年，创办教堂。晚清，天主教主要教会均在江西传

---

① 许怀林：《江西史稿》，南昌：江西高校出版社，1998 年，第 577 页。
② 许怀林：《江西史稿》，南昌：江西高校出版社，1998 年，第 577 页。
③ 俞兆鹏、李少恒主编：《中国地域文化通览·江西卷》，北京：中华书局，2013 年，第 303 页。
④ 俞兆鹏、李少恒主编：《中国地域文化通览·江西卷》，北京：中华书局，2013 年，第 305 页。
⑤ 夏道汉、陈立明：《江西苏区史》，南昌：江西人民出版社，1987 年，第 303 页。

教，基督教亦然。洋教的发展及其殖民地意识，与江西本地文化冲突不断，酿成教案。清末，民主共和思想传入江西。辛亥革命爆发，江西在全国第三个响应。五四运动后，袁玉冰"改造社"以及方志敏、袁玉冰"马克思学说研究会"等组织积极宣传新思想新文化。中共一大后，赵醒侬等在江西成立党组织。江西能够兼容并包，其根源在倡导良知，维护社会公平正义。隋文帝提倡信仰净土宗，主张"宣扬佛法，感悟愚迷"。① 唐代律宗高僧惠钦在洪州西山洪井双岭间弘法，"坚持律仪，志在宏济"。② 马祖道一提倡"平常心是道"的洪州禅思想。百丈怀海革新马祖思想，倡导"诸恶莫作，众善奉行"，③ 创立《禅门规式》。曹洞宗本寂把佛法与现实政治结合，提出"五位君臣"说，主张佛法为世俗政治服务。道教方面，唐代胡慧超在洪州西山宣扬许真君孝道，形成"劝诫弟子奉行忠孝"的孝道派。北宋，江西筠州、袁州民众因许真君"救民疾苦""为民除害"，对其"尊而化之"。④ 无论佛道，无论东西，江西人民始终在寻找一条能够改变自身命运的道路。革命战争时期，江西人民在中国共产党领导下，终于寻找到能够救民出水火的真理。

第六，积极进取，创新求变。景德镇瓷器是江西最显著的物质文化标识，也代表着江西优秀文化精神标识的积极进取、创新求变特征。江西制陶历史悠久，历朝历代接续发展，不断创新。景德镇即饶州浮梁县昌南地区，北宋真宗景德元年，景德镇始置。其地"水土宜陶"，所产陶器"洁白不疵"，因此又有"饶玉"之名。除天然优势外，制陶工匠不断创新，亦是景德镇陶瓷工业得以长盛不衰的重要因素。北宋年间，制陶工匠先后创制"支钉叠烧""匣钵仰烧"等工艺。元

---

① 陈金凤：《江西通史·隋唐五代卷》，钟起煌主编：《江西通史》4，南昌：江西出版集团、江西人民出版社，2008年，第287页。

② 陈金凤：《江西通史·隋唐五代卷》，钟起煌主编：《江西通史》4，南昌：江西出版集团、江西人民出版社，2008年，第290页。

③ 陈金凤：《江西通史·隋唐五代卷》，钟起煌主编：《江西通史》4，南昌：江西出版集团、江西人民出版社，2008年，第307页。

④ 许怀林：《江西通史·北宋卷》，钟起煌主编：《江西通史》5，南昌：江西出版集团、江西人民出版社，2008年，第424页。

代，制陶工匠采用"二元配方法"，即"瓷石加高岭土"①的方法，成功烧制出元青花。清初，景德镇"高温铜红釉"烧制技术达到历史最高水平。除景德镇瓷器外，明代宋应星《天工开物》亦能代表江西古代科技创新精神。明代著名科学家宋应星著《天工开物》共十八章，分农业、手工业、冶炼业三部分，反映和记录了古代江西乃至全国的科技体系。江西人民的积极进取、创新求变不仅仅表现在上述两方面，而且表现在各行各业的方方面面，正是因为具有这种珍贵的精神品质，江西人民才能够在革命战争时期，不怕牺牲，踊跃支援革命。

需要说明的是，江西优秀文化精神标识的六个方面虽然各自独立，但又互相关联，成为一个共同的体系。我们不能割裂地看待每一项精神标识，而是要在研究方法的运用方面重视各个精神标识之间的关联与运动。

（三）研究方法

《江西优秀文化精神标识及其传承研究》主要使用三种研究方法：历史文献分析法、马克思主义中国化研究方法、法国哲学家亨利·柏格森绵延分析法。

历史文献分析法

历史文献分析法是本课题的基本研究方法。江西优秀文化形成于历史过程，对其精神标识的提炼必须基于历史事实和文献记载。江西史料与文献多见于地方志和重要史书的江西部分，内容庞杂，分类清晰，条理鲜明，具有重要的参考引用价值。当然，研究江西优秀文化的同时，必须将视野扩大至全国甚至世界的一些角落。江西优秀文化不仅仅属于江西，而且是中华优秀传统文化的重要组成部分，在历史的某些时期，江西文化甚至是中华优秀传统文化的最重要贡献者，江西优秀物质文化的代表如景德镇瓷器就是中华文化的世界传播使者。江西优秀文化所到之处，其记载、其影响皆是我们发掘提炼江西优秀文化精神标识的重要资源。当然，上述重要资源多已被前辈学者爬梳剔抉，研精阐微，研究创作出一部

---

① 吴小红：《江西通史·元代卷》，钟起煌主编：《江西通史》7，南昌：江西出版集团、江西人民出版社，2008年，第94页。

部鸿篇巨制，为后辈学者搭建起学术成长的阶梯。这样的研究成果浩如烟海，与本研究密切相关的有：许怀林《江西史稿》、钟起煌主编《江西通史》11 卷、郑克强总主编《赣文化通典》、俞兆鹏和李少恒《中国地域文化通览·江西卷》、李才栋《江西古代书院研究》《江西内河航运史》、李国强主编《江西科学技术史》、杨鑫辉主编《江西古代教育家评传》、李放主编《江西历代杰出科技人物传》《江西历代名人传》、李天白编著《江西古代名将谱》、夏道汉和陈立明《江西苏区史》、李国强编著《中央苏区教育史》、漆权主编《江西教育百年》、钟健华《景德镇陶瓷史》5 卷本等。这种历史文献分析法也可称为本地分析法。

历史文献分析法除本地分析法外，还有时代比较分析法。江西优秀文化一定是贯穿江西整个历史过程的精神品质与物质存在代表，一定是在时间上纵向横向比较，始终能够代表江西且在全国具有突出特点的精神品质与物质存在代表。我们必须把研究的视角放在全中国以及整个中国历史全过程。纵向看，江西优秀文化传承过程一目了然，其精神标识提炼似乎唾手可得；横向看，同一时期江西所走之路与其他地区有何不同，有哪些优势与不足，能够为我们提供哪些发展上的借鉴，这些问题的解决同样具有传承上的价值。当然，时代比较分析法能够让我们更好地发现江西优秀文化精神标识对中国历史文化的价值和意义。历史上，每个省每个地区都对中国发展做出了独特的贡献。其独特性在于该省该地区的贡献能够补充和丰富整个中华优秀传统文化，即自己不仅是后者的一部分，而且也能够代表后者而独立存在。这种独特性需要使用时代比较分析法探究其本质。

马克思主义中国化研究方法

江西优秀文化精神标识的时代价值是本研究的重中之重。阐释时代价值，必须使用与时代相适应的能够指引时代前进的理论与方法，因此，马克思主义中国化研究方法是《江西优秀文化精神标识及其传承研究》的必然选项。令江西人民自豪的是，马克思主义中国化研究方法的首次实践就在江西这片红土圣地上。我们可以从中国共产党在江西的马克思主义中国化实践中总结经验，并将这些经验应用到提炼和传承江西优秀文化精神标识的工作中去。马克思主义中国化研究方法归根结底是马克思主义基本原理同中国具体实际相结合，同中华优秀传统文化相结合。关于马克思主义中国化研究方法，相关学者进行过深入的系统研究，为我们铺就了一条畅达之路。这些研究包括：倪志安《马克思主义哲学中国化的方法论问题研究》上下册、仇小敏《马克思主义中国化方法论研究》、梁怡主编《国外马克思主义中国化研究评析》、路克利《海外马克思主义中国化研究》等。

我们使用马克思主义中国化研究方法，是为更好地解释传承与发扬问题。江西优秀文化精神标识的提炼、传承、发扬均须遵循马克思主义基本原理，因此，马克思主义中国化研究方法正是沟通马克思主义基本原理与江西优秀文化的不二之选。马克思主义基本原理重视运动，我们就采用马克思主义运动规律解释江西优秀文化精神标识的历史发展；马克思主义基本原理重视实践，我们就采用马克思主义实践方法分析江西优秀文化精神标识的历史实践过程。我们更重视利用马克思主义中国化研究方法解释和弘扬江西优秀文化精神标识与中国革命的实践关系及其意义。江西优秀文化不仅有古代的精神标识，而且有近现代的精神标识，马克思主义中国化研究方法是联通古代、近代、现代的桥梁，马克思主义中国化是解释它们之所以能够联通的理论遵循。

运用马克思主义中国化研究方法，能够避免我们的研究走上复古之路。历史是美好的，时间是运动的，时代是发展的。历史再美好，我们也无法回到过去，我们只能勇往直前，建设我们自己的时代。历史上，复古曾经是一些著名思想家的梦想，这些思想具有很大的迷惑性，只有马克思主义中国化研究方法能够揭露这些思想的静止性。我们研究江西优秀文化精神标识不是为了复古，而是强调和利用古代精神标识绵延至今的价值和意义，并在时代与发展的范畴内，传承与弘扬这些足以让我们引以为傲的精神标识。

亨利·柏格森绵延分析法

历史分析法以史料文献为对象，马克思主义中国化研究方法贯彻马克思主义基本原理同中华优秀传统文化相结合的理论，亨利·柏格森绵延分析法是统合前述两种研究方法并能够担当这种统合的评价任务的研究方法。

科研工作者的工作离不开研究方法。由于对时间与空间的理解不同，研究方法从学科角度看主要有自然科学与社会科学之别。二者相较，自然科学研究方法因其更具"科学"形式，故其研究结果更加令人信服。近几十年来，社会科学研究方法积极借用自然科学的形式，促进量化分析方法等研究方法在社会科学领域形成占领性的应用。甚至，学者们还为一些无法直接使用量化分析等研究方法的学科，开发了具有统计特征的质性研究方法，如模糊集分析法。但是，所有借用自然科学研究方法的社会科学研究方法忽略了同一个问题：自然科学与社会科学具有不同的时空观。自然科学研究的是空间，社会科学研究的是时间。就此而言，社会科学可以借鉴，但却无法与自然科学分享同一种研究方法。这也是量化分析方法无法解决社会科学"质性"需求的原因。如何解决社会科学"质性"需求，法国哲学家亨利·柏格森早在100多年前便已做出精密思考，提出了自己的解决方案。这个解决方案的核心概念就是"绵延"。亨利·柏格森认为，绵延是真正的时间，是意识状态相互融合渗透的过程。绵延的意识状态呈现异质多样性，互相交融，不分彼此。意识状态一旦彼此有别，并排置列，它们就不在时间，而在空间。我们看到的就不是运动的意识状态，而是意识状态的象征。象征代表意识状态静止的过去。社会科学中，我们常常研究的就是这种静止的象征，却把它当作意识状态运动的现在。亨利·柏格森认为，这种错误混淆了时间与空间，把空间当作了时间。简言之，社会科学研究常常使用概念重构空间的运动，却忽略了真实发生在时间的过程。我们对这样的错误熟视无睹，甚至不加思考地以为量化分析能够提供更加科学的结果，甚至信心满满地认为以统计方法为基础的"质性"分析能够通过赋值还原历史事件的性质与意义。100多年前，亨利·柏格森便一针见血地指出了这些至今仍在社会科学研究领域频繁出现的错误的根源，即忽视了"绵延"。绵延是亨利·柏格森哲学的核心概念，也是其分析社会科学问题的基本方法，因此，我称这种研究方法为绵延分析法。

绵延分析法不仅能够从本质上指出社会科学研究借用自然科学方法的不足与不当，还从实质上为马克思主义唯物辩证法提出科学论证，从而为唯物辩证法三大规律、马克思主义中国化等理论提供一种科学研究方法。同时，绵延分析法还能够为社会科学其他学科扩展学术空间，开拓学术视野。甚至，绵延分析法会改变我们既往的社会科学评价方法，重新评价包括儒家学说在内的传统思想。这一切的改变，简单地说，源自绵延分析法改变了我们既往的思维方法。或者更准确地说，绵延分析法纠正我们既往的错误，教给我们看待真实世界的正确方法。绵延分析法指出，抽象的时间就是空间。自然科学用空间代替时间，以获得数量；社会科学必须在真正的时间内发现性质。真正的时间就是绵延。自然科学在空间重构时间，空间的运动就是静止；社会科学研究真正的时间，也研究真正的运动。真正的时间与运动构成绵延。社会科学在绵延基础上开展研究工作。这是社会科学与自然科学在研究方法上的本质区别。明确了这个本质区别，便打开了社会科学通往创新之门。亨利·柏格森说："如果这个创新必须是一个创造，那么我们今天就不能对它有任何概念。"我们只有在真正时间的运动中才能创新，在创新完成之前，我们不能对它有任何认知。这种解释很容易招致反驳：难道创新所需要的物质材料不是已经存在的吗？怎么说我们不能对创新有任何概念？这仍然是时间与自由意志问题。物质材料或人类意识成果如专利等一旦形成，便存在于空间，它们的运动取决于使用者，在使用者出现之前，它们是静止的。创新过程是自由意志通过重组改造这些材料或人类意识成果而形成的新的运动。由于自由意志的参与，我们只有在时间中才能观察到物质材料与人类意识成果的运动。我们不能对这种运动做任何概念或定义，因为虽然我们熟悉那些物质材料与人类意识成果，但我们始终无法把握创新运动的方向，而创新运动会改变事物的性质。

第一章
敢为人先　开榛辟莽

"开榛辟莽"在这里不仅指江西先人对自然的开发利用，而且指他们留给我们的数不清的物质文化遗产。距今一万年前，新石器时代早期的江西先人已经成功培育出人工稻。江西还发现了距今超万年的夹粗砂条纹陶瓷和绳纹陶，美国哈佛大学教授欧弗·巴尔·约瑟夫称它们是"世界上最早的陶器"。中国最早的铜矿遗址是距今三千年的江西瑞昌铜岭铜矿遗址。秦代，江西先人打通大庾岭通往岭南的交通渠道，赣闽粤建立陆路联系。"开榛辟莽"还指江西先人创造性地把自然山水与文化相结合，吸引儒释道各方名流，竞奔豫章。如"山西慧远、福建怀海、湖南周敦颐、山东辛弃疾、四川虞集、浙江王守仁等"。"开榛辟莽"更指中共新民主主义革命时期的"敢为人先"。在中国共产党领导下，江西红土圣地永远记载着中国革命的"五个第一"，即中共领导的第一次工人大罢工——安源路矿工人大罢工；中共第一次独立领导革命军队打响反抗国民党反动派第一枪——南昌起义；中共第一次打出工农革命军旗帜——秋收起义；中共建立的第一个农村革命根据地——井冈山革命根据地；中共建立的第一个红色政权——中华苏维埃共和国临时中央政府。改革开放以来，江西重视自然生态保护，1988年制定《江西省山江湖开发治理总体规划纲要》，保护鄱阳湖等地标环境和水质，山江湖工程被誉为发展中国家生态建设的典范，"绿色生态成为江西的最大财富、最大优势、最大品牌"。江西优秀文化敢为人先、开榛辟莽的精神标识既表现出传承性，也体现了发展性。它不仅是对自然的开发、利用、保护，也是思想上、文化上的勇闯新路。

第一节　古越人铸就独特江西青铜文化

最早生活在江西土地上的是什么人？他们对中华文明有过哪些杰出贡献？他们为后代江西人留下了哪些文明基因？

江西最早的文明由百越民族创造。百越民族是个比较神秘的民族，学界对其有着长期的研究历史，但真正能确定的结论却少之又少。百越民族的"百"是形容其数量之多，"百越杂处，各有种姓"，① 但具体有多少，历代统计不一。宋代罗泌《路史》记载有 25 个民族构成百越；现代著名民族学家罗香林《中夏系统之百越》记载了 17 个民族。百越民族来自

古越人

何方更是"一个最有争论的学术公案"。② 一说认为百越是越王勾践之后，勾践是夏禹之后，百越与华夏血脉相连；一说认为百越自生于各地本土文化；一说认为古越人是来自黄河上中游的古代羌族人，他们东迁与东夷人（今山东人）融合，学习东夷蛇图腾文化，并继续向南迁徙并同化南方土著部落，形成百越民族。这是百越民族来源的神秘，同样神秘的还有其消亡。汉武帝统一南越和闽越后，"和辑百越"民族政策完成历史任务，百越民族也不复存在。百越民族作为一个族群完全消失，但一些文化特征强大的少数民族却独立发展传承，自我生存下来，如黎族、畲族等。百越民族的外形也颇具神秘色彩，人们一般用"断发文身"③ 形容其典型特征。断发即髡发，意为剃光头。文身即纹身、刺青。断发文

---

① 《卷 28 下·地理志第 8 下》，[东汉] 班固撰：《汉书·卷 28 至卷 30（志 3）》第 6 册，北京：中华书局，1962 年，第 1669 页。

② 蒋炳钊：《百越文化研究》，厦门：厦门大学出版社，2005 年，第 16 页。

③ 《哀公七年》，《春秋左传卷 30 哀公上》，《春秋左传今注今译》下，李宗侗注译，叶庆炳校订，北京：新世界出版社，2012 年，第 1293 页。

身是与中原民族"蓄发戴冠"完全不同的习俗，并非野蛮与文明之别。百越民族兼具智慧与胆识。相传，越国使臣诸发出访中原魏国，魏国人要求诸发戴冠而见。越国使臣诸发反问："如果那样，中原国家使臣到访越国，是否要断发文身？"魏国忙认错，以礼相待越国使臣诸发。百越民族的智慧不仅表现在外交上，更表现在对文明的创造与开拓上。说到文明的创造与开拓，因其年代更加久远，我们以"古越人"来称呼那一时期的百越民族。

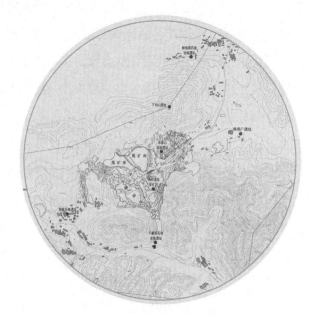

瑞昌铜岭商周古矿冶遗址

古越人为江西留下了世界上开采年代最早的古铜矿遗址，即瑞昌铜岭商周古矿冶遗址。瑞昌市是江西省九江市下辖县级市。商周时期，瑞昌先后属于吴国、越国、楚国。1988 年到 1991 年间，考古工作者在瑞昌铜岭发掘古矿冶遗址，发现该处遗址采矿区面积达 1800 平方米，冶炼区面积 600 平方米，包括"102 口古矿井、18 条巷道、2 座冶炼炉、7 处采坑等"。[1] 铜岭商周古矿冶遗址始建于商代中期，存在千余年，至春秋战国时期停用。这一发现结束了学界长久以来"青铜

———————

① 木子：《江西瑞昌铜岭商周矿冶遗址新发现》，《中国文物报》1992 年 2 月 2 日。

文明不过长江"的认识误区。发掘遗址的同时，古越人的采矿技术也得以清晰还原。古越人具有相当强烈的安全意识。虽然古矿冶遗址矿层较浅，但土质松软，围岩松动，安全隐患较大。为此，古越人采用木结构支架保护矿井和巷道。木结构支架形式基本相同："井筒采用间隔框架式支护，平巷采用间隔排架式支护。立井的支护结构有碗口结和榫卯结两种式样。平巷的支护结构属排架式中的完全棚的支持。"[1] 此外，为加固矿井，古越人在巷道两侧及顶部皆用木材做背板，这些背板直到发掘之时，依然保存良好。"这是目前世界上最早使用木支护进行地下开采铜矿的实例。"[2] 地下开采铜矿，通风事关重大。"巷道用木板、木棍作顶棚，顶棚下用横梁、立柱、地袱连接的木立框支撑，又用板作为背板，以防顶压和侧压。井巷相通，联合开拓。地下开采主要利用凿井的高压引起气流变化解决通风问题。这些都是很先进的工艺。"[3] 古越人重视矿井安全，其建筑理念在当时处于领先水平。古越人不仅矿井建筑理念领先，而且冶炼技术也非常先进。

古越人已熟练掌握冶炼合金技术。古越人有两项青铜冶炼技术，即"分别冶炼铜、锡、铅等金属"与"人为控制调整锡、铅的配比来冶炼合金"。[4] 那么，他们是如何做到的？学界认为，古越人冶炼合金技术与"六齐"技术相似。《周礼·考工记·辀人》记载："金有六齐：六分其金而锡居一，谓之钟鼎之齐；五分其金而锡居一，谓之斧斤之齐；四分其金而锡居一，谓之戈戟之齐；三分其金而锡居一，谓之大刃之齐；五分其金而锡居二，谓之削杀矢之齐；金锡半，谓之鉴燧之齐。"齐，音剂。六齐就是古代冶炼合金的铜锡两种金属的配比。当然，六齐并非定论，因为"人们铸造器物的严格的合金比例规则，它的存在是具有时间性和区域性限制的"。[5] 一些地方生产的青铜器的铜锡配比并不符合六齐规定，但江西古越人制造的青铜钟鼎的"合金成分，特别是锡的含量与'六齐'中的

---

[1] 《第一篇 先秦时期》，《江西冶金》1994 年第 6 期。
[2] 《第一篇 先秦时期》，《江西冶金》1994 年第 6 期。
[3] 《第一篇 先秦时期》，《江西冶金》1994 年第 6 期。
[4] 《第一篇 先秦时期》，《江西冶金》1994 年第 6 期。
[5] 杨欢：《新论"六齐"之"齐"》，《文博》2015 年第 1 期。

'钟鼎之齐'基本相符"。① 这样比较只能说明古越人的冶金技术与六齐基本一致，似乎六齐理论早于古越人冶金技术。其实不然。六齐理论出自《周礼》，《周礼》成书年代有三种说法，即东周、春秋、汉初。也就是说，无论《周礼》成书年代符合哪个说法，其都晚于铜岭商周古矿冶遗址的建筑年代。因此，古越人的冶金技术不会出自《周礼》，其技术很可能是自己独创发明的。我们这么说是有根据的，这个根据就是古越人独特的防腐抗氧化技术。一般而言，考古发掘的光亮如新的青铜器，其表面多为富锡的铜合金。但出土的古越人青铜器不仅富锡，而且还含铼和稀土元素。"含有铼和稀土元素的富锡铜合金，按氧化腐蚀机理，其防锈蚀能力有可能要比单铜锡合金强。"② 因此，我们说，古越人冶金技术极有可能是其自己独创发明的技术。令人遗憾的是，铜岭并未发现商周青铜器。彭明瀚认为，"这里虽然没有发现早期铜制品，但仍可视为中国冶铜术的最早发祥地之一"。③ 那么，代表江西青铜文化的古青铜器是在哪里发现的？它们有何特征？

江西青铜文化可用"吴城文化"来概括。

著名考古学家李伯谦曾为"吴城文化"定义。他说："吴城文化是指商时期分布在赣江中、下游鄱阳湖以西的赣北、赣西北、赣中地区的一支地方青铜文化，既带有浓厚的中原商文化色彩，又具有鲜明的地方特色。"④ 吴城即吴城乡，位于江西省宜春市樟树市。20 世纪 70 年代，吴城遗址开始挖掘。考古发现，吴城遗址是一座占地 4 平方千米的商早期城市，存在时间从商早期到晚期，长达数百年。这是江西考古重大发现，吴城遗址是吴城文化的重要组成部分，但吴城文化不只于吴城乡，而是遍布江西全省，其中，铜岭商周古矿冶遗址和新干大洋洲大墓是吴城文化的另外两个代表。就出土青铜器而言，新干大洋洲大墓则以其种类全、数量多而成为吴城文化及江西青铜文化的门面担当。该墓位于江西省吉安

---

① 《第一篇 先秦时期》，《江西冶金》1994 年第 6 期。
② 《第一篇 先秦时期》，《江西冶金》1994 年第 6 期。
③ 彭明瀚：《吴城文化研究》，北京：文物出版社，2005 年，第 125 页。
④ 《内容提要》，彭明瀚：《吴城文化研究》，北京：文物出版社，2005 年。

市新干县大洋洲镇程家村，是一座商代墓葬。1989 年，考古人员在该墓葬出土遗物 1374 件，青铜器 475 件，玉器 754 件，陶器 139 件。[①] 许智范先生认为，这些青铜器从造型和纹饰特征看，可分为 3 种类型：中原型、融合型、土著型，证明江西青铜文化及吴城文化是本土文化与中原文化融合共生的产物。他指出，新干大洋洲大墓出土的青铜器之多之精美，"无愧为中华民族对世界文明所做的杰出贡献"。[②] 那么，这些青铜器到底与其他地区青铜器有何不同？到底美到何种程度？

鱼形扁足鼎

据学者考证，中原地区商代青铜器按出土数量从多到少排序，依次是：圆鼎、方鼎、鬲鼎、扁足鼎。而新干大洋洲商代大墓出土商鼎则正好相反，以扁足鼎为主。据统计，新中国成立后发掘商周扁足鼎共 47 件，江西有 16 件，[③] 占 1/3。其中，新干大洋洲商代大墓出土 14 件。何为扁足鼎？古鼎有足，常见之鼎足分锥形、柱形。扁足鼎形如其名，有夔或鸟或虎或鱼的形状。除鸟形外，江西出土扁足鼎的扁足有其他 3 种形状，其中夔形扁足鼎 3 件、鱼形扁足鼎 2 件、虎形扁足鼎 9 件，而鱼形扁足和虎形扁足更是江西青铜文化所独有。鱼形扁足鼎早于虎形扁足鼎，前者以通体遍刻鱼鳞纹立雕为特征，后者以镂空透雕立雕为特征。江西青铜文化扁足鼎的断代是殷墟二期。郭军涛先生认为，"赣江流域青铜扁足鼎中，足部透雕是其特色。立体雕刻开始在扁足装饰上应用是此期最显著的特征"。[④] 殷墟二期以后，鱼形扁足鼎和虎形扁足鼎未见出土，可见，这两种类型的扁足鼎为江西青铜文化所独有。

① 江西博物馆等：《新干商代大墓》，北京：文物出版社，1997 年，第 8 页。有关该墓出土文物数量，不同记载有较大差异。据许智范记载，"不到 40 平方米的范围内共出土各类随葬器物 1900 余件，包括有 484 件青铜器、1072 件玉器及 356 件陶器"。许智范：《江西新干大洋洲青铜器群及有关问题》，《故宫博物院院刊》1994 年第 3 期。
② 许智范：《江西新干大洋洲青铜器群及有关问题》，《故宫博物院院刊》1994 年第 3 期。
③ 张亚莉：《略论商周扁足鼎》，《华夏考古》2017 年第 2 期。
④ 郭军涛：《商周青铜扁足鼎特点简析》，《故宫博物院院刊》2017 年第 6 期。

江西素有"鱼米之乡"美名，鱼形鱼纹的存在比较好理解，但为何会有虎形扁足，江西有虎吗？有哪种虎？今日的江西虽然虎迹已无，但自古以来，江西自然条件优越，是"华南虎亚种的核心分布区之一"。① 据曹志红、赵彦风研究，江西省乐平县考古发现距今 10 万余年前的虎齿化石一件。唐代以前，江西多记载白虎出现。唐至清，历代均有虎患记载。因此，江西青铜文化出现虎形虎纹也就不足为奇了，但令人惊奇的是，这些特殊形状和纹饰的出现改变了考古学界的一个长期的根深蒂固的观念，即中原商文化的发展影响并同化了周边文化。由于这些特殊形状和纹饰的出现，考古学界有观点认为，"商代青铜文化的形成是新石器时代晚期不同考古学文化的持续融合的结果，直到殷墟时期该文化仍在积极吸收周边地区的文化因素"。② 可见，江西青铜文化不仅吸收中原商文化影响，而且还进行文化交流，用自身独特的艺术创造和艺术之美影响了中原商文化的发展。

那么，江西青铜文化的独特艺术创造和艺术之美是怎样表现的，又该怎样理解呢？

饕餮纹一般被认为是源自中原商文化的特有纹饰，但饕餮的原型出自何种动物，先民设计饕餮纹的灵感来自哪里，则始终是谜。美国中国学教授艾兰女士研究江西新干大洋洲商代大墓出土虎形扁足鼎等青铜器后，认为江西青铜文化的虎纹很可能是中原商文化饕餮纹的原型。她指出，学界通常把饕餮纹的典型特征"羽纹"即一种特殊的钩状线当作"纯粹是一种对空间的填补"，把饕餮纹本身视为"一种没有任何宗教或图像意义的设计"。③ 但艾兰教授研究发现，江西新干大洋洲商代大墓"考古发掘

虎形扁足鼎

① 曹志红、赵彦风：《人类活动记录下的江西华南虎历史分布》，《鲁东大学学报（哲学社会科学版）》2015 年第 6 期。
② ［英］艾兰著，和奇、陈斯雅译：《虎纹与南方文化》，《南方文物》2014 年第 2 期。
③ ［英］艾兰著，和奇、陈斯雅译：《虎纹与南方文化》，《南方文物》2014 年第 2 期。

却提供了不同的线索，羽纹并非一种简单而无意义的纹饰，它暗含了'虎'的意义"，[①] 羽纹即是虎背条纹。这一发现虽然只是一家之言，但是为江西青铜文化与中原商文化的关系研究提供了一个新思路。她说："至少从虎纹个案中可以看出，是区域间持续互动的结果，而非自北而南的单线传播。换句话说，中原文化在施加其自身影响之外，还会持续地吸收南方的影响。"[②]

作为江西先民，古越人对美的创造有自己的追求，能够把自然之美通过符号特征艺术性地表达出来，形成具有吴城文化暨江西青铜文化代表性的符号语言。考古学界一般认为，虎形与鱼形扁足鼎是江西青铜文化的特有标志。这一特有标志建立在古越人独有的青铜器制造技术基础之上。

夹腹方鼎

铸造青铜器需要模具，早期的模具用石头凿制，亦称石质铸范，简称"石范"。就石范而言，樟树吴城遗址出土达300余件，大者超百件，为最多。这种大规模的发掘，"不仅在中国，就是在南亚都甚为罕见，具有代表性意义"。[③] 青铜器制造章法严谨，一丝不苟，并且兼顾实用性。江西新干大洋洲商代大墓众多出土青铜器中，有一件被人称作"中国最早的青铜火锅"。其正式名称是"兽面纹双重底方鼎""夹腹方鼎"。我们先来看看这个青铜火锅的制造过程。

夹腹方鼎为目前青铜器中仅见的一件造型奇特的作品，可称为中国最早的青铜火锅。鼎腹呈仰斗状，双层平底，中为4.5厘米[④]高内空的夹层，正面横开一门，有轴，可以启动，并有纽状插销眼，重4.5千克。在铸造方法上，活门先铸，余浑

---

① ［英］艾兰著，和奇、陈斯雅译：《虎纹与南方文化》，《南方文物》2014年第2期。
② ［英］艾兰著，和奇、陈斯雅译：《虎纹与南方文化》，《南方文物》2014年第2期。
③ 《第一篇 先秦时期》，《江西冶金》1994年第6期。
④ 《新干商代大墓》记载是5.5厘米。江西博物馆等：《新干商代大墓》，北京：文物出版社，1997年，第38页。

铸成型，并与活门连接。浇铸方式为活门从侧边浇铸，鼎身由鼎足倒立浇铸。①

制造此鼎需要 15 块石范，工艺复杂，设计精巧，体现古越人对礼器的日常实用性思考与实践。当然，这种实用性建立在高超的技术基础之上。引文中提到的"芯"也称"铜芯撑"就是这种技术之一。铜芯撑，顾名思义，是用来固定青铜器外形的装置。中原商文化普遍使用铜芯撑是在周代。新干大洋洲商代大墓出土的青铜器较为普遍地使用了铜芯撑，有学者据此认为，这项技术可能始于南方，是江西青铜文化的专利。江西先民制造青铜器鼎等器物，满足祭祀礼仪、生活饮食等需要，同时，也满足农业生产的需要。

江西先民古越人制造青铜农具提高生产效率。江西地区最早的农业工具出现在新石器时代早期，距今 9000 年以上，一般为木制和石制工具。这类工具贯穿整个新石器时代，新石器时代晚期，江西先民仍然大量使用石锛、石斧、石刀、石铲、石镰等。商周时期，江西先民开始使用青铜农具。新干大洋洲商代大墓出土各类农具和手工业生产工具达百余件。这类青铜农具有铜犁、铜锸、铜铲、铜耒、铜耜、铜镬等，这是青铜农具与石制陶制农具并用的时期。春秋时期，青铜农具开始较多使用。至战国早期，江西先民开始使用铁制农具。据考古发现，江西先民主要种植的农作物是水稻、花生、葫芦等。但是，由于江西地理环境以及土壤性质的限制，农作物耕种面积在青铜时代无法得到有效提高，"青铜农具的作用也非常有限，这就决定了该地区农业虽然出现很早，但要达到大规模开发阶段则远比黄河流域困难，需要有一个更长的发展过程，直到汉代南方铁器的广泛使用和牛耕推广后才由可能变为现实"。②

江西先民古越人用他们的聪睿智慧创造了多项青铜时代的奇迹，为后人留下了值得高歌传颂的物质文化遗产。他们充分利用江西特有的矿藏资源，结合自然审美，制造出有自己独特文化韵味和特征的青铜器。他们不仅制造青铜礼器，还制造青铜乐器、青铜农具和手工业工具，打造了足以媲美中原的青铜文化。江西

---

① 《第一篇 先秦时期》，《江西冶金》1994 年第 6 期。
② 彭明瀚：《商代江西的农业经济与文明》，《农业考古》2003 年第 1 期。

先民敢为人先，大胆创新创造的品格一代代传承下来，成为滋润江西历史发展的重要资源。我们只有深入发掘历史，才能够找到这些重要资源。历史是过去的时间，是无法重复第二次的绵延。我们抓住这些绵延，回放它们，一些重要的江西先民精神品格便会被我们捕捉到。这些与众不同的精神品格存在于江西独特的历史与地理环境中，它们遇到新的历史机缘会再度绽放。

第二节　大庾岭天堑变通途

大庾岭

大庾岭，位于赣州市大余县，在江西省最南端，素有"江西南大门"之称。大庾岭，亦称梅岭，桂湘粤赣边境"五岭第一岭"。大庾岭位于"五岭"最东，横亘赣粤，是为天堑，阻断南北交通。古代，大庾岭森林茂密，山险石峻，野兽出没，虫蛇遍地，攀爬艰难，人迹罕至。秦代，修筑江南大道，开通岭南与赣南，大庾岭成为赣粤交通、贸易、军事要道。这一要道的开发，前后绵延两千年，倾注了江西人民的心血、汗水、生命与智慧。

大庾岭开发始于秦始皇。秦始皇是中国历史上第一位皇帝，也是建设"大型国家工程"第一帝，人称"工程皇帝"。秦始皇主建的重要工程有长城、阿房宫、骊山陵、郑国渠、灵渠、驰道等，现在，这些工程多数仍惠及国人。与上述主要工程相比，开发大庾岭仅仅是一项小工程，但这项小工程对古代江西和江西人民而言，则意义非凡。因为它疏通了交流，输送了文化与文明。那么，秦始皇开发大庾岭的初衷也是如此吗？当然不是。秦始皇为平定南疆，一统中国，兵分五路，向南挺进。五路大军，两路在江西。古代江西，水运发达，河流通畅，秦兵经水路向南，遇大庾岭阻隔，无法前进。秦始皇命令打通大庾岭交通。大庾岭平均海拔千米以上，山形险峻，唯东面稍平坦，最高处约为 300 米，北接章江，南邻浈江，较易开发。史料鲜见江西人民开发大庾岭的记载，但我们仍可想见其艰苦。开山凿岩，铺路架桥，离不开工具。秦代，江南地区尚未普及铁器，开发大庾岭使用的工具应是青铜、铁器、木制、石制工具并用。工具上的落后，增加了开山铺路的难度。我们也无从知晓秦代大庾岭开发的具体用时，但我们知道这项工程没有贻误战机，秦军不仅通过大庾岭向南抵达广东南雄，而且还经浈江抵达番禺。同时，秦军还在大庾岭上设立"横浦关"，并驻兵守护。秦始皇开通大庾岭，平定岭南，统一中国，是为中国统一史的开篇力作。这篇作品的江西篇章，主角无疑是江西人民。

唐玄宗年间，大庾岭得以重修扩建。唐代，国家承平日久，大庾岭道路年久失修，极大地影响了赣粤物资流通。唐玄宗李隆基命宰相张九龄负责大庾岭重建工程。张九龄（678—740），唐玄宗时大臣、著名诗人，字子寿，韶州曲江（今广东韶关）人。张九龄刚毅直谏，评论得失，得罪同僚，不得已休官归乡。其家乡在广东韶关，回家之路必走江西水路，经大庾岭，进入广东。经过大庾岭时，他慨叹大庾岭道路颠簸难行，破损严重，须极力小心，万分警惕，才

张九龄像

能通过。回乡后，张九龄立即上书唐玄宗，要求重修大庾岭道路。不久，唐玄宗命张九龄为修路特使，负责大庾岭道路重修工作。江西人闻听修路之事，踊跃参加。其时正值农闲，"岁已农隙，人斯子来，役匪逾时，成者不日"。[1] 大庾岭道

---

[1] 张九龄：《开大庾岭路记》，《钦定全唐文·卷291·张九龄9》，[清] 董诰等编《全唐文》，北京：中华书局，1983年，第2950页。

路仅用不到一个季度的时间便修葺一新。新修的道路"坦坦而方五轨，阗阗而走四通，转输以之化劳，高深为之失险"，[1] 道路宽敞，四通八达，能并行五辆车，运力大增的同时还节省了人力，安全可靠的同时让高崖深谷不再是威胁。大庾岭通道重修扩建后，增设了驿站，配有兵卒，保卫安全；添建了旅舍，每十里一铺，共十二铺。当然，大庾岭通道的竣工来之不易。张九龄《开大庾岭路记》记载了当时江西人民生活的艰辛，"越人绵力薄材，夫负妻戴，劳亦久矣"。[2] 但江西人民面对修路工程，仍不畏劳苦，积极参与，履行徭役义务的同时，展现了团结一心、克服困难的意志，展示了朴素的集体主义精神，凸显了江西人民开榛辟莽的勇气和品格。由于优秀的江西人民的无私奉献，大庾岭通道纳入了唐代主要交通线，即都城长安到广州的绵延数千千米的南北水陆交通要道。

　　宋代，赣粤人民修筑梅关。大庾岭又称梅岭，岭上有关，秦时为横浦关，唐时设驿站，宋时建梅关。宋代，江南渐成经济贸易中心，大庾岭作用更加突出。宋仁宗年间，重修大庾岭通道。这次重修的目的之一是确定赣粤分界线。有意思的是，这项工程由一对兄弟承担。弟弟蔡挺在江西，官居知南安军，提点江西刑狱，提举虔州盐；哥哥蔡抗在广东，官居广东转运使。俩人见大庾岭通道，未栽绿植，往来商贩众多，无处遮阴。于是，相约赣粤两地南北人民一起栽种树木，为商旅提供方便，并在大庾岭通道的隘口上修建一座关楼，是为梅关。蔡氏兄弟死后，北宋

张大千《东坡笠屐图》

① 张九龄：《开大庾岭路记》，《钦定全唐文·卷291·张九龄9》，[清] 董诰等编《全唐文》，北京：中华书局，1983年，第2950页。

② 张九龄：《开大庾岭路记》，《钦定全唐文·卷291·张九龄9》，[清] 董诰等编《全唐文》，北京：中华书局，1983年，第2950页。

文学家苏轼谪官岭南，复官北归，几次经过大庾岭，多次作诗纪事。苏轼诗中的大庾岭，与其当时心情一样，并不美好。这或许与苏轼未曾亲见大庾岭梅花有关。因为苏轼热爱江西自然风光，曾作"江西山水真吾邦，白沙翠竹石底江"[①]大赞其美。但是，苏轼一生多次途经大庾岭，却从未赶上梅花花期，是其一大憾事。200年后，南宋官员张道洽到访梅关，正值花期，见梅花遍野，吟诗《岭梅》一首，诗曰："到处皆诗境，随时有物华。应酬都不暇，一岭是梅花。"[②] 可见，最晚在南宋理宗年间，江西人民已经用勤劳的双手把梅岭装扮成了梅花的海洋。

梅岭

从秦到宋，江西人民勤劳建设千年，把大庾岭从险途峻岭改造成梅花遍野的商旅坦途，真可谓敢为人先，开榛辟莽！但是，这些史料早已存在，却未能给我们揭示出江西人民的这些优秀品格。为什么？因为这些史料未能被放入时间考察。史料记载的是过去的历史，是固定的状态，它们自说自话。我们使用绵延分析法，集众多史料成历史脉络，这些史料便还原成动态历史。我们在动态历史里

---

① 苏轼：《江西一首》，《全宋诗·卷821·苏轼38》，北京大学古文献研究所：《全宋诗》第14册，北京：北京大学出版社，1993年，第9500页。
② 张道洽：《岭梅》，《全宋诗·卷3293·张道洽》，北京大学古文献研究所：《全宋诗》第62册，北京：北京大学出版社，1993年，第39255页。

面，能够发现从无到有、从有到无的变化。当然，从秦到宋只是历史的一部分，我们还须沿着历史运动轨迹继续考察。

明代，南安知府张弼提出"共享"理念，化解民争。大庾岭通道，亦称梅岭古道、梅岭道路、梅关古道等。明代，广州商业繁盛，南北客商多通过梅岭古道运输货物，往来贸易。贸易求利，有利益便有纠纷。梅岭古道延续千年，赣粤两地人民帮助往来货商驮货过岭，"骡驴驮载，少壮担负，皆于中途博换，盖为民情土俗以为定例"。① 当地人民习以为常，凭借苦力赚些辛苦钱。由于广州为贸易重镇，货物北运远超货物南下者，也就是说，从广东担货到南安（大余）的运输数量和收

南安知府张弼像

入更高，因此，南北双方百姓发生争执纠纷。南安知府张弼公正处理了这场纠纷，恢复了梅岭古道的货运。张弼（1425—1487），字汝弼，号东海，今上海人，明代书法家，善草书，人称"癫张"。张弼到任南安，考察民情，发现此纠纷，遂深入调查，找到症结。他说："（货物）过南者月无百驮，过北者日有数千。过北之货偏多，则南雄独善其利矣。南雄独善其利，而应夫役之常固宜。南安既失其利，而夫役之常则不可辞。无利有害，将何以堪？此民之所以必争。"② 为此，张弼提出"共享"理念，"必共享其利，斯可共给其役"。役与利，责任与义务，利益与劳动，要建立在平等原则基础之上。张弼"共享"理念，正是建立在平等原则基础之上，通过均利共享，达到共役，化解民争。此外，张弼还发现当地一些游手好闲之辈，占据山谷，凭借天险，抢劫客商，扰乱梅岭古道正常安全与秩序。他集结兵丁，入山围捕，铲除祸患，还地方安宁。当地民俗崇信巫

---

① 张弼：《梅岭均利记》，张弼：《东海文集·卷3》，沈乃文主编：《明别集丛刊·第1辑·第49册》，合肥：黄山书社，2013年，第614页。

② 张弼：《梅岭均利记》，张弼：《东海文集·卷3》，沈乃文主编：《明别集丛刊·第1辑·第49册》，合肥：黄山书社，2013年，第615页。

鬼，张弼"盘革其锢习迷惘"，[①] 教化民众，因此，大余有"先贤过化之邦"[②] 的美名，长存至今。张弼还组织当地人民，重修扩建梅岭古道。他精心设计规划，加宽梅关至县城长达 25 千米的道路，极大方便了北运货物的畅通。作为书法家，张弼还亲书"岭南第一关"匾额，悬挂于梅关关楼上。

岭南第一关

从张弼事迹可知，环境建设与治理不是单纯的环境问题，其本质是人的问题。一个好的环境是基础，人的参与才能使环境变得有意义。环境的治理与人的治理相互依存，不可分割。因此，敢为人先、开榛辟莽最终还是要解决人与社会的问题。张弼提出的"共享"理念，是基于明代江西梅岭古道的特殊社会问题而形成的一种解决矛盾的方法。这个理念是否具有现代意义，是否能为我们解决相关问题提供历史经验，值得我们深入思考。

① 《江西省南安府志（一）》卷2，《中国方志丛书·华中地方·第268号》，台北：成文出版社，1975年，第144页。

② 《江西省南安府志（一）》卷2，《中国方志丛书·华中地方·第268号》，台北：成文出版社，1975年，第144页。

第三节　自然与人文结合的大胆创新

大余为"先贤过化之邦"，整个江西亦是"名贤过化之地"。自古以来，江西以其特殊的地理位置及自然环境，吸引了无数先贤名家、硕学鸿儒、得道高僧。他们各显其能，融合自然与人文思想，赋予江西天然美景以精神内涵。

陶渊明寄情田园，成就"古今田园隐逸诗歌之宗祖"。① 陶渊明，生卒年不详，生活于东晋和南朝宋时期，著名诗人，一名潜，字元亮，今江西九江人。陶渊明曾任江州祭酒、彭泽令等职，因"不能为五斗米折腰向乡里小人"，② 后绝意仕途，归隐田园，实现其"久在樊笼里，复得返自然"③ 之志。就隐士身份而言，陶渊明并非求仙求道的一般隐士，而是寄情田园抒怀己志的隐逸诗人。因此

元·赵孟頫《陶渊明像》

某种意义上，陶渊明更是一位思想实践家。陈延杰先生认为，陶渊明的思想"冲夷抗烈，既不违反名教，又信任自然，殆会合儒家、道家之言而韵之者"。④ 也就是说，陶渊明杂糅儒家名教与道家自然思想，而形成自己的思想。这种思想是什么，如何概括呢？学界从各个角度分析，有的认为其有侠义思想，有的认为其思想有杨朱因素，有的认为其思想在事功。这些论述从各个角度看，似乎都有道理，但却未能整体概括。日本学者渡边秀方的总结也许最能概括，他认为，陶渊明的思想就是"脱尽人为一切的桎梏，以自然为友，以平和为生，以人类爱为标榜"。⑤ 这是对陶渊

① ［梁］钟嵘：《诗品集注》，曹旭集注，上海：上海古籍出版社，2011 年，第 339 页。
② 《陶潜传》，《宋书·卷93·列传第53隐逸》，［南朝梁］沈约：《宋书》第 8 册，北京：中华书局，1974 年，第 2287 页。
③ 陶渊明：《归田园居五首》，《晋诗卷17·陶渊明》，逯钦立辑校：《先秦汉魏晋南北朝诗》中册，北京：中华书局，1983 年，第 991 页。
④ ［梁］钟嵘：《诗品集注》，曹旭集注，上海：上海古籍出版社，2011 年，第 342 页。
⑤ ［日］渡边秀方：《中国哲学史概论》中，刘侃元译，太原：山西出版传媒集团、山西人民出版社，2015 年，第 64 页。

明思想最完整充分的评价。陶渊明并非避世、厌世、逃离，而是"归"。他的思想和实践，是回归自然，回归自己，回归真与爱。他"性本爱丘山"，甘愿"守拙归园田"，与人交往简单质朴，过上"时复墟里人，披草共来往。想见无杂言，但道桑麻长"① 的生活。邻里间"农务各自归，闲暇辄相思。相思则披衣，言笑无厌时"，② 抑或"邻曲时时来，抗言谈在昔。奇文共欣赏，疑义相与析"。③ 可见，陶渊明回归田园，表面上是脱离了社会上的一切束缚，但实际上，却对自己的精神世界的满足提出了更高的要求。正如金代元好问诗云："此翁岂作诗，真写胸中天。"④ 这个"胸中天"是什么？日本学者渡边秀方说："这种爱平和，乐闲静，好琴书，棹清流，如闲云野鹤，生于自然，化于自然的心情和境地，真是无论哪一个诗人墨客，或学徒，也没有不憧憬不已志望不休的真是理想乡！"⑤

明·王仲玉《陶渊明像》

檀道济

　　无疑，作为江西人，陶渊明已经成为一种符号，这种符号是自然与人文的最佳

---

① 陶渊明：《归田园居五首》，《晋诗卷17·陶渊明》，逯钦立辑校：《先秦汉魏晋南北朝诗》中册，北京：中华书局，1983 年，第 991 页。

② 陶渊明：《移居诗二首》，《晋诗卷17·陶渊明》，逯钦立辑校：《先秦汉魏晋南北朝诗》中册，北京：中华书局，1983 年，第 994 页。

③ 陶渊明：《移居诗二首》，《晋诗卷17·陶渊明》，逯钦立辑校：《先秦汉魏晋南北朝诗》中册，北京：中华书局，1983 年，第 994 页。

④ 元好问：《继愚轩和党承旨雪诗四首·其4》，施国祁注：《元遗山诗集笺注·卷2》，太原：山西古籍出版社，2005 年，第 27 页。

⑤ ［日］渡边秀方：《中国哲学史概论》中，刘侃元译，太原：山西出版传媒集团、山西人民出版社，2015 年，第 65 页。

结合，它开创了江西人文生态文化的先河，构建了自然生态与人文理想最和谐的篇章。陶渊明回归自然还有一个重要因素是其耻事二姓，"虽晋臣，未尝一食宋粟"。① 这是其归隐田园的政治原因。江州刺史檀道济看望陶渊明，见其"偃卧瘠馁有日"，问："夫贤者处世，天下无道则隐，有道则至。今子幸生文明之世，奈何自苦如此！"陶渊明答："潜也何敢望贤，志不及也。"② 檀道济见与陶渊明无法沟通，留下礼物，匆匆别去。檀道济期望陶渊明能够为国家和社会做出更大贡献，但对方显然意兴阑珊。陶渊明因忠于晋，而归隐自然，我们大为歌颂，但切不可仅学陶渊明归隐，而忘却社会责任。陶渊明并非简单地归返自然，并非逃避社会责任，而是敢为人先，敢为人所不敢为，用纯净的精神世界表达对晋的忠诚。

山东灵岩寺宋代慧远像

庐山东林寺

陶渊明归隐在江西九江庐山南麓，③ 而当时庐山东林寺还有其好友——高僧慧远。释慧远（334—416），俗姓贾，东晋高僧，中国佛教史重要人物之一，今山西宁武人。为躲避战乱，慧远与弟子抵达寻阳（九江）。其时，慧远师兄慧永已在庐山西林寺。江州刺史桓伊在西林寺东为慧远建庙，名东林寺。从此，慧远便以东林寺为中心，弘扬佛法，使庐山东林寺成为南方两大佛教中心之一。此外，慧远还开创中国佛教弥陀净土信仰。这是一种简单易行的佛教修炼方法，只

① ［宋］吴仁杰：《陶靖节先生年谱》，［宋］王质等撰：《陶渊明年谱》，许逸民校辑，北京：中华书局，1986年，第11页。

② ［宋］吴仁杰：《陶靖节先生年谱》，［宋］王质等撰：《陶渊明年谱》，许逸民校辑，北京：中华书局，1986年，第23—24页。

③ 徐新杰：《陶渊明故里辨》，《九江师专学报（哲学社会科学版）》，1985年1、2期合刊。

要念阿弥陀佛即是修行。慧远还成立白莲社，邀请学者贤达人士讨论净土世界。陶渊明也在被邀之列。陶渊明向慧远提出"若许饮则往"的要求，慧远同意了。但陶渊明到莲社后，"忽攒眉而去"①，不知为何。其实，慧远创立白莲社，召集社众，目的也是一种形式的隐居，即身隐。但陶渊明"未忍言索居"，②志在心隐而非身隐。慧远身隐，弘扬净土，成为中国佛教净土宗开山鼻祖。同时，江西庐山东林寺也因慧远和净土宗而名扬九州。慧远开宗立派，缺乏佛经理论资源。为此，他遣弟子法净、法领前往天竺，往返一年多，成功取经。这次天竺取经比唐玄奘西行求法早200余年。慧远还建设译经台，专门翻译天竺经书。此后，天竺、龟兹等国高僧慕慧远之名，纷至沓来，江西庐山东林寺因此名扬四海。此外，慧远还帮助支持毗昙学与禅学等佛教支派在江南的发展与传播。他本人亦重视儒家学说与道家玄学，并融合佛法，阐释本土新意。因此，"慧远佛教哲学理论是佛教中国化的一个重要标志，表明佛教唯心主义理论发展到一个新的阶段"。③由于慧远以及历代高僧的影响，庐山成为弘扬佛法的圣地。据统计，东晋至唐宋年间，庐山至少建造过300所寺庙。东林寺无疑是庐山众多寺庙中最著名的一个，它不仅成为净土宗祖庭，而且还绘出了江西自然与人文融合创新的另一幅巨作。

江西鹰潭龙虎山道观

天一道第一代天师张道陵

① 《莲社高贤传·不入社诸贤传》，《精校大字汉魏丛书96种》，上海：上海大通书局，第7页。
② ［晋］陶渊明：《和刘柴桑》，《晋诗卷17·陶渊明》，逯钦立辑校：《先秦汉魏晋南北朝诗》中册，北京：中华书局，1983年，第977页。
③ 周兆望：《江西通史·魏晋南北朝卷》，钟起煌主编：《江西通史》3，南昌：江西出版集团、江西人民出版社，2008年，第216页。

　　江西不仅为佛教创新提供了环境，而且也为中国道教的发展提供了舞台。江西鹰潭龙虎山是中国道教发祥地、天师正一道祖庭。正一道第一代天师是张道陵。张道陵（34—156），原名张陵，五斗米教创始人。张道陵曾云游江西，在龙虎山炼丹。正一道第四代天师张盛，即张道陵重孙，正式迁入龙虎山，发展正一道。经过几代正一道天师的努力，龙虎山与道教融为一体，群山峻岭间，到处可见道观道士身影。据统计，全盛时期，龙虎山有"18 座道宫、36 座道院、81 座道观"。① 严格来说，张盛是正一道的真正创立人，因其在龙虎山设立龙虎宗，故其教也称龙虎宗正一道。张盛来到龙虎山，于原张道陵炼丹处建正一观，采用《正一经》宣扬道教。张盛时期，正一道处于建础建设阶段，全面改革创新尚未完全展开。张盛之后，正一道重视吸收儒家思想，第六代天师张椒"通晓儒书"，② 第九代天师张符"凡经传子史，过目成诵"。③ 正是一代代正一道天师大胆革新，从儒家思想中汲取养分，把"忠孝仁义"作为修道之本，同时，兼容佛教理论，"参用佛教理论中的因果报应以证实正一道教"，并举起"佐国佑民"旗号，争取国家与社会的全面支持。经过改革，正一道"完成了从民间道教向官方道教的历史性转变"。④ 唐宋时期，正一道正式得到官方认可。宋理宗命正一道掌管龙虎山、阁皂山、茅山三山道教事，正一道官方正教地位得到巩固。明初，明太祖朱元璋命正一道掌管天下道教，正一道成为中国道教之宗。明代以后，正一道盛极而衰。

　　龙虎山是江西自然环境与人文创新结合的又一杰作。龙虎山为何能够被选作正一道祖庭？研究认为，龙虎山丹霞地貌是原因之一。龙虎山属于典型丹霞地貌，山上土壤为岩石风化而成的红色、类红色、紫红色土壤。丹霞地貌的红色"吸引了从原始宗教到佛教、道教的特别的重视"。⑤ 道教文化山貌南高北低，山

---

① 周兆望：《江西通史·魏晋南北朝卷》，钟起煌主编：《江西通史》3，南昌：江西出版集团、江西人民出版社，2008 年，第 221 页。
② 张金涛主编：《中国龙虎山天师道》，南昌：江西人民出版社，2000 年，第 18 页。
③ 张金涛主编：《中国龙虎山天师道》，南昌：江西人民出版社，2000 年，第 18 页。
④ 张香凤：《试论龙虎山道教文化的底蕴》，《史学月刊》2006 年第 12 期。
⑤ 罗成德、王付军：《丹霞地貌与宗教文化关系初步研究》，《乐山师范学院学报》2011 年第 12 期。

中流淌着上清河（泸溪），山北有信江奔流。此外，丹霞地貌天然形成的形状特征也能增强道教文化的神秘性，增加了自然与道教文化的融合的合理性。唐代江西著名诗人吴武陵"龙虎山中紫翠烟，青精颜色四时妍"① 描绘了自然景色与道家仙风的融洽和谐，宋代江西著名政治家王安石"湾湾苔径引青松，苍石坛高进晚风"② 更展现自然与道教文化融为一体的完美状态。

江西鹰潭龙虎山丹霞地貌

当然，佛教净土宗、道教正一道能够在江西发展并且成功，是与江西独特的人文特质密切相关的。这种人文特质就是江西人民"敢为人先、开榛辟莽"的精神。我们也注意到，无论是慧远净土宗还是张盛正一道，均有打破陈规之勇气，均有融合创新之魄力。这种勇气和魄力是他们自身所固有的，但只有在江西才得以施展，才能够绽放。江西独特的人文气质成就了他们，他们亦为江西文化增添了高质量内涵。此外，四川汉州马祖道一迁居江西创立洪州禅；福建人百丈怀海投师道一，参考融

马祖道一

---

① ［唐］吴武陵：《龙虎山》，《龙虎山志》编纂委员会等编：《龙虎山志》，南昌：江西出版集团、江西科技出版社，2007 年，第 305 页。

② ［宋］王安石：《龙虎山》，《龙虎山志》编纂委员会等编：《龙虎山志》，南昌：江西出版集团、江西科技出版社，2007 年，第 307 页。

合儒家礼仪创立《禅门规式》，促使佛门弟子自食其力，"是怀海对禅宗极富历史意义的改革与卓越的贡献"。① 这些创新创造都表明古代江西是适合各种宗教思想改革进步的宝地，尤其是促进各种宗教思想与时俱进的宝地。必须指出的是，儒家思想在这块宝地上同样有着辉煌的创新和改革。

程朱理学与陆王心学共同组成江西学。程朱理学与陆王心学是中国思想史的两个重要理论派别，这两个重要理论派别合称为"江西学"。江西学是江西自然环境与儒家思想融合的重要成果，是国内鲜见的以地方名称命名的学术派别。南宋，朱熹称陆九渊学说为"江西之学"，对方称其学说为"江东之学"。现在所谓"江西学"，是"相当于说江西学术文化"，② 不是专指陆九渊学说。

| 周敦颐 | 程颢 | 程颐 | 朱熹 |

程朱理学是宋代理学的代表性学派。程，是指程颢、程颐兄弟，史称"二程"；朱，是指朱熹。严格来讲，北宋理学奠基于二程，但其发端则须上溯至周敦颐。周敦颐（1017—1073），原名敦实，字茂叔，号濂溪，今湖南永州道县人。周敦颐曾先后在江西修水、大余、赣州、南昌等地做官。任职南安军（治今大余县）司理参军期间，结识兴国县知县兼南安军副职程珦。程珦佩服周敦颐学识，命子程颢、程颐学于周敦颐门下。周敦颐向二程讲授的就是道学。理学，当时人

---

① 陈金凤：《江西通史·隋唐五代卷》，钟起煌主编：《江西通史》4，南昌：江西出版集团、江西人民出版社，2008年，第309页。

② 许怀林：《江西通史·南宋卷》，钟起煌主编：《江西通史》6，南昌：江西出版集团、江西人民出版社，2008年，第392页。

称"道学",是专门论述儒家之"道"的学问。北宋之前没有道学,周敦颐将这种无法言说的"道"转译成"一套为人的道理",① 通过《太极图说》《通书》两部著作遗赠后学。周敦颐以"天道与人道合一"② 继承并弘扬了传统儒家天人合一的思想。《太极图说》一直被视为宋代理学的奠基性著作,也是影响程朱理学的最重要的学术著作。周敦颐曾于庐山莲花峰下筑濂溪书堂,临终前两年,移居濂溪书堂,故人称"濂溪先生"。濂溪先生周敦颐一生为官治学主要在江西,其研究理学的实践也与江西密不可分,故宋代理学开端于周敦颐,亦可谓宋代理学开端于江西。但二程一生辗转多地,最后回到家乡河南洛阳,创立洛学,为宋代理学奠基。百余年后,宋代理学再次回到江西。二程四传弟子朱熹于南宋年间在江西做官并弘扬理学。朱熹(1130—1200),字元晦,号晦庵,生于福建尤溪,今江西上饶婺源人。朱熹是宋代理学集大成者,其思想对中国古代思想界甚至对中国古代政治都产生了极为深远的影响。

宋代理学还有一个重要派别,即心学,其创始人是陆九渊。陆九渊(1139—1193),字子静,自号存斋,今江西抚州人。曾结茅讲学于江西贵溪,贵溪古称象山,故人称"象山先生"。陆九渊是宋代心学的创始人,其学说传至明代,由王守仁发扬光大,二人学说并称"陆王心学"。陆王人生轨迹与学术成长均与江西有关。陆九渊认为"宇宙便是吾心,吾心便是宇宙",③ 主张"心即理",认为"如果没有作为理性存在的人,天理、宇宙都是没有任何意义的"。④ 陆九渊继承了儒家天人合一观念,但反对程朱理学割裂天理与人欲的学术研究方法,认为"若天是理,人是欲,则是天人不同矣"。⑤ 与朱熹

像公安文宋

陆九渊

---

① 王亦然:《理学开山祖师:周敦颐》,郑州:中州古籍出版社,2014年,第4页。

② 孙晓春主编:《中国政治思想通史·宋元卷》,北京:中国人民大学出版社,2014年,第185页。

③ 《卷22·杂说》,陆九渊:《陆九渊集》,北京:中华书局,1989年,第273页。

④ 孙晓春主编:《中国政治思想通史·宋元卷》,北京:中国人民大学出版社,2014年,第283页。

⑤ 《卷34·语录上》,陆九渊:《陆九渊集》,北京:中华书局,1989年,第395页。

把现实中的道德法则哲理化绝对化过程不同，陆九渊主张人的主体性，把人的主体意识视为处理社会政治生活的出发点，人的主体意识与天理具有一致性。陆九渊的理论体系比较完备，能够与包括程朱理学在内的其他理学思想争鸣，其影响尤其在知识界和思想界则更加深远。陆九渊理学思想，于其在世之时，并无"心学"之称。明代，王守仁首提"心学"，接续并发扬陆九渊理学思想，创立"王学"。王学的创立与江西密切相关。

王守仁（1472—1529），字伯安，今浙江余姚人，因于故乡阳明洞筑室，人称"阳明先生"。王守仁初学程朱理学，难解心中之惑，转而学陆九渊，豁然开朗，以"知行合一"等学说奠定"王学"根基。王守仁"王学"思想"与江西有至深的因缘"。[①] 王守仁青年时期，到江西南昌迎娶新婚妻子。归途中，于江西广信府拜访明代著名理学家娄谅，并学得"圣人可学而至之"高论。明末清初思想家黄宗羲认为，王守仁心学始于娄谅。20余年后，王守仁再度与江西结缘，先后在吉安、南安、赣州等地做官达5年之久。1529年1月，王守仁因病重从广西返乡，舟经江西大余县境内，不幸去世。王守仁生前，在江西为官的同时，倾力讲学授徒，弟子盈门，无法容纳，遂建濂溪书院。大弟子徐爱等人仿孔子《论语》为老师王守仁编撰《传习录》。《传习录》编刻均于江西赣州。王守仁在赣州期间，"江西讲学之风盛行"，[②] 为赣州俊美的自然景色增添了浓厚的人文色彩。

从陶渊明到慧远，从净土宗到正一道；从周敦颐到王守仁，从程朱理学到陆王心学，无论是古代江西人还是迁居或为官在江西之人，都能够在江西这片土地上实

---

① 方志远：《江西通史·明代卷》，钟起煌主编：《江西通史》8，南昌：江西出版集团、江西人民出版社，2008年，第334页。

② 方志远：《江西通史·明代卷》，钟起煌主编：《江西通史》8，南昌：江西出版集团、江西人民出版社，2008年，第337页。

现自身思想观念、学问理想的突破，都能够把自身人文精神与江西自然环境结合，大胆创新，成就新作为。他们受江西这片土地的哺育和滋养，开辟儒家、佛教、道教新高度；反过来，古代江西人文领域的创新又为江西其他事业的发展提供了理论与实践基础，各项事业得以各展所长，欣欣向荣。古代江西人的开创与创新精神是一种注入江西人民血脉的基因。现代江西人民传承这一光荣基因，在中国革命事业的发展中，奋勇当先，突破传统，为中国人民的解放，敢为人先，开榛辟莽。

第四节 "五个第一"不惧牺牲奉献革命

江西是中国革命的"红土圣地"，中国共产党领导中国工农群众在这片土地上创造了革命性的"五个第一"，即中共领导的第一次工人大罢工——安源路矿工人大罢工；中共第一次独立领导革命军队打响反抗国民党反动派第一枪——南昌起义；中共第一次打出工农革命军旗帜——秋收起义；中共建立的第一个农村革命根据地——井冈山革命根据地；中共建立的第一个红色政权——中华苏维埃共和国临时中央政府。"五个第一"包括"四大摇篮"，即井冈山是中国革命的摇篮；南昌是人民军队的摇篮；瑞金是共和国的摇篮；安源是中国工人运动的摇篮。

安源路矿工人运动纪念馆

中共领导的第一次工人大罢工——安源路矿工人大罢工。中国共产党成立初期，主要开展工人运动。1922年1月至1923年2月，中国工人运动在中国共产党领导下形成第一次高潮。安源路矿工人大罢工是中国工人运动高潮的坐标，它是"中国共产党第一次独立领导并取得完全胜利的工人斗争，是中国工人运动史上的一次壮举"。① 安源位于江西与湖南交界处，安源路矿是江西萍乡安源煤矿与株萍铁路（湖南株洲至江西萍乡）的合称。安源路矿隶属于德日资本控制的汉冶萍公司，矿工约17000人，工作与生活环境均极其艰苦，有强烈的争取自身权利的诉求。党组织得知安源路矿工人境遇，于1921年冬起，先后多次派遣毛泽东、李立三、刘少奇前往萍乡，成立地方党组织——中共安源支部；成立工人组织——安源路矿工人俱乐部；成立罢工武装组织——侦察队，为罢工成功进行充分准备。1922年9月14日，安源路矿工人发表《萍乡安源路矿工人罢工宣言》，主张自身权利，提出增加工资、废除封建把头制等十七项合理要求。安源路矿工人大罢工得到全国各地工人和工会组织的支持，赢得社会舆论的同情。安源路矿当局面对工人的要求，阴谋破坏罢工，企图暗杀罢工领导人，但均未得逞。1922年9月18日，安源路矿当局迫不得已，同意工人们的要求，与工人代表安源路矿工人俱乐部主任李立三（李能至）签订《十三条协议》，至此，罢工"未伤一人，未败一事"，② 取得胜利。安源路矿工人大罢工的胜利给中国共产党和江西人民留下了珍贵的革命文化遗产——安源精神。2002年，中共萍乡市委等在《人民日报》刊文，倡导弘扬"义无反顾，团结奋斗，勇于开拓，敢为人先"③ 的安源精神。安源路矿工人大罢工是江西、湖南、湖北等地工人敢为人先的实践，更是中国共产党独立成功领导中国工人运动的创举。同时，安源地委创造性地推动工人运动与农民运动相结合，"发农民运动之先声，对于工农武装割

---

① 中共中央党史研究室：《中国共产党历史·第1卷（1921—1949）》上册，北京：中共党史出版社，2011年，第90页。

② 刘少奇、朱少连：《安源路矿工人罢工略史》，中国社会科学院近代史研究所、安源工人运动纪念馆编：《中国现代革命史资料丛刊·刘少奇与安源工人运动》，北京：中国社会科学出版社，1981年，第18页。

③ 中共萍乡市委、萍乡市人民政府：《弘扬安源精神 加快萍乡发展》，《人民日报》2002年9月16日。

据思想的形成具有不可忽略的开创性贡献"。① 这里的农民运动是指秋收起义。

中共八七会议前，中共中央临时政治局常委会决定发动两大起义，一个是南昌起义；另一个就是湘、鄂、粤、赣秋收起义。两大起义均与江西有重要关系，按照时间顺序，南昌起义在先，秋收起义在后。

南昌起义纪念碑

1927 年 8 月 1 日凌晨，中共前敌委员会书记周恩来领导贺龙、叶挺、朱德、刘伯承等将领，率领士兵 2 万人，举行南昌起义。起义军经过 4 个小时激战，占领南昌城。南昌起义打响了武装反抗国民党反动派的第一枪，"标志着中国共产党独立地领导革命战争、创建人民军队和武装夺取政权的开始"，② 具有重大历史意义。南昌起义诞生了中国共产党第一支独立领导的军队，也诞生了一种革命精神，即"坚定信念、百折不挠、勇于开拓、敢为人先"③ 的"八一精神"。从 21 世纪初提出"八一精神"起，学界对"八一精神"内涵的认识始终难以统一，

---

① 陈林辉等：《论安源精神的理论内核》，《萍乡学院学报》2021 年第 5 期。

② 中共中央党史研究室：《中国共产党历史·第 1 卷（1921—1949）》上册，北京：中共党史出版社，2011 年，第 236 页。

③ 白孟宸：《八一精神永放光芒 南昌八一起义纪念馆》，《国家人文历史》2021 年第 6 期。

但"敢为人先"是获得最多认可的内涵之一。① 南昌起义使中国共产党懂得了有一支归自己领导的武装力量对于革命成功的重要性与必要性，懂得了"枪杆子里面出政权"的道理，为中国革命创建了一支"听党指挥的部队"。② 这支部队的创建是在秋收起义过程中完成的。

秋收起义纪念馆

八七会议后，中央派毛泽东为特派员，到湖南领导秋收起义。毛泽东指出："湖南秋收暴动单靠农民的力量是不行的，必须有一个军事的帮助。我们党从前的错误是忽略了军事，现在应以百分之六十的精力注意军事运动。实行在枪杆上夺取政权，建设政权。"③ 9月初，中共前敌委员会书记毛泽东前往江西安源等地，部署起义工作。起义前，成立了由卢德铭任总指挥的起义军——工农革命军第一师。工农革命军第一师由国民党警卫团、工人、农民共5000人组成。毛泽东作《西江月·秋收起义》纪念第一次打出工农革命军旗帜的起义："军叫工农

① 叶桉：《八一精神内涵的概括表述》，《中国高校社会科学》2016年第4期；钟爱保、周云：《试论"八一精神"的丰富内涵》，《老区建设》2021年第10期等。

② 叶桉：《八一精神内涵的概括表述》，《中国高校社会科学》2016年第4期。

③ 中共中央党史研究室：《中国共产党历史·第1卷（1921—1949）》上册，北京：中共党史出版社，2011年第2版，第242页。

革命，旗号镰刀斧头。匡庐一带不停留，要向潇湘直进。地主重重压迫，农民个个同仇。秋收时节暮云愁，霹雳一声暴动。"① 9 月 9 日，起义开始。起义最初的目标是攻打长沙，但不久失败，被迫转移。毛泽东经过深思熟虑，决定放弃攻打长沙的计划，把起义军转移到敌人统治力量薄弱的农村山区。卢德铭等支持毛泽东的意见。经过会议决议，起义军放弃原计划，向南转移。转移过程中，起义军遇到伏击，总指挥卢德铭不幸在江西萍乡芦溪牺牲。9 月 29 日，队伍到达江西省永新县三湾村，中共前敌委员会进行三湾改编，首提"把支部建在连上""部队内部实行民主制度，官长不准打骂士兵，士兵有开会说话的自由，连、营、团三级建立士兵委员会"，② 从组织上确立了党对军队的领导，"是把工农革命军建设成为无产阶级领导的新型人民军队的重要开端"。③ 三湾改编后，毛泽东经过调查研究，并经前委扩大会议讨论，开始研究在罗霄山脉中段即井冈山地区建立根据地等重大事宜，为创建井冈山革命根据地进行理论和实践准备。

秋收起义诞生了秋收起义精神。叶桉教授认为，秋收起义精神上承八一精神，下启井冈山精神，"勇于实践、敢于斗争"的秋收起义精神既继承了"敢为人先、勇于创新"的八一精神又启迪了"实事求是、敢闯新路"的井冈山精神，"在红色原创革命经典精神的形成中具有重要的桥梁和纽带作用"。④ 习近平总书记从中国革命全局的角度，高度肯定南昌起义和秋收起义，他指出，"南昌起义连同秋收起义、

江西萍乡芦溪卢德铭烈士纪念碑

① 吴正裕主编：《毛泽东诗词全编鉴赏》，北京：人民文学出版社，2017 年，第 351 页。
② 中共中央文献研究室编、逄先知主编：《毛泽东年谱（1893—1949）》上卷，北京：中央文献出版社，2013 年，第 220 页。
③ 中共中央党史研究室：《中国共产党历史·第 1 卷（1921—1949）》上册，北京：中共党史出版社，2011 年第 2 版，第 243 页。
④ 叶桉：《略论秋收起义精神对八一精神的承继和井冈山精神的启迪——纪念秋收起义 84 周年而感》，《江西科技师范学院学报》2011 年第 4 期。

广州起义以及其他许多地区的武装起义，标志着中国共产党独立领导革命战争、创建人民军队的开端，开启了中国革命新纪元"。秋收起义虽然失败了，但毛泽东却因此更加坚定了把马克思主义基本原理同中国革命具体实际相结合的理论和实践探索。他决定上井冈山建立革命根据地。

井冈山

井冈山革命根据地是中共建立的第一个农村革命根据地。秋收起义失败后，毛泽东深刻思考中国革命路线问题。他在同时任副连长张宗逊交谈时，提出"中国革命离不开农民，武装斗争一定要与农民运动相结合，把农民武装起来"① 的"农村包围城市"的战略思路。为与井冈山上的王佐部队搞好关系，毛泽东宣布工农革命军三项纪律，即"一、行动听指挥；二、不拿群众一个红薯；三、打土豪要归公"。军纪严明的工农革命军受到王佐部队欢迎。1927 年 10 月 3 日，毛泽东率部来到宁冈古城，召开古城会议，研究在井冈山安家等问题。11 月初，毛泽东率部来到宁冈茅坪，开始创建"以宁冈为大本营的井冈山根据地"。② 为巩固井冈山根据地，毛泽东积极部署，加强基层政权建设。工农革命军攻克茶陵

① 中共中央文献研究室编、逄先知主编：《毛泽东年谱（1893—1949）》上卷，北京：中央文献出版社，2013 年，第 223 页。
② 中共中央文献研究室编、逄先知主编：《毛泽东年谱（1893—1949）》上卷，北京：中央文献出版社，2013 年，第 223—224 页。

县城后，根据毛泽东的指示，成立了湘赣边界第一个红色政权——茶陵县工农兵政府。同时，还成立县赤卫大队、县工会、县农会等组织，配合基层巩固政权建设。1928年1月，工农革命军攻占遂川县城，成立遂川县工农兵政府以及县农民协会、县总工会和县赤卫大队等组织。毛泽东亲自主持起草《遂川工农兵政府临时政纲》，制定工农兵政治权利与自由等30条内容。2月，粉碎江西国民党军队对井冈山的第一次"进剿"，"至此，奠定了井冈山根据地的基础"。[①] 4月，朱德、陈毅率部到达井冈山，与毛泽东工农革命军会师，成立中国工农红军第四军。此后，宁冈、永新、茶陵、遂川成立中共县委，酃县成立特别区委，莲花县成立党组织，宁冈、遂川、茶陵建立县工农兵政府，宁冈、茶陵、遂川、永新等县有了地方武装，湘赣边界的工农武装割据局面基本形成。1928年12月，彭德怀、滕代远等率领红五军到达井冈山，与红四军会师，革命武装力量进一步增强。由于国民党部队的"围剿"，1929年1月，毛泽东、朱德率领红四军主力向赣南、闽西挺进。井冈山根据地坚持斗争2年又4个月，到1930年2月彻底失守。毛泽东不仅在井冈山创建了中国第一个农村革命根据地，而且还提出并实践了工农武装割据、建立工农民主政权的思想。

井冈山会师

---

① 中共中央党史研究室：《中国共产党历史·第1卷（1921—1949）》上册，北京：中共党史出版社，2011年，第253页。

井冈山的斗争为中国共产党精神谱系留下了熠熠生辉的井冈山精神。2001年6月初，时任中共中央总书记江泽民到江西考察，首次完整表述了井冈山精神的内涵。即"井冈山精神，最重要的方面就是坚定信念、艰苦奋斗，实事求是、敢闯新路，依靠群众、勇于胜利"。2016年2月春节前夕，习近平总书记来到江西看望慰问广大干部群众，重点强调新时代如何弘扬井冈山精神，指出"井冈山是中国革命的摇篮。井冈山时期留给我们最为宝贵的财富，就是跨越时空的井冈山精神。今天，我们要结合新的时代条件，坚持坚定执着追理想、实事求是闯新路、艰苦奋斗攻难关、依靠群众求胜利，让井冈山精神放射出新的时代光芒"。两任总书记高度评价井冈山精神，彰显其在中国共产党精神谱系中的重要地位。井冈山精神是中国共产党的革命精神，更是江西人民"敢为人先、开榛辟莽"精神的传承。习近平总书记指出，"实事求是、敢闯新路，是井冈山精神的核心"。①毛泽东带领中国共产党人和人民军队在井冈山进行了一系列包括土地革命、武装斗争、根据地建设、基层政权建设实践，走出了一条前所未有的通往胜利的马克思主义基本原理同中国具体实际相结合的革命道路。毛泽东离开井冈山前往赣南，在那里他带领中国共产党人进行了国家政权建设的首次实践。

中共建立的第一个红色政权——中华苏维埃共和国临时中央政府。由于军事上三次反"围剿"取得了重大胜利，政治上鄂豫皖、湘鄂西、湘赣、湘鄂赣等根据地已成规模且较为稳固，中共中央决定以赣南闽西根据地为依托，建立苏维埃国家政权。1931年11月7日至20日，中华苏维埃第一次全国代表大会在赣州瑞金叶坪村举行。毛泽东代表苏区中央局向大会作《政治问题报告》。大会通过《中华苏维埃共和国宪法大纲》等法律性质的文件，选出毛泽东等63人组成的中央执行委员会，宣告了中华苏维埃共和国临时中央政府的成立。11月27日，中央执行委员会举行第一次会议，选举毛泽东为中央执行委员主席，决定中华苏维

---

① 习近平：《论中国共产党历史》，北京：中央文献出版社，2021年，第113页。

中华苏维埃第二次全国代表大会旧址

埃共和国临时中央政府定都江西瑞金。从此，"分散在全国各地的约十五六万平方公里、一千余万人口的红色区域，成为中华苏维埃共和国的领土"。① 中华苏维埃共和国实行工农兵代表大会制度，鼓励并吸引工农群众参与政治实践，行使政治权利。工农兵代表大会采用民主选举方式，根据男女平等原则选举代表。群众对临时中央政府热烈拥护，积极参与选举，有的地方参加选举的人数占选民总数的九成以上。工农兵代表大会采用民主集中制原则，其闭会期间由各级执行委员会代行权力。民主风气也洋溢在苏区干部中间。"苏区干部好作风，自带干粮去办公。日穿草鞋干革命，夜走山路访贫农"，这首《苏区干部好作风》民歌歌颂了当时干部的民主作风，传唱至今，仍有教育意义。1934 年 1 月 21 日至 2 月 1 日，第二次全国苏维埃代表大会在江西赣州瑞金沙洲坝举行。大会重新选举了中央执行委员会。2 月 3 日，中央执行委员会第一次会议选举毛泽东为中央执行委员会主席，组织了第二届中央人民政府。此后，由于国民党反动派发动第五次"围剿"，中共中央决定进行战略转移，开始二万五千里长征。

---

① 　陈荣华等：《试论中华苏维埃共和国临时中央政府的诞生及其历史意义》，《江西社会科学》1982 年第 1 期。

江西省赣州市兴国县长冈乡调查纪念馆

中央苏区期间，毛泽东带领苏区同志继续探索中国革命道路，逐步把马克思主义基本理论与中国具体实际相结合，走上了农村包围城市，最后夺取城市的革命道路。这期间，毛泽东重视理论与实践相结合，采用调查研究方法，发现问题，解决问题，继《寻乌调查》之后，又撰写《长冈乡调查》《才溪乡调查》等力作，为解决中国农村问题提供了第一手资料。毛泽东在中央苏区创造的调查研究工作方法，已经成为中国共产党的传家宝，传承至今，仍是党处理各项工作的基本方法。习近平总书记指出，"调查研究是我们党的传家宝，是做好各项工作的基本功。要在全党大兴调查研究之风，推动全党崇尚实干、力戒空谈、精准发力，让改革发展稳定各项任务落下去，让惠及百姓的各项工作实起来，推动党中央大政方针和决策部署在基层落地生根"。中国共产党人带领苏区人民的革命实践，诞生了苏区精神。

习近平首提苏区精神并阐释其内涵。中共早期领导人方志敏是赣东北苏区开创者，曾经总结过苏维埃精神。1935 年 3 月，方志敏在狱中撰写《我从事革命斗争的略述》，提出苏维埃五大精神，即"苏维埃的民主精神、苏维埃的创造精神、苏维埃的进步精神、苏维埃的刻苦精神、苏维埃的自我批评精神"。[1] 这是

---

① 方志敏：《我从事革命斗争的略述》，北京：人民出版社，1980 年，第 81—83 页。

方志敏同志"总结实际工作经验",① 提出的苏维埃精神的概念。正因如此,方志敏同志的"苏维埃精神"与"苏区精神"尚有认识上的差距。2011 年 11 月 4 日,习近平出席纪念中央革命根据地创建暨中华苏维埃共和国成立 80 周年座谈会并发表重要讲话,首倡"坚定信念、求真务实、一心为民、清正廉洁、艰苦奋斗、争创一流、无私奉献"② 等为主要内涵的苏区精神。习近平从中国革命史和中共党史的全局高度阐释

方志敏烈士

苏区精神,而非仅仅将其看作一时一地的优秀品质。苏区精神只有存在于中国革命史和中共党史的历史过程中,才具有完整性,才能在运动中阐明其现实意义。方志敏的苏维埃精神完整阐释了苏区的优秀品质,但由于未能将这些优秀品质纳入中国革命史和中共党史的运动过程中进行比较,因此,苏维埃精神只是一时一地优秀品质的总结,尚不能视为苏区精神的首倡。

苏区精神

　　江西是中国共产党新民主主义革命时期最重要的革命舞台之一,江西人民相信中国共产党,追随中国共产党,为中国革命做出了巨大牺牲。中国共产党"敢

---

① 刘佩芝:《方志敏是苏区精神的首倡者和实践者》,《党史文苑》2018 年第 7 期。

② 习近平:《在纪念中央革命根据地创建暨中华苏维埃共和国成立 80 周年座谈会上的讲话》,《人民日报》2011 年 11 月 5 日。

为人先"优秀革命品质的培养和发扬，必然离不开"敢为人先、开榛辟莽"的江西人民的参与和奉献。正是因为江西人民的参与和奉献，中国共产党在创建人民军队、组织工人运动、开展民主实践、建立政权实践等方面，都在江西这片"红土圣地"上取得了巨大成功和宝贵经验。

第五节　绿色生态是江西最大财富

2016 年 2 月，习近平总书记考察江西时指出，"江西生态秀美、名胜甚多，绿色生态是最大财富、最大优势、最大品牌，一定要保护好，做好治山理水、显山露水的文章，走出一条经济发展和生态文明水平提高相辅相成、相得益彰的路子"。习近平总书记的讲话是对江西改革开放以来生态环境建设和保护成就的最高肯定，而江西治理生态环境所取得的成就应主要归功于"山江湖工程"。

鄱阳湖

"山江湖工程"是江西省治理生态环境，以实现地方经济社会可持续发展的跨世纪工程。"山江湖"是江西独特地貌的写真。江西三面环山，北有鄱阳湖与长江相连。江西境内有赣江、抚河、信江、饶河、修河汇入鄱阳湖，形成"一湖五江"水系。该水系流域面积占江西总面积97.2%，因此，"山江湖工程"就是江西全省生态环境发展工程。"山江湖工程"始于改革开放初期。1981 年和 1982年，江西省科委联合有关部门对鄱阳湖地区和赣南地区进行考察，发现江西森林覆盖率只有31.5%，全境水土流失面积占全境总面积的19.6%，其中，赣南山区水土流失最为严重。各方专业人士经过讨论，形成"不能就鄱阳湖论鄱阳湖，要从全局出发，首先必须治山，治山是治水之本。山穷必然水尽，山清才能水秀"①的科学认知。1983年，山江湖工程正式启动。1988年，省委、省政府做出实施山江湖工程的重大决策，并制定了《江西省山江湖开发治理总体规划纲要》（以下简称《纲要》）。1991年，江西省人大表决通过该《纲要》，"山江湖工程"作为全省经济社会发展的战略地位得以确立。"山江湖工程"分红壤丘陵立体开发模式、南方水田农林复合型生态经济模式、南方农区草地资源开发模式、山地生态林业规模经营开发模式等10大类型，分布在31个示范点，辐射至100余个推广点。到2000年，江西生态环境明显改善，全省森林覆盖率上升至59.7%。

赣江

"山江湖工程"在新时代继续严格高起点战略规划，坚持科学有序发展。时任国务院秘书长刘济民同志曾高度赞扬"山江湖工程"。他说："我的看法是山江湖工程科学含量高，它是一个高起点的开发治理和促进农村经济发展的工

---

① 徐新玲：《山江湖工程的实施》，《党史文苑》2020年第7期。

程。"① 他认为，山江湖工程的高起点主要体现在"科技领路，教育先行"② 等方面。"山江湖工程"实施过程中，科学技术始终是整个工程的核心。如泰和县通过立体开发，改善产业与食物链结构，实行"乔灌草""种养加""长中短"三结合，科学有效控制水土流失，增加农民收入。江西省还大力加强科技培训，强调科技进山，科技进点，大力进行科普工作。江西人民积极参与山江湖工程，热情参与科技培训项目，配合政府完成了科技向生产力转化的过程。2001 年以来，江西省在全国率先提出"既要金山银山，更要绿水青山"③ 的发展理念。山江湖工程秉承可持续发展理念，成为江西历史上"实施时间最长、涉及面积最广、参与人数最多的一项宏伟的生态经济工程"，也成为联合国专家认可的"区域可持续发展的典范"。④ 党的十八大以来，江西"山江湖工程"实现升级。2014 年 7 月，江西全境入选国家首批生态文明先行示范区。2016 年，江西与福建、贵州一道成为首批国家生态文明试验区。几年来，江西国家生态文明试验区建设取得喜人成果。据报道，"2021 年，我省加快推动生态文明共建、生态成果共享。深入推进城乡环境综合整治，实施城市功能品质提升项目 6000 余个，城市建成区绿地率保持全国前列。吉安被评为全国'最具生态竞争力城市'，赣州、上饶分获中国十大'心仪之城''秀美之城'；深入推进国家生态综合补偿试点省建设，连续 6 年实施全流域生态补偿，累计下达流域补偿资金 210.9 亿元，积极推进第三轮东江流域跨省补偿。全省公益林补偿面积达到 5100 万亩，选聘生态护林员 2.4 万人，安排补偿资金 2.4 亿元；共创绿色家园，成功举办'第二届鄱阳湖国际观鸟周''2021 江西森林旅游节'，连续两年开展生态文明宣传月活动，持续开展'河小青'志愿活动，'绿宝碳汇'平台上线运行"。据江西省统计局统计，2021 年，全省优良天数比例是 96.1%，比上年上升 1.4 个百分点，优良天数增

① 刘济民：《山江湖工程：江西富民强省的跨世纪工程》，《中国人口·资源与环境》1997 年第 3 期。
② 刘济民：《山江湖工程：江西富民强省的跨世纪工程》，《中国人口·资源与环境》1997 年第 3 期。
③ 刘勇：《建设国家生态文明试验区 打造美丽中国"江西样板"》，《辽宁行政学院学报》2018 年第 5 期。
④ 赖熹姬、张乔娜：《江西生态文明建设的实践与启示》，《中共南昌市委党校学报》2020 年第 4 期。

加 4 天。全年全省地表水监测断面（点位）水质优良比例为 93.6%。全省有国家公园 1 处，自然保护区 190 处，风景名胜区 45 处，地质公园 15 处，世界遗产 5 处，湿地公园 109 处，森林公园 182 处；自然保护地总面积 2800 万亩，占全省国土面积的 11.4%。[①] 2022 年江西省森林覆盖率达 63.1%，比改革开放之初提高 31.6 个百分点，全省共有 10 个国家森林城市。其中，赣州市森林覆盖率达 76%，为全国最绿的城市之一。

江西森林景色

绿色生态是江西最大财富，这笔财富的获得离不开江西人民的努力和创造。古往今来，江西人民始终秉承"敢为人先、开榛辟莽"的精神，改造自然环境，创造物质财富，收获美好幸福生活。增长的数据告诉我们一切，这些数据背后有江西人民的体力和智力付出，也有国家和各省市人民的支持和支援。今天，我们要把握机遇，让这笔财富在我们手中实现增值，造福子孙后代。历史是时间的流逝。我们在流逝的时间里，找到了未曾改变的"敢为人先、开榛辟莽"精神。这种精神已经融进江西人民的血脉。无论江西人民建设家乡，还是走出去建设祖国，造福世界，这种精神必将被勤劳的江西人民传遍神州大地，传播五湖四海。

---

① 江西省统计局、国家统计局江西调查总队：《江西省 2021 年国民经济和社会发展统计公报》2022 年 3 月 24 日。

第二章
天性好善　追求正义

接纳战乱迁徙人口是江西人民"天性好善"的重要表现。江西人民第一次大规模接纳战乱迁徙人口是在唐末。唐末安史之乱、黄巢起义、秦宗权割据，中原民不聊生，被迫南迁寻找生路。江西人民敞开怀抱，接纳同胞。彼时，江西处于杨吴、南唐统治时期，社会秩序安定。据统计，这一时期，江西增置 19 个县，人口增长可见一斑。江西人民第二次大规模接纳战乱迁徙人口是在北宋末年。金侵宋，赵氏南渡，偏居临安，江南成为宋人迁居之地。迁入江西的人口，不仅有平民，还有北宋宗室、士绅，多阶层大规模的拥入极大地丰富了江西人口结构。反抗剥削压迫是江西人民"追求正义"的重要表现。古代，江西人民反抗剥削压迫的主要手段是起义。这些起义中，比较著名的有：隋朝林士弘、操师乞起义；吴先、张遇贤领导的反抗南唐统治的人民起义；文天祥抗元斗争；徐寿辉、陈友谅结束元朝政府在江西的统治的斗争；明代崇义县赣南农民起义；清代赣州佃农抗租斗争等。古代江西人民有"好讼"之名，为宋代黄庭坚、曾巩等文人不齿。但换个角度看，凡事诉诸法律正是通过非暴力手段解决社会冲突的最佳方式。江西人民以和平方式追求公平正义，正是其"天性好善"的写照。革命战争时期，江西人民在中国共产党领导下，先后参与《井冈山土地法》《兴国县土地法》实践，参与中央苏区选举等民主实践，体现其向往平等、追求正义的精神品质。同时，江西人民积极参加革命战争，为争取人民幸福，无畏流血牺牲。据统计，革命年代，江西仅有名有姓的烈士就超过 25 万人，占全国烈士人数的 1/6。

第一节 敞开怀抱接纳唐宋战乱移民

据统计，江西户口，隋朝时期为 85638 户，唐开元时期为 205973 户，至宋初增至 591870 户。为何江西户口在不到 400 年的时间里增加了 50 余万户？其最直接的原因是"动乱引发北方大量人口南迁江西"。[1] 引起北方人口大量南迁的第一个动乱就是安史之乱。

天宝十四年（755）十一月，安禄山起兵范阳，安史之乱爆发。范阳，即今北京等地。安禄山起兵仅一个月，便攻陷洛阳。756 年正月初一，安禄山在洛阳称帝，国号大燕。此后，安禄山一路所向披靡，向西攻克潼关，唐玄宗被迫逃往成都。太子李亨继位，年号至德，是为唐肃宗。唐肃宗任用郭子仪、李光弼，奋勇抵抗安禄山叛军。至德二年（757）正月，安禄山子安庆绪杀父，继承大燕皇位。是年，郭子仪大败叛军，接连收复长安和洛阳。乾元二年（759）四月，史思明在范阳称帝，不久，攻占洛阳。乾元是唐肃宗李亨的第二个年号，上元是其第三个年号。上元二年（761）三月，史朝义杀父史思明，即皇帝位。宝应元年（762），唐玄宗、唐肃宗崩，唐代宗李豫继位。广德元年（763）正月，史朝义自杀。次月，安史之乱平。安史之乱，前后八年，因郭子仪和李光弼等在中原顽强阻击，战火未至江南。江西因此成为中原人首选避难之所。唐肃宗李亨曾言："中夏不宁，士子之流，多投江外。"[2] 安史之乱结束后，中原一带陷入藩镇割据时期，人民生活再度受到动乱威胁，江西再次成为南迁移民青睐之归处。

移民南迁，乱中有序，政府主动管理，增置州县。一般认为，战乱动乱年代，政府管理失序，人民流离失所，自求多福。这种情况不能说没有，但不能代

---

[1] 陈金凤：《江西通史·隋唐五代卷》，钟起煌主编：《江西通史》4，南昌：江西出版集团、江西人民出版社，2008 年，第 88 页。

[2] 《加恩处分流贬官员诏》，《钦定全唐文》卷 43 肃宗 2，[清] 董诰等编：《全唐文》，北京：中华书局，1983 年第 473 页。

江西省上饶市信州区

表全部。安史之乱期间，即乾元元年（758），信州创建。信州，今江西省上饶市信州区。信州地理位置独特，居信江上游，东有衢州，北有饶州，南有建州，西有抚州，是为各州不管之地。信州因其特殊的地理位置吸引了大量南迁移民，但信州未能纳入行政管辖势必滋生事端，因此，江淮转运使元载上奏唐肃宗，请求置州。元载是唐代赫赫有名的人物，因铲除权宦鱼朝恩而闻名，官至宰相，但其掌权后，不可一世，被唐代宗赐死。元载的奏请得到唐肃宗李亨谕准，并赐名"信州"。可见，虽处安史之乱，但唐政府依然能够卓有成效地管理江南地区，尤其是移民事宜。信州建置后，下辖五县，即永丰、弋阳、常山、上饶、玉山，有四万户。我们无法知道信州在安史之乱时期接受了多少南迁移民，但史料记载，一些当时的重要人物在此期间定居在此地。时任工部郎中王端带着三个儿子迁居信州。王端以"庄"（庄重）著称，是唐天宝年间名士。王端有一子，名王纯，后因避讳改名王绍，受大书法家颜真卿赏识，赠字曰德素。王绍官拜兵部尚书。

洪州是江西观察使治所，是南迁移民重要目的地之一。洪州，即今南昌。洪州之名最早出现在隋代，后改名豫章。唐初，改回"洪州"之名。唐玄宗天宝元年，复改为"豫章"；唐肃宗乾元元年，即安史之乱时期，再次改回"洪州"之名。洪州远离战火硝烟的中原，"当闽越奥区，扼江闽重阻，既完且富，行者

九江

如归"。① 于邵，官居礼部侍郎，自称"史官"，与宰相陆贽不和，后迁居江州（今江西九江）。我们知道，安史之乱时期，江西户口大幅增长，显示南迁移民快速增加。但在具体史料中，人民大众的移民史并无详细记录，记载的往往都是高官名士贵族的迁移历史或痕迹，当然，即便是这些历史或痕迹也是学者们大海捞针、一点一滴挖掘整理出来的。吴松弟先生统计正史、文集和笔记小说等资料，发现"安史之乱阶段迁入南方的133位移民中，25人分布在江西，占全部人数的19%，仅次于江南地区（35%），显然江西是该阶段移民的重要迁入区"。② 不过，这一时期的移民"主要集中在赣北和赣东北地区，越往南走实例越少，而赣南几乎形成空白"。③ 这一判断与赣南当时的自然和社会经济状况比较吻合。唐代，赣北和赣东北地区因其靠近江南，社会经济发展较快，人口增长较多，而赣南受自然环境限制，仍处于尚待开发阶段。迁居，尤其是受战乱影响被迫迁居，对国家和社会影响较大，对个人和家庭影响更大。于邵自言："予迁客也，是甘其艰。"④ 于邵以己度人，想到李校书之不易。李校书亦是南迁移民，

① 于邵：《送王司议季友赴洪州序》，《钦定全唐文·卷427》，[清]董诰等编：《全唐文》，北京：中华书局，1983年，第4354页。
② 吴松弟：《中国移民史第3卷·隋唐五代时期》，福州：福建人民出版社，1997年，第291页。
③ 吴松弟：《中国移民史第3卷·隋唐五代时期》，福州：福建人民出版社，1997年，第291—292页。
④ 于邵：《送李校书归江西序》，《钦定全唐文·卷427》，[清]董诰等编：《全唐文》，北京：中华书局，1983年，第4352页。

从北方迁居江西庐陵（今吉安）。于邵说："以世多故，始家庐陵。悲乡国之眇邈，想邱园之芜没，羁旅南土，复何言哉?"① 虽然各地南迁移民难以割舍故土情怀，但他们作为第一代移民多半扎根江西，成为江西经济社会发展的重要智力和人力资源。据陈金凤统计，唐代江西户口在全国的比重"由2.76%增至12.39%"，在全国总户数中的比重"激增约4倍"，其原因是"由于安史之乱与藩镇割据造成了中原地区残破，导致全国户口总数锐减，人口大量南迁"。②

桂岩书院

唐末五代时期，大批移民仍接踵入赣。这一时期，江西亦受战事影响，但与中原地区相比，其地可谓安全稳定，因此，江西仍是移民热点地区。北宋初期，江西户数比唐元和年间增长1倍有余，达59万余户。据推算，江西人口"约150万上下，为有史以来之高峰"。③ 人口增长给江西社会带来巨大改变。以书院文化为例，江西以书院文化著称全国，其最早的书院桂岩书院创办于唐宪宗元和九年（814）。书院的兴办源自私学的发达。中唐以来，移民大量拥入，江西经济社

① 于邵:《送李校书归江西序》,《钦定全唐文·卷427》,[清] 董诰等编:《全唐文》,北京:中华书局,1983年,第4352页。
② 陈金凤:《江西通史·隋唐五代卷》,钟起煌主编:《江西通史》4,南昌:江西出版集团、江西人民出版社,2008年,第93页。
③ 陈金凤:《江西通史·隋唐五代卷》,钟起煌主编:《江西通史》4,南昌:江西出版集团、江西人民出版社,2008年,第107页。

会大发展，"以书院为形式的私学迅速萌芽成长"，[①] 为书院的发展打下良好基础。而这些教育基础的获得多半要归功于移民。

隆祐皇太后

唐代以后，江西持续成为移民热土，尤以南宋为最。北宋末年，金兵南侵，中原人口避难江西，主要分布在洪州、饶州、信州、吉州、江州等地。不幸的是，金兵亦杀到江西，江西人口惨遭屠戮，江州人口"十损七八"；洪州屠城，"杀城中老小七万余人"。可谓悲惨！南宋年间，江西经济社会逐渐安定，人民休养生息，人口增长。此时的人口增长分两部分，一部分是自然生育增长，另一部分是人口迁入增长。迁入的移民成分比较复杂，有北宋宗室、知名隐士、皇太后等。我们且细说一度避难江西的皇太后——隆祐皇太后。隆祐皇太后是北宋哲宗的第一位皇后，孟姓，《宋史》官方名号为"哲宗昭慈圣献孟皇后"。孟皇后16岁入宫，选为中宫皇后。后因宫中内斗，被废，出宫，居瑶华宫，法名冲真。宋哲宗元符末年（1100），复后位，为元祐皇后。宋徽宗崇宁初年（1102），二度被废，出居瑶华宫。宋钦宗靖康初年（1126），钦宗赵桓议复后位，尊为元祐太后。然而，复位圣旨未下，都城汴梁失守，金人杀入，"六宫有位号者皆北迁，后以废独存"。[②] 靖康之难后，张邦昌被金人立为大楚国皇帝。张邦昌迎孟皇后入宫，上尊号为元祐皇后。元祐皇后垂帘听政。元祐皇后闻听康王赵构在济南，命人迎至南京，即皇帝位，是为宋高宗。高宗赵构尊后为元祐太后。因"元"字犯孟皇后祖讳，遂改尊号为"隆祐太后"。不久，上皇太后尊号，是为"隆祐皇太后"。金兵来袭，隆祐皇太后疾走洪州。金兵破洪州，隆祐皇太后仓皇南下，经吉州，到虔州（今赣州）。"时虔州府库皆空，卫军所

① 陈金凤：《江西通史·隋唐五代卷》，钟起煌主编：《江西通史》4，南昌：江西出版集团、江西人民出版社，2008年，第221页。

② 《卷243》，[元] 脱脱等：《宋史》第25册，北京：中华书局，1977年，第8634页。

给，惟得沙钱，市买不售，与百姓交斗，纵火肆掠。"① 沙钱，即质地粗劣的小铜钱，当地人不愿接受，故引起争执，乃至演变成掠夺。高宗赵构得知隆祐皇太后在虔州，忙派人迎回临安（今杭州）。宋高宗绍兴五年（1135）四月，隆祐皇太后薨，年59岁。隆祐皇太后入江西，其随行人员有留赣者。奔仕能，开封人，官居侍御，随隆祐皇太后逃至吉州，安家于安福县。奔仕能七世孙奔清甫，勤于学问，钻于医术，为安福县名医。夏泽，官居刑部司门郎，随隆祐皇太后至吉州，安家于斯。夏氏在吉州"世业儒。在宋有父子相继入胄监者；在元有父子同中进士科者"。② 可见，移民促进了江西社会经济文化的发展。

入元以后，移民人口的居住地主要选择在江西中北部。"南宋末，四川最先受蒙古攻击，荆湖继之，两地人士流寓江西者颇多，江州为此特建景星书院，以养淮蜀之士；南康路曾收容流亡4万余口；江北流民70余人则长期活动在赣中的临江、富州一带，因得不到妥善安置，结党400余人，发展成为祸害地方的一股势力；赣东北则因位于三地交界处，北方南徙之人多有侨寓于此者。"③ 景星书院始建于唐朝，传为隐士李渤所建。李渤有文名，朝廷诏其入仕，不拜。韩愈致书相请，有"朝廷士类，引领东望，若景星凤凰，先睹为快"之语。李渤从之，任江州刺史，因名书院"景星"。④ 南宋末年，景星书院重建。元末兵乱，景星书院毁。遗址曾建东岳庙，亦毁。移民文人，已有落草为寇者。战争动乱年代，社会失序，百姓遭殃，为生存，只能自保，无法苛求。即便如此，江西人在元初仍处于极度危险与恐惧之中。江西中南部如赣州等地誓死抵抗元军，遭至屠城报复，上犹县万余人同日而死，仅存七十二户。⑤ 与赣南不同，元代江西临江

---

① 《卷243》，[元] 脱脱等：《宋史》第25册，北京：中华书局，1977年，第8636页。
② [元] 王礼：《教授夏道存行状》，《麟原文集·前集·卷3》，《影印文渊阁四库全书·集部159别集类》第1220册，台北：台湾商务印书馆，1982年，第1220—380页。
③ 吴小红：《江西通史·元代卷》，钟起煌主编：《江西通史》7，南昌：江西出版集团、江西人民出版社，2008年，第50页。
④ 《江西省·九江府志·卷22》，《中国方志丛书·华中地方·第267号》，台北：成文出版有限公司，1975年，第218页。
⑤ 吴小红：《江西通史·元代卷》，钟起煌主编：《江西通史》7，南昌：江西出版集团、江西人民出版社，2008年，第50页。

路（今新干县、新余市）、瑞州路（今高安）等地人口则大幅增长。路是元代特有的行政区划单位。路上为中书行省，路下为州、县。路又按户口数，10 万户以上为上路，10 万户以下为下路。临江路为上路，15 万余户；瑞州路亦为上路，14 万余户。元末，"全国总户数约 1400 万，江西占 17%，基本延续了南宋时期在全国人口中的地位"。[①] 元代为稳定社会秩序，控制人口流动，实现诸色户计制度。所谓诸色户计制度，可以理解为按照一定统计原则进行分类而形成的多个种类的户籍管理制度。元代诸色户计制度分为民户、儒户、军户、站户、投下户等，其中，民户是基本户计。江西与全国一样，以民户为基本户计。江西移民较多，元政府有额外规定。元世祖忽必烈曾下诏，要求"籍江南户口，凡北方诸色人寓居者亦就籍之"。[②] 这个诏书的目的就是控制移民流动，稳定社会秩序。由于江西多数地区未经抵抗便归入元朝版图，因此，其人口损失有限。同样是因为战争影响较小的原因，移民持续进入江西。

从唐至元，移民为江西经济社会发展做出了重要贡献。移民除为江西带来财富与劳力外，更重要的是给江西带来了先进的文化。江西以宽广的胸怀接纳流离失所的同胞，同胞则以先进的文化反哺江西经济社会发展。明代，江西成为文化大省、进士大省，与早期移民的文化浸润大有关系。江西人民天性好善，匡时济世，爱护同胞，追求正义，其优秀文化精神代代相传。

第二节　人民起义反抗剥削压迫

江西人民追求正义，追求平等，反抗政府不公平待遇，反抗剥削压迫，他们采用的最激烈手段就是起义。起义是暴力反抗政府的行动，一般采取武装起义的形式，最激进的反抗措施就是建立新政权。古代，江西人民反抗剥削压迫的主要

① 吴小红：《江西通史·元代卷》，钟起煌主编：《江西通史》7，南昌：江西出版集团、江西人民出版社，2008 年，第 51 页。
② ［明］宋濂等：《卷 15·本纪第 15·世祖 12》，《元史》第 2 册，北京：中华书局，1976 年，第 319 页。

手段是起义。这些起义中，比较著名的有：隋朝林士弘、操师乞起义；吴先反抗南唐统治和张遇贤反抗南汉统治的农民起义；文天祥抗元斗争；徐寿辉、陈友谅结束元朝政府在江西的统治的斗争；明代崇义县赣南农民起义；清代赣州佃农抗租斗争等。

林士弘、操帅乞起义

林士弘、操师乞起义是江西古代历史上影响最大的一次起义。操师乞，江西鄱阳人，出身农民，性侠义豪爽，爱抱打不平。乡有匪患，操师乞组织青年农民自卫，渐成一支有战斗力的武装。林士弘，江西鄱阳人，亦有自己的武装力量。大业十二年（616），隋炀帝认为农民武装对政权构成威胁，决定消灭农民军。操师乞与林士弘起兵反隋，攻占鄱阳城。操师乞自号元兴王，年号天成，命林士弘为大将军。起义军所向披靡，攻占彭泽、豫章等地，隋政府震惊。隋炀帝命治书侍御史刘子翊率重兵镇压起义军。两军交战，操师乞身先士卒，不幸中箭身亡。起义军见元兴王死，军心涣散，一时间溃不成军。危难之际，林士弘挺身而出，英勇指挥，奋勇杀敌，杀死刘子翊，隋军溃败。林士弘一战成名，越战越勇。起义军一路南下，攻城略地，发展壮大，军队达十几万人之多。617年，林士弘占领虔州（今赣州），建立政权，自号南越王，国号"楚"，年号"太平"。此后，林士弘率领起义军打到广东番禺、潮州，影响范围达赣粤两省。林士弘起义军声名远播，吸引了一些外省人士，其中亦有骁悍之辈，如张善安。张善安，山东人，原在淮南率领百余农民军起义，后收服其他义军队伍，有队伍近千人。张善安慕名投奔林士弘，但林对其不信任，张怀恨在心。张善安筹备良久，找准时机，偷袭林士弘，占领豫章等地。好在林士弘在赣粤根基较深，起义军很快击退张善安，恢复了士气。但是一波刚平，一波又起。南朝后梁皇帝曾孙萧铣见隋朝政权将倾，起兵占领巴陵（今湖南岳阳），自称梁王，势力范围达江西九江，与林士弘政权产生直接冲突。萧铣派重兵与林士弘交战，后者不敌，不得不退出豫章地区，声势大减。唐高祖武德五年（622），林士弘派其弟攻打循州（今广东惠州、河源等地），被唐军击败，从此一蹶不振。据说，林士弘退居江西安福县的一个山洞内，染病身亡。此时，张善安已经归降唐朝，任洪州总管。张善安得知林士弘密藏之所，带兵来讨，方知林已死。操师乞、林士弘起义军历经六年，两度建立政权，势力遍及赣粤两省，是江西古代历史上影响最大的一次农民起义。

吴先反抗南唐统治的农民起义。吴先，江西吉安人，唐末五代时期农民，因不堪忍受南唐统治的剥削，率众起义，据守鹧鸪洞，给当地政府造成极大威胁。鹧鸪洞，位于庐陵城西北50里处，四面皆山，分南洞、西洞，有田数百亩，既适合自给自足又易于隐蔽。南宋诗人杨万里是江西吉安人，曾作《至鹧鸪洞》，曰："岸冻树逾瘦，日高林始明。瑶草密如积，玉泉中暗鸣。初至心为动，欲归脚还停。江湖千万峰，穿侬两鞋青。如何鹧鸪岭，咫尺来未曾。"① 吴先武艺高强，擅使长矛，有勇有谋，成为南唐统治者的心

杨万里

---

① 杨万里：《至鹧鸪洞》，《全宋诗·卷2279·杨万里5》，北京大学古文献研究所：《全宋诗》第42册，北京：北京大学出版社，1993年，第26139页。

头大患。江西吉安人刘茂忠骁勇多谋，年轻时亦占山为王，后改过自新，接受政府大赦，答应政府擒拿起义军以自证清白的条件。吴先警惕多疑，无缝可钻。刘茂忠便使用苦肉计，鞭伤两名士卒，令其投奔吴先，以为内应。吴先本疑心，见鞭伤累累，始信不疑，留下二人。不想，二人取得吴先信任后，留在鹧鸪洞仅月余，便伺机杀死吴先。吴先死后，起义军群龙无首，很快四散逃亡。吴先反抗南唐起义失败了。刘茂忠因战败起义军，得到封赏，官居袁州刺史。袁州，今江西省宜春市袁州区。

张遇贤反抗南汉和南唐统治的农民起义。张遇贤，今广东惠州人，官县吏。942年，率众起兵反抗南汉腐败统治。张遇贤起义不久，便建立政权，自称"中天八国王"，年号永乐。"中天八国王"是指其目的要统一后晋、南汉、南唐、吴越、楚、闽、南平、后蜀等八个政权，可见，其雄心壮志。很快，南汉政府发重兵剿灭起义军，起义军辗转翻越大庾岭，来到虔州（今赣州）。此时，虔州是南唐的势力范围，张遇贤开启了反抗南唐统治的斗争。张遇贤起义军首先进

张遇贤起义

攻虔州，由于得到当地人民响应，起义军很快扩大到十几万人。但虔州城守军严密防守，固若金汤，起义军久攻不下，于是，转移到城南峰山休养。峰山，原名空山，空山不空，"其所出物，百倍于他山"。[①]张遇贤起义军人数扩增，给养充足，令南唐政府坐立不安。于是，南唐政府发布告示，悬赏擒拿张遇贤。为收买民心，令农民与起义军断绝往来，南唐政府还下令免除虔州各县赋税，明为减轻百姓负担，实为瓦解起义军斗志。南唐政府的政策奏效了。起义军内部开始分裂，人心动摇。李台是起义军将领，面对南唐政府的悬赏，贪念大起，趁张遇贤不备，将其绑缚，献给南唐官军。张遇贤被押至金陵，被南唐政府杀害。

---

① 《太平寰宇记》卷108《赣县》。《卷108江南西道6虔州》，[宋]乐史撰：《太平寰宇记》5，王文楚等点校，北京：中华书局，2007年，第2178页。

　　吴先、张遇贤农民起义虽然以失败告终，但他们的英勇事迹充分表达了江西人民不畏强权，追求公平正义的决心和勇气。在众多的农民起义中，文天祥领导的抗元斗争是最特殊的一次人民起义。说其特殊，是因为文天祥是南宋赣州知州，是南宋政府正式任命的地方官员；说其特殊，还因为文天祥是以官方身份带领人民反抗已经到来的却不想接受的新朝代。

　　徐寿辉、陈友谅结束元朝在江西的统治。徐寿辉，今湖北黄冈罗田县人，布贩出身。陈友谅，今湖北仙桃人，曾为县吏。1351 年，徐寿辉率领红巾军在湖北蕲州，自称皇帝，国号"天完"。红巾军一路高歌猛进，攻入江西，占领江西东北部多地。不久，江西元军重兵反击，红巾军开始节节败退，不久，红巾军主力退出江西。但红巾军等起义军已经起到颠覆元朝统治的作用，到 1357 年，除一些重要城邑如江州、赣州等，元朝政府已经无法有效控制江西大部分地区。此时，红巾军"天完"政权内部出现动荡，倪文俊控制军政大权，且图谋杀害徐寿辉取而代之。陈友谅挺身而出，杀掉倪文俊，控制了天完政权的军权。此后，陈友谅重新整顿红巾军，并再次向元朝政府发起攻击。1359 年，陈友谅军攻破信州城，江西境内尽归天完政权，元朝政府被撵出了江西。陈友谅定都江州，并请徐寿辉继续做皇帝，实则把徐寿辉作为傀儡。1360 年，陈友谅杀徐寿辉，自称皇帝，定都江州，国号"大汉"。1363 年，陈友谅与朱元璋会战鄱阳湖，中箭而亡，大汉政权灭亡。徐寿辉、陈友谅是湖北人，但他们带领江西人民反对元朝政府的腐败统治，表达了人民追求公平正义的心声。

今日崇义县美景

王守仁

明代崇义县赣南农民起义。明代中期，江西明政府统治者觊觎农民开发荒地成果，企图增加赋役，引起农民强烈反感和反抗。一时间，赣北赣南农民纷纷起而反抗政府，形成农民起义高潮。赣北农民起义以余干县姚源洞农民起义为代表，赣南农民起义以崇义县横水、桶冈农民起义为代表。横水在今崇义县中部，桶冈在今崇义县西北部。此地西临湖南，南接广东，地处江西大余县、南康县、上犹县三县交界处，是当时政府管理的真空地带。由于地理位置特殊，且自然资源丰富，一些流民便定居下来，并开展生产耕作，自给自足。他们的辛勤劳作，得到回报，生活逐渐改善。当地政府见有利可图，便开始向该地区农民征收赋役。农民发现，一旦交税，便入不敷出，再度返贫。于是，该地农民忍无可忍，揭竿而起，反抗政府。起义军以谢志山为"征南王"，下设总兵，管理大小山寨八九十个。起义军不仅攻打附近县城，而且还攻打吉安甚至湖南等地，给明政府以沉重打击。明政府万不得已，任命著名思想家王守仁为右都御史，并给予"提督军务"大权。王守仁不负朝廷厚望，设计攻陷横水、桶冈，镇压了农民起义。王守仁镇压横水、桶冈农民起义后，上书奏请设立崇义县，明政府批准。从横水、桶冈农民起义，我们可以看到，江西人民不仅吃苦耐劳，而且追求公平正义，反对不平等不合理的政府统治。他们能够把荒地变成桑田，用勤劳汗水把贫困赶走，也能够站起来维护自己的权利，尤其是生存权利。明朝统治者没有看到农民自给自足给经济社会带来的稳定局面，反而张开血盆大口吞噬农民的辛劳成果。农民在反抗也是死，不反抗也是死的外在逼迫下，激发了追求自由平等、公平正义的天然的力量。这种力量是江西人民的内在力量，不仅出现在历代农民起义中，而且也出现在中国共产党领导的苏区革命中。它在时间内流动，我们只有在时间内才能把握它。它是人民的力量，是人民追求正义的力量。清代，这种力量亦存在。

清代赣州佃农抗租斗争。佃农没有属于自己的土地，以租种他人土地为生。一般，佃农与土地主之间立有契约，规定租金数目，租期时间等事宜。清代，江西赣州很多无地农民靠租种地主土地为生，成为佃农。不过，当时的佃农不仅要

今日赣州石城县通天寨

交土地租金，而且还要承担许多苛捐杂税，如批租银、冬牲、年礼、桶面等。名目繁多的苛捐杂税令本已度日维艰的佃农的生活雪上加霜。一些地方的佃农为反抗剥削和不平等待遇，纷纷站了出来，抗税抗租，要求社会公平正义。康熙九年（1670），赣州石城县佃农吴八十、陈长生、孔昌等起义，要求"永佃"权。永佃权即佃农与地主签订无限期契约，并规定租金，以保障佃农利益。但在地主看来，永佃权不利于土地利益最大化，因此，地主多反对永佃。清政府为缓和社会矛盾，想方设法出台政策。康熙五十二年（1713），清政府出台"除赋蠲租"政策，免除附加在土地上的税赋租金，减轻地方负担。但政策出台后，地方上却难以落实。地主认为，"除赋蠲租"是免除土地所有人的赋税，即谁拥有土地谁享受税赋蠲免政策。佃农们则认为，"除赋蠲租"是地主和佃农各占其一，即免除地主负担的赋税，蠲免佃农的租金。当时，江西土地既有所有权又有使用权，地主拥有所有权，称田骨；佃农拥有使用权，称田皮。佃农想要得到的是土地的永佃权和田皮的转退权；地主每向佃农批佃土地时，都要索取批礼银，而且提出要十年一批，即每十年收取一笔额外费用。为杜绝"批礼银并直指批礼银等额外勒索"，瑞金佃农李矮创立"退脚之说"、兴国佃农李鼎三创立"田骨田皮许退不许批之说"。① 李鼎三之说获得广大佃农认可，得到广泛响应，数千名佃农为维

---

① 卞利：《清代江西赣南地区的退契研究》，《中国史研究》1999 年第 2 期。

护自身权益，与李鼎三站在了一起。由于佃农的积极争取，地主被迫做出让步，"至迟在康熙末年，赣南地区的广大佃农经过长期艰苦的反抗斗争，终于取得了转佃、出退或买卖田皮的合法权利"。[①]

江西人民反抗剥削压迫，是一种争取经济权利的外在表现，其内在价值追求是公平正义。中国两千余年的君主专制统治，江西人民从未屈服于强权，从未向不平等投降。他们为自己，为他人，为国家，为民族，为社会，从未放弃对自由，对公平，对正义，对平等的追求。这些都是江西优秀精神标识的具体体现。

第三节　好讼是江西人的和平品质

江西景德镇市浮梁古县衙　　　　　　　黄庭坚

宋代开始，江西社会开始被冠以"好讼"的标签。"好讼"有多种说法，如喜讼、终讼、嚣讼等。好讼是一种社会现象，宋代士大夫对这种社会现象多半持否定态度。宋代文学家黄庭坚说："江西之俗，士大夫秀而文，其细民险而健，以终讼为能。由是玉石俱焚，名曰珥笔之民，虽有辩者，不能自解免也。惟筠为州独不嚣于讼，故筠州太守号为'守江西道院'，然与南康、庐陵、宜春三郡并

---

① 卞利：《清代江西赣南地区的退契研究》，《中国史研究》1999 年第 2 期。

蒙恶声。"① 这是说，江西人遇事习惯于走法律程序，士大夫比较收敛，诉讼也是温文尔雅；平民百姓则不顾一切，想尽办法走诉讼之路。筠州（今江西高安）人与江西其他地方不同，不好讼，因此，筠州太守称得上是江西道院。虽然筠州不好讼，但也与南康、庐陵、宜春一样，背负着好讼的坏名声。宋仁宗年间永丰县知县段缝与黄庭坚看法一致。他说："今天下号难治惟江西为最，江西号难治惟虔与吉为最。其所以为难治者，盖民居深山大泽，习俗不同，或相尚以讼，相好以酒，视死如戏玩，较利如析毫。"可见，好讼之人并不仅仅是习惯于走法律程序的人。在部分官员眼里，他们是难以治理的刁民。因此，好讼与刁民在某种意义上是同义词。这点在古代文献中也能找到证据。

古代刁民利用合法程序为自己谋取利益者并不鲜见。好讼、健讼、嚣讼在古代审判官员那里，都是法律术语，一旦被认定，可以此名目定罪。有这样一个案例，诉讼人王昌老被选差入役，不服，纠举他人应服差役。审判官根据诉讼人证词，认为其"枝蔓引援，不合人情"，最后认定，王昌老"显是健讼，理合照条断治，且与押下本县，照原拟差定，监勒日下入役，如再妄生词说，

黄榦

别有施行"。② 健讼是一条罪名，一旦成立，便要受到相应处罚。宋代教育家，曾任江西临川县令与新淦县令的黄榦（gàn）曾以江西为例，指出健讼之人"斫一坟木，则以发塚诉。男女争竞，则以强奸诉。指道旁病死之人为被杀，指夜半穿窬之人为强盗。如此之类，不一而足"。③ 因此，黄榦得出结论："健讼之人，凡欲兴诉，多是装饰虚词，亦难以便行尽信。"④ 可见，好讼、健讼、嚣讼等法

① 黄庭坚：《江西道院赋》，《卷2278·黄庭坚1》，曾枣庄、刘琳主编：《全宋文》第104册，上海：上海辞书出版社、合肥：安徽教育出版社，2006年，第233页。
② 《章都运台判》，《卷3·限田外合计产应役》，《名公书判清明集》上，北京：中华书局，1987年，第80页。
③ 转引自：朱文慧：《现实与观念：南宋社会"民风好讼"现象再认识》，《中山大学学报（社会科学版）》2014年第6期。
④ 黄榦：《申转运司为追逮汉川县吏及市民事》，《卷6531·黄榦6》，《全宋文》第287册，上海：上海辞书出版社、合肥：安徽教育出版社，2006年，第389页。

律术语在古代是带有贬义的词汇，甚至是一种罪名。"对于审判的官员而言，好打官司者大概是仗恃豪富的顽民，或是从中谋利生事的哗徒。"① 但是，好讼之人并非罪大恶极，他们只是熟悉法律程序且能够利用法律达到利益最大化的目的。当然，不能排除有些人借用法律漏洞，钻营谋利，甚至游走于法律边缘，进而危害司法秩序，浪费法律资源。不过，我们不能因为有少数不法之人，便否定一切愿意通过法律程序解决社会矛盾的守法之人。

今日高安（筠州）

学界对江西"好讼"原因问题进行了深入研究。朱文慧认为，好讼分两类人：第一类是"以谋利、逞威为目的"者；第二类是被冠以好讼之名"却有正当合理诉求的诉讼者"。② 也就是说，好讼虽然是贬义词，但现实中，好讼之人则良莠不齐，一些以法律为手段保护自己的诉讼人被污名化了。学者一般认为，好讼现象源自宋代良好的社会经济发展环境。杜路、马志国认为，"民间财富的激增促进了民众财产及相关权利的增长"。③ 朱文慧认为，江西"交通发达地区

---

① 刘馨珺：《明镜高悬：南宋县衙的狱讼》，北京：北京大学出版社，2007 年，第 217 页。
② 朱文慧：《现实与观念：南宋社会"民风好讼"现象再认识》，《中山大学学报（社会科学版）》2014 年第 6 期。
③ 杜路、马治国：《宋代民间好讼之风的成因研究》，《人文杂志》2014 年第 5 期。

多讼而偏远地区少讼，经济发达、人口繁盛之地多讼而落后民寡地区少讼"。① 许怀林认为，"经济领域中的蓬勃生机，伴随着无数的龌龊、奸诈和痛苦，引发出大量争夺田产的讼案"。② 经济发展引发社会经济矛盾的增加，是经济社会的正常现象，即便其中有些自私谋利行为存在，也决不可否定法律和司法在社会经济活动中的法治价值。这点，古代学者亦心知肚明。杨大雅，原名侃，曾任筠州知州、袁州知州，颇知江西好讼之由。他说："袁之于江南，中郡也。地接湖湘，俗杂吴楚，壤沃而利厚，人繁而讼多。自皇宋削吏权而责治术，天下之郡，吉称难治，而袁实次之。何者？编户之内，学讼成风；乡校之中，校律为业。故其巧伪弥甚，锥刀必争。引条指例而自陈，讦私发隐以相报。至有讼一起而百夫系狱，辞两疑而连岁不决。皆谓弊在民知法也。抑法者，民之所御勒，尝闻上执之可以御下，下持之可以犯上也。是故子产铸之于鼎，郑国不闻不治；商君令之于市，秦人不闻不畏。且民者冥也，以其冥然无知，所以难治也。今袁之民既皆知法，是非难治也。其在上者紊其政，故民得以纷纭于下也。呜呼！吏不廉，法不平，非袁民口不可塞也；既廉且平，袁民其如予何！侃临郡邑十有八年矣，去年秋自筠移治是郡，察弊问俗，不俟下车，然于布政亦未尝一日敢变十八年之行也。既而狱讼清，郡事简，比前所治不见其异。则知有不治吏，无难治民。溥天之下，莫非王土，安有袁吉易治郡乎！"③ 杨大雅作为江西父母官，其关于"好讼"之见地可谓深刻。民知法学讼，表面上看诉讼增加，讼争不止，但实际上，这是社会治理走向法治的良好开端。民知法，贪官污吏胆战心惊，清官良吏欢呼雀跃。社会通过法治走向善治，离开法治，社会矛盾便无法在和平程序下得到解决，冲突逐步扩大，最后必然诉诸最激进的解决办法，如武装起义。因此说，好讼是江西人的和平品质。

---

① 朱文慧：《现实与观念：南宋社会"民风好讼"现象再认识》，《中山大学学报（社会科学版）》2014年第6期。

② 许怀林：《宋代民风好讼的成因分析》，《宜春学院学报（社会科学）》2002年第1期。

③ 杨大雅：《新建郡小厅记 景德三年十二月》，《卷211·杨大雅》，《全宋文》第10册，上海：上海辞书出版社、合肥：安徽教育出版社，2006年，第328页。

簪笔——古时插在冠帽上的笔为簪笔

江西人好讼的和平品质是教育的结果。宋代，江西得到朝廷支持，大力发展教育事业，"宋受天命，然后七闽二浙与江之西东，冠带诗、书，翕然大肆，人才之盛，遂甲于天下。江南既为天下甲，而饶人喜事，又甲于江南。盖饶之为州，壤土肥而养生之物多。其民家富而户羡，蓄百金者不在富人之列。又当宽平无事之际，而天性好善，为父兄者，以其子与弟不文为咎；为母妻者，以其子与夫不学为辱。其美如此"。① 由于重视教育，宋代以来江西人才辈出，如欧阳修、王安石、黄庭坚、曾巩等。教育的发展不仅表现在文学方面，也体现在法律方面。这就是江西讼学的发展。前面提到，杨大雅以"编户之内，学讼成风；乡校之中，校律为业"描述袁州学习诉讼和法律的情形，说明诉讼法律人才是当时急需的，因此，人们才会争先恐后地学习这些知识和诉讼程序。北宋周密《癸辛杂识》记载："江西人好讼，是以有簪笔之讥，往往有开讼学以教人者，如金科之法，出甲乙对答，及哗讦之语，盖专门于此。从之者常数百人，此亦可怪。又闻括之松阳有所谓业觜社者，亦专以辨捷给利口为能。"② 括，指北宋科学家沈括；松阳指浙江。沈括《梦溪笔谈》记载："世传江西人好讼，有一书名《邓思贤》，

---

① ［宋］洪迈：《容斋四笔卷五·饶州风俗》，孔凡礼点校：《容斋随笔》，北京：中华书局，2015 年，第531—532 页。

② ［宋］周密：《癸辛杂识续集上·讼学业觜社》，《唐宋史料笔记丛刊·癸辛杂识》，北京：中华书局，1988 年，第 159 页。

皆讼牒法也。其始则教以侮文；侮文不可得，则欺诬以取之；欺诬不可得，则求
其罪劫之。盖思贤，人名也，人传其术，遂以之名书。村校中往往以授生徒。"[1]
可见，讼学不仅有教师，而且有教材，是一套系统化的培训体系。当然，沈括对
这部教材的评价很低，亦可见其对讼学的态度。江西讼学呈现出普及化教学的趋
势，不仅成人学讼，儿童的教育亦包含讼学内容。据史料记载，江西"聚集儿童
授予非圣之书，有如四言杂字，名类非一，方言俚鄙，皆词讼语"。[2] 虽然学者
对江西讼学评价褒贬不一，但这却是非常正常的现象。讼学并非圣贤之书，而且
这类知识与儒家传统"无讼"观念完全背道而驰。因此，好讼是"好德"的反
对，"无讼最终转为贱讼、耻讼。在这种理念下，中国古代乡土社会成为一种
'反诉讼社会'"。[3] 江西没有成为传统思想理想化的"反诉讼社会"，甚至成为其
反面，但这更证明江西经济社会在宋代以后的发展与进步。

清代江西私塾

　　好讼体现古代江西人选择以法治的方式解决社会冲突的愿望，是其和平品质
的重要表现。经济社会发生矛盾与冲突是常态，解决矛盾与冲突依靠的是法律，
古今中外皆然。因此，好讼与讼学皆为百姓自我保护的手段，失去这个手段，百

---

[1] ［宋］沈括：《杂志二·464》，［宋］沈括：《唐宋史料笔记丛刊·梦溪笔谈》，北京：中华书局，2015
年，第 244 页。

[2] 转引自：陈景良：《讼学、讼师与士大夫——宋代司法传统的转型及其意义》，《河南省政法管理干部
学院学报》2002 年第 1 期。

[3] 郑鹏：《文本、话语与现实——元代江南"好讼"考论》，《中国史研究》2018 年第 1 期。

姓的命运便要交与他人之手。或者，百姓可以依靠集体的力量来反对不公平待遇，造成社会更大动荡。因此，百姓好讼与讼学是促进社会健康稳定发展的路径，是百姓的和平品质。但一些古人站在与人民对立的立场上，认为好讼是刁民所为，是为自己谋私利的行为，混淆了求助于正常司法诉讼者与讼棍的区别，认为好讼的结果是加重政府负担。实际上，普通百姓能够知法，且愿意通过司法途径寻求正义，是社会法治进步的表现。江西在宋代出现的好讼与讼学是值得从法治思想史研究的重大课题。要知道，宋代江西社会能够为儿童开展法律教育，是普法工作的超前布局，这种教育即便在 21 世纪的今天也是社会大力弘扬的。百姓从小知法，便能够养成通过法律途径解决矛盾与冲突的习惯。这种习惯在古人眼中可能不如读圣贤书重要，但正是这种习惯的养成能够促进整个社会在矛盾与冲突之际选择和平的法律途径解决问题，而非激进的运动与起义。当然，选择法律途径更显示了百姓对国家的认同。许怀林先生指出："百姓在拥护宋朝统治的前提下，要求官府主持公道，裁决争端。"① 好讼与讼学是百姓相信政府的表现，宋朝的统治便建立在这种信任基础或国家认同之上。

"社会有了诉讼之风，民间的法律教学活动随之旺盛，一种新学问、新行业出现，满足了客观需要，也助长了讼风。"② 古人尤其是古代官员反对讼风，因为他们在审理司法案件过程中发现了很多诬告之诉讼，有些好讼者甚至反复诉讼，不断上诉。但我们要看到，社会矛盾与冲突经法律程序控制在司法过程中，对国家而言有百利而无一害。诚然，恶意诉讼者的行为会增加社会负担和官员的工作量，但我们知道，一旦一个矛盾或冲突进入法律程序，这个矛盾或冲突便可以在不破坏社会正常秩序的情况下得以正常解决。而一旦这个矛盾或冲突突破法律程序，无序地游走在法律之外，那么国家和社会要承担更大的风险。因此，讼风不可怕，可怕的是百姓拒绝通过法律程序解决问题；好讼不可怕，可怕的是百姓认为武力比法律更能有效地解决社会矛盾。古代江西人愿意学讼，乐于好讼，

---

① 许怀林：《宋代民风好讼的成因分析》，《宜春学院学报（社会科学）》2002 年第 1 期。
② 许怀林：《宋代民风好讼的成因分析》，《宜春学院学报（社会科学）》2002 年第 1 期。

实际上是相信政府的表现，更是其和平品质的表现。

古代江西人民有"好讼"之名，为宋代黄庭坚、曾巩等文人不齿。但换个角度看，凡事诉诸法律正是通过非暴力手段解决社会冲突的最佳方式。江西人民以和平方式追求公平正义，正是其"天性好善"的写照。

第四节　紧跟共产党争取人民解放和幸福

新民主主义革命以来，江西人天性好善、追求正义的精神品质在正确理论指导下得以进步，实现飞跃。可以说，中国革命不能没有党的正确领导，但是没有江西人民的牺牲和奉献，中国共产党也无法独自走过最初的艰难岁月。江西人民为中国革命做出了巨大的牺牲，也为中国革命贡献了大量的军事政治人才。因此，江西优秀文化精神标识属于中国共产党，属于中国人民，属于中华民族，江西人民天性好善、追求正义的精神品质是中国土地革命战争阶段的磐石基础。

五四运动爆发前后，江西人民始终关切中国的前途和命运。五四运动爆发前，江西进步青年知识分子十分关心国际局势，追踪巴黎和会消息，主张力争青岛，恢复主权。五四运动爆发后，南昌各学校代表致电北京总统府等部门，要求拒绝在巴黎和约上签字并释放被捕学生。很快，青年学生组织了3000人请愿团，开展集会和示威游行，呼吁"外争国权，内惩国贼"。南昌学生的爱国行动感染了其他城市，九江、赣州、吉安、抚州、萍乡等江西大中小城市悉数响应，整个江西充溢着爱国

《新江西》杂志

主义精神元素，整个江西都在为国家的独立自主而斗争。行动不能离开正确理论的指导。五四运动爆发后，江西进步知识分子袁玉冰、黄道、方志敏等人成立改造社，出版《新江西》杂志，宣传民主、科学精神，探讨新社会改造等新文化

运动问题。受革命思潮鼓舞，江西进步思想组织和刊物如雨后春笋，破土而出，随处可见。如九江严韵僧主持的"九江人社"；方志敏的"弋阳九区青年社"；南昌刘和珍的"觉社"和《时代之花》周刊；高安的《锦江新潮》；万安的《启明周刊》；江西女师的《江西女子师范周刊》等，这些组织和刊物"都不同程度地宣传了反对专制独裁、封建迷信、八股文学，提倡民主、科学和新文学等内容，对江西新文化运动做出了一定的贡献"。① 同时，它们也为马克思主义理论在江西的传播准备了物质和精神基础。创造社成员袁玉冰在南昌组织"马克思学说研究会"，是江西传播马克思主义的先驱；成员方志敏开办南昌文化书店，自任经理，与袁玉冰等人一起专卖马克思主义书报和其他革命书报，传播马克思主义学说；赵醒侬不仅从事南昌文化书社业务，而且还筹建社会主义青年团，改组江西革命党，建立江西共产党，是江西劳动青年中接受马克思主义的第一人。马克思主义学说在江西的传播，为江西人民指明了革命的方向。

中国共产党成立后，领导的第一个工人运动高潮就是江西安源路矿工人运动。安源路矿由安源煤矿和株萍铁路组成，前者位于江西省萍乡市，是江南地区最早采用机器开采的大型煤矿，约有工人 12000 人。时任湘区书记、中国劳动组合书记部湖南分部主任毛泽东等多次来到安源煤矿，宣传马克思主义思想，启发工人阶级觉悟。不久，中共安源支部成立，李立三为书记。稍后，安源路矿工人俱乐部成立，李立三为主任。有了革命的组织，就要开展革命斗争。1922 年 9 月 14 日，安源路矿大罢工爆发。罢工由李立三、刘少奇等人领导，持续五天，迫使路矿当局接受工人们提出的条件，罢工胜利结束。安源路矿工人运动是中国工人阶级在中国共产党领导下第一次通过和平方式争取自身权益的斗争，也是江西人民天性好善、追求正义精神标识的写照。这种正义的力量只有在中国共产党领导下，在马克思主义理论指导下，才能正确地发光发热。安源路矿成立党组织的实践鼓舞了共产党人在江西建立党组织的决心。

---

① 夏道汉、陈立明：《江西苏区史》，南昌：江西人民出版社，1987 年，第 19 页。

1924 年 5 月，中共南昌特别支部成立，标志着江西人民此后的革命运动有了中国共产党的坚强领导。中共南昌特别支部第一任支部书记是赵醒侬。赵醒侬（1899—1926），今江西省抚州市南丰县人，1921 年在江苏加入中国共产党。1922 年冬，回到南昌，与方志敏、袁玉冰等人开办南昌文化书社，宣传马克思主义学说。1926 年 9 月 16 日，被反动军阀逮捕并杀害。南昌特别支部成立后，积极发展周边城市党的力量，九江、吉安等地先后成立

赵醒侬

党组织。至 1926 年 10 月，江西全省 14 个县建立了党组织，6 个县设立了通讯员，全省党员达 500 余人。北伐战争爆发后，中共江西党组织积极配合作战，发动群众，为北伐胜利准备了群众基础，同时，江西人民在北伐战争中的表现凸显了其天性好善、追求正义的精神品质。据史料记载，"此次北伐军入湘、入赣，得民众之援助极大，尤其是在江西方面，农民参战更为踊跃。如攻新喻时，北伐军已不支，农民用土炮（约 200 人）逐走敌人，北伐军遂得冲上；在邓家铺时，北伐军不愿追击，农民替北伐军追击；攻入南昌，退出南昌，皆得农民之助力不小，不然，北伐军之损失更大。此外，如一路之送茶送饭，觅渡肩挑，或代觅米粮等，则到处如是，给北伐军以种种便利"。[1] 江西人民天性好善、追求正义的精神品质让他们在北伐军与北洋军之间选择了前者，这种正义的选择也带来了不小的牺牲。"北军所到之处，人民逃避一空，买物、雇夫不得，要渡也不能，因此更恨百姓，妄加屠杀，且因百姓助南军而不助北军，则凡北伐军撤退北军复来之地，则屠杀更惨。"[2] 在这份政治报告中，中共本着实事求是的精神，开展了自我批判："我们在江西作农运的同志不下三十余人……但在以上的争斗中，很少发现有我们工作同志在内，

---

① 《中央局报告（十、十一月份）（1926 年 12 月 5 日）》，中央档案馆编：《中共中央政治报告选辑（1922—1926）》，北京：中国党校出版社，1981 年，第 143 页。

② 《中央局报告（十、十一月份）（1926 年 12 月 5 日）》，中央档案馆编：《中共中央政治报告选辑（1922—1926）》，北京：中国党校出版社，1981 年，第 143—144 页。

完全是农民自动的起来，足见江西工作同志之幼稚、不切实与江西农运工作之重要。"① 我们从这段坦诚的自我批评可以看出，江西人民追求正义的自觉性和主动性。这是中国共产党后来能够在江西逐渐发展壮大的人民性基础。当然，这种自我批评亦有自谦因素在内。事实上，北伐战争前，中共已经在江西开展农民运动。中共江西地委派农运特派员 30 余人，到 20 个县开展农运工作。

弋阳方志敏纪念馆

北伐战争胜利后，中共领导的江西农运工作从秘密走向公开。1927 年 2 月 20 日至 28 日，江西第一次全省农民代表大会在南昌举行，出席代表 141 人，代表 54 个县的 30 余万会员。大会选举方志敏等五人为常委，正式成立江西省农民协会。江西省农民协会的主要目标是在政治上反对帝国主义、军阀官僚和土豪劣绅。方志敏等共产党人带领弋阳农民，驱赶反动巡官，缴获三条枪，其中一条还是坏的，史称方志敏"两条半枪闹革命"。中共还带领江西农民开展经济斗争，强制地主减租减息，没收地主把持的公田和积谷，把它们交还给群众。党还带领农民开展武装斗争，组织农民自卫军，武装保护农民协会，保障农民利益。党领导的江西省农民协会会员在农民运动中大幅增长，达到 60 万人，江西农民和农村的思想和精神面貌焕然一新，为革命在江西深入发展奠定了思想

---

① 《中央局报告（十、十一月份）（1926 年 12 月 5 日）》，中央档案馆编：《中共中央政治报告选辑（1922—1926）》，北京：中国党校出版社，1981 年，第 144 页。

和组织基础。八一南昌起义后，中共中央紧急召开"八七会议"确定大革命失败后党的指导方针，决定开展土地革命和武装反抗国民党反动派，工作重点从城市转向农村。此后，中共依靠江西人民在江西省组织湘赣边秋收起义、万安暴动、东固暴动、赣东北弋横起义、南康潭口暴动、赣县大埠暴动、信丰暴动、于都里仁桥头暴动、寻乌暴动等武装暴动，显示了江西人民追求正义的革命力量。

古城会议会址

江西人民积极参与配合中共在井冈山的斗争。宁冈古城会议，总结了湘赣边秋收起义的经验教训，讨论建立农村革命根据地、开展游击战争等重大问题。毛泽东同志说："以宁冈为中心的罗霄山脉的中段，最利于我们的军事割据。"[1] 为什么这么讲呢？原来，当时红军是以当地农民为主，因此，兵民已然一体。"红军废除了雇佣制，使士兵感觉不是为他人打仗，而是为自己为人民打仗。红军至今没有什么正规的薪饷制，只发粮食，油盐柴菜钱和少数的零用钱。红军官兵中的边界本地人都分得了土地，只是远籍人分配土地颇为困难。经过政治教育，红军士兵都有了阶级觉悟，都有了分配土地、建立政权和武装工农等项常识，都知

---

[1] 毛泽东：《井冈山的斗争》，《毛泽东选集》第 1 卷，北京：人民出版社，1991 年，第 79 页。

道是为了自己和工农阶级而作战。"① 正是有了党的政治教育和正确理论指导，加上江西人民追求正义的精神品质，井冈山革命根据地建设取得了成功。军事方面，工农革命军与中国工农革命军第一师在井冈山胜利会师，合编为红军第四军，壮大了井冈山革命力量；土地改革方面，采取保护中间阶级的政策，激发了农民群众的革命积极性。为反击敌人第三次"会剿"，决定毛泽东、朱德率领红四军主力突围下山，向赣南敌后方出击。后来根据地中心从宁冈向永新转移，创建了以永新为中心的湘赣革命根据地，井冈山革命根据地成为历史。井冈山革命根据地的创立，是毛泽东等中国共产党领导人正确领导的结果，更离不开江西人民参与革命，甘愿为革命牺牲的决心和斗志。

井冈山革命博物馆

中央根据地的建立与红军武装的扩大均依靠江西人民的无私支持与牺牲奉献。红军离开井冈山，一路开拓革命根据地，建立红色政权，革命事业更加蓬勃发展。到1931年冬，赣西南、闽西根据地连成一片，形成了以瑞金为中心的中央革命根据地。中央革命根据地内有25个县苏维埃政权，人口有300万。其中，中央苏区江西部分有18个县，人口244万。有了强大的人口保障和人民的支持，红军"扩红"工作得以顺利进行。到1932年上半年，"江西军区拥有七个红军

① 毛泽东：《井冈山的斗争》，《毛泽东选集》第1卷，北京：人民出版社，1991年，第63—64页。

独立师、十五个独立团、省警卫团和军区直属队，人枪各一万余。赤卫队、少先队等群众武装，仅兴国、永丰、胜利、公略、宁都、瑞金六县，即有十九万三千余人。"① 红军的壮大显示了人民的支持，红军"扩红"运动更能展现江西人民对公平正义的追求。

红军扩红现场还原

长征前夕，中共进行了充分的前期秘密准备工作，"扩红"是其中最重要的一项任务，也最能体现江西人民追求正义的精神品质。所谓扩红，就是扩大红军规模，增强革命力量。1931 年，中央苏区发布《扩大红军问题决议案》，扩红工作正式开始。1934 年 9 月 7 日，中央苏区中央局在《关于扩大红军的决议》中，要求中央苏区"每个城乡苏维埃，每个工会、雇农会、贫农团，每个赤卫队、少先队，每个反帝拥苏同盟、互济会"② 等革命组织深入动员群众参加红军。这是"扩红"在国家层面上的意义。动员令发出后，得到中央苏区群众的积极响应。群众中，妇女成为扩红宣传动员运动的重要力量。兴国妇女钟廖氏对儿子说："你去当红军是最光荣的。"③ 兴国彭姓妇女对参加红军的儿子说："不可开小差，

---

① 夏道汉、陈立明：《江西苏区史》，南昌：江西人民出版社，1987 年，第 240 页。
② 张耀奎：《论人民武装动员领导体制的历史演进与发展》，《军事历史》2011 年第 5 期。
③ 刘伟雯：《鼓励儿子当红军》，《红色中华》1933 年 5 月 5 日。

要安心在前方，努力勇敢消灭敌人。"① 瑞金下肖区清水乡竹山下一个屋子有十六家，在红五月扩红热潮中，"除五家无壮丁的外，其余十一家精壮的成年青年一致的加入红军了"。② 妇女刘英任扩红突击队队长，独立完成扩红二千二百人。③ 妇女们为鼓励丈夫和儿子安心参加红军，跟着共产党闹革命，还写信安慰前线的亲人。扩红后，农村劳动力短缺，影响农耕生产工作。毛泽东《长冈乡调查》记载："长冈乡十六岁至四十五岁的全部青年壮年七百三十三人，出外当红军做工作去了三百二十人，在乡四百一十三人，其中男子只有八十七人，女子竟占三百二十六人，因此长冈乡的生产绝大部分是依靠女子。"④ 男子参加红军，妇女组织生产，并未影响农耕。"长冈乡扩大红军如此之多，生产不减少，反增加了。"⑤ 可见，中央苏区扩红工作是江西人民群众在党的领导下主动积极参与的结果。从1933年8月到1934年7月15日，共扩红超十一万人，⑥ 江西人民以坚定的追求正义的精神品质为中国革命做出了牺牲和奉献。

---

① 《鼓励儿子当红军去》，《红色中华》1933年4月17日。

② 赤峰：《清水乡竹山下的劳动妇女全体鼓动丈夫当红军》，《红色中华》1934年6月19日。

③ 余伯流等：《井冈山》，南昌：二十一世纪出版社，1999年，第173页。

④ 毛泽东：《长冈乡调查》，《毛泽东文集》1，北京：人民出版社，1993年，第301页。

⑤ 毛泽东：《长冈乡调查》，《毛泽东文集》1，北京：人民出版社，1993年，第301页。

⑥ 刘爱民、赵小军：《土地革命战争的兵役动员——以"扩红"运动为背景的考察》，《军事历史》2019年第4期。

第三章
团结奋斗 爱国爱家

朝代更迭之际，往往赤胆爱国之士辈出。南朝陈名臣周罗睺，忠义当头；南宋抗金名将刘锜，耿耿忠心；南宋文天祥江万里抗元，可歌可泣；明大臣杨廷麟抗清，血染沙场。此外，爱国还表现在大型基础设施如堤坝、沟渠等水利工程的建设上，表现在赣江—鄱阳湖航道建设上，表现在大庾岭驿道建设上，表现在梯田大规模垦辟上。总之，历朝历代的兴旺与发展离不开人民的奉献。江西人民不仅具有爱国主义精神，而且极度重视家族宗族团结，洋溢强烈的家国情怀。江西历史上，出现过不少人口数百人的大家庭。如宋代德安"义门陈氏"，十三世同堂，人口超七百。这些大家庭重视教育，同心同德，"上下姻睦，人无间言"。当然，大家庭也面临各种现实问题，往往走到分家析产，形成多个小家庭。这些同姓血亲小家庭又组成宗族，建设宗祠，祭祀共同先祖。江西丰富的宗祠文化代表着江西人民团结奋斗的精神。

第一节 忠贞爱国的古代江西名士

隋文帝器重周罗睺

周罗睺是南朝陈的名臣，为何被隋文帝器重？这要从周罗睺其人谈起。周罗睺（542—605），字公布，今江西九江人。周罗睺出身名门，父亲为南朝梁将军。周罗睺自幼习武学文，颇有侠士之风。成人后，辅佐南朝陈政权，是为开远

江西九江浔阳楼

将军。与北齐军作战，被乱箭射中左目，仍顽强杀敌。眇，即半盲之义。南朝陈宣帝陈顼误判形势，攻打北周，几乎全军覆没。周罗睺独自杀出重围，保住了陈的颜面。周罗睺被陈宣帝封为光远将军、钟离太守。后因平定山贼有功，拜为右将军，进伯爵位，赐银3000两。周罗睺将赏银全部分给手下将士，陈宣帝闻知，感慨不已，追加恩赏，进侯爵位，任雄信将军，使持节都督豫章十郡诸军事，实任豫章内史。豫章，即今江西省南昌市。周罗睺任职豫章，亲审狱讼，大公无私，光明磊落，为当地百姓敬仰。陈后主陈叔宝时期，周罗睺任江州司马，因民望拥戴，遭人进谗言。陈后主陈叔宝对周罗睺起了疑心。有人劝周罗睺反陈，周罗睺严词拒绝，表达了真诚的爱国之心。但周罗睺的真诚并未得到陈后主陈叔宝的理解，陈叔宝为解除后患，召周罗睺入京师，任太子左卫率。这一招明升暗降，削去了周罗睺的兵权。与周罗睺相处日久，陈叔宝发现对方文韬武略俱佳，且对国家忠心耿耿，便放下疑心，再调周罗睺出京，任督湘州诸军事，拜散骑常侍。此时，隋朝已经建立，南朝陈必须防范隋朝进攻之患。于是，陈后主陈叔宝调周罗睺担此重任。周罗睺领兵前往汉口与隋军交战，虽然敌强我弱，周罗睺仍相持一个月有余。这时，在另一个战场上，隋军擒住陈叔宝，南朝陈灭亡。隋军逼迫陈叔宝给周罗睺写劝降信。周罗睺接信，大哭三日，哀悼亡陈。然后，遣散亡陈士兵，被迫降隋。隋文帝杨坚知周罗睺忠义爱国，格外器重，赏赐封爵，殊于常人。周罗睺对杨坚说："臣荷陈氏厚遇，本朝沦亡，无节可纪。陛下所赐，获全为幸。富贵荣禄，非臣所望。"① 隋文帝对周罗睺的为人非常满意，甚为器重。隋文帝杨坚封周罗睺为上仪同三司。隋朝大臣韩擒虎是讨伐陈国的主要功臣，在朝堂之上，语言轻蔑地对周罗睺说："你迂腐不知变通，你手下大将早已降隋，地位和官职现在都比你高。"周罗睺严肃地对韩擒虎说："我在江南之时，久仰阁下大名，以为阁下是节杰之士。不想今日闻君一席话，殊非诚臣之论！"韩擒虎听罢，惭愧而退。隋炀帝即位，授周罗睺右武侯大将军之职，后因平叛有功，升授上大将军。同年，隋炀帝杨广幸洛阳。恰巧，陈后主陈叔宝死于洛阳。周罗睺请求吊唁陈叔宝，杨广允之。周罗睺依照葬仪，"缞绖送至墓所，葬还释服而后入朝"。② 周罗睺这一举动，"帝甚嘉尚，世论称其有礼"，③ 令人刮目相看，甚至隋炀帝杨广都赞赏有加。次年即公元 605 年，周罗睺领军前线杀敌，不幸被流矢击中身亡，年 64 岁。周罗睺先后仕陈与隋，但忠义当头，爱国为本，识大节，明大礼，是古代江西人的忠义爱国典范。

忠贞至死的南宋抗金将军刘锜

江西九江都昌鹤舍古村

① 《周罗睺》，《卷 65·列传第 30》，[唐] 魏徵等撰：《隋书》第 5 册，北京：中华书局，1973 年，第 1524 页。

② 《周罗睺》，《卷 65·列传第 30》，[唐] 魏徵等撰：《隋书》第 5 册，北京：中华书局，1973 年，第 1525 页。

③ 《周罗睺》，《卷 65·列传第 30》，[唐] 魏徵等撰：《隋书》第 5 册，北京：中华书局，1973 年，第 1525 页。

　　提起南宋名将，岳飞家喻户晓，但有一位与岳飞齐名的江西籍大将却鲜为人知。他就是刘锜。刘锜（1098—1162），字信叔，今江西九江都昌县人。刘锜乃将门之后，祖父与父亲均居宋要职，自幼随父泸川军节度使刘仲武寓居甘肃等地。将门出虎子，刘锜箭术超群。南宋高宗时期，刘锜因武艺出众，特授陇右都护等职。陇右，今青海省海东市乐都区。富平之战，刘锜率部与金兵苦战，围困金国皇子金兀术（完颜宗弼），重伤金将韩平。这是刘锜参与的也是南宋第一次大规模对金战争，可惜最终以宋军失败结束。绍兴十年（1140），宋金达成议和。刘锜受任东京副留守，节制军马，率兵 3 万赴任。途经顺昌（今安徽阜阳），谍报金兵入侵东京，已向顺昌杀来。顺昌知府陈规力留刘锜大军抵抗金兵。刘锜说："大军远来，补给不足，城中有余粮多少？"陈规道："还有万余斛。"刘锜同意留下保护顺昌城。刘锜大兵半夜四更入城，凌晨时分金兵已经距顺昌城 300 里。刘锜对诸将说："我此去东京赴任，不想金兵攻陷东京。我军全部人马在顺昌城，我们要同心协力，以死报国。"于是，凿舟言志，与顺昌城共存亡。

　　金兵至，包围顺昌城。刘锜设计活捉金兵二人，审问得知金军主将驻地。夜半时分，刘锜派兵千人，偷袭金兵大营，取得胜利。但金兵随后即到顺昌城下，刘锜率部奋勇抵抗，击退金兵。金兵暂退，但气势尚盛，周边城邑多有投降金国者。王山是原顺昌知府，已经降金，此次也随金兵来到顺昌城外。刘锜得知后，担心王山与余党内外勾结，命令所有顺昌原官吏一律禁止登城，杜绝涣散军心之事发生，仅允许自己部队人马担负守城职责。某夜，天空乌云压境，电闪雷鸣。刘锜派人偷袭金兵大营，金兵被迫后撤。刘锜召募百人，"命折竹为嘂，如市井儿以为戏者，人持一以为号，直犯金营。电所烛则皆奋击，电止则匿不动，敌众大乱，百人者闻吹声即聚，金人益不能测，终夜自战，积尸盈野"。[1] 嘂，同叫，指一种中国传统乐器——埙。

---

[1] 《刘锜》，《卷 366·列传 125》，[元] 脱脱等撰：《宋史》第 33 册，北京：中华书局，1977 年，第 11402 页。

金兀术闻败信，大怒，亲自出征，来到顺昌城外。刘锜聚众将问计，有人言金军大兵压境，不如乘势而退。刘锜说："朝廷养兵十五年，正为缓急之用，况已挫贼锋，军声稍振，虽众寡不侔，然有进无退。且敌营甚迩，而兀术又来，吾军一动，彼蹑其后，则前功俱废。使敌侵轶两淮，震惊江浙，则平生报国之志，反成误国之罪。"[1] 刘锜说罢，众将感动，誓言服从命令。于是，刘锜设连环计与金兀术敌。第一计主动泄密使金兀术轻敌。刘锜亲选二人，语之曰："今日遇敌，你二人佯装坠马，被擒。敌帅问我的个人情况，你们就说：主帅喜歌妓，朝廷因金宋两国和好，派主帅守东京，为图安逸而已。你们这么说，敌不会杀你们。"二人依计而行，果然被擒。金兀术亲自问话，二人按刘锜所言回答。金兀术大喜说："此城易破耳。"第二计激怒敌帅金兀术。金兀术既已轻敌，便来到顺昌城下。众将相劝，告之以刘锜军与其他宋军不同，金兀术不听。刘锜派人与金兀术约战。金兀术怒道："刘锜怎敢与我约战，我打顺昌城，仅用靴子尖即可。"来人说："刘锜主帅不仅与皇子您约战，而且担心您不敢过济河，特意准备五座浮桥，供您渡河之用。"金兀术大怒，誓与刘锜一战。第三计在河水上流及草地下毒。下毒河水与草地后，刘锜严禁士兵饮河水，即使渴死，也禁止饮用河水，违禁者诛其族。其时，正值盛夏，金兵远来疲惫，刘锜军以逸待劳。金军过济河，人渴马乏，人饮用河水，马食草，皆中毒而倒。刘锜待金兵人马战斗力大减，派兵四出，杀敌数万，大获全胜。高宗赵构得知宋军大胜，嘉奖刘锜，升其为武泰军节度使、侍卫马军都虞侯、顺昌知府等职。

绍兴三十一年（1161）年初，金国皇帝完颜亮率大军 60 万犯宋。宋高宗赵构委任刘锜为江南、淮南、浙西制置使，驻扎镇江，节制诸路军马。刘锜时年63 岁，年迈多病，病倒军中。都督府参赞军事虞允文督师与金军战，过镇江问疾。刘锜握着虞允文手说："疾何必问。朝廷养兵三十年，一技不施，而大功乃

---

① 《刘锜》，《卷 366·列传 125》，[元] 脱脱等撰：《宋史》第 33 册，北京：中华书局，1977 年，第11402 页。

出一儒生，我辈愧死矣。"[1] 1162 年闰二月初八日，刘锜病逝。刘锜作为古代江西的爱国名将，一生忠心耿耿为国而战。金国诸将闻其名胆寒。金国皇帝完颜亮甚至禁止众将提及刘锜之名，"下令有敢言锜姓名者，罪不赦"。[2] 完颜亮曾拿出宋将名单，一一询问谁敢与哪位宋将对阵，每念一个名字，众将皆异口同声，申请出战。问到刘锜时，众将鸦雀无声。完颜亮无奈道："吾自当之。"可见，刘锜之名已令金军不寒而栗。

南宋文天祥抗元

吉安文天祥纪念馆

文天祥（1236—1283）。南宋大臣、文学家。字履善，一字宋瑞，号文山，今江西吉安人。文天祥"体貌丰伟，美皙如玉，秀眉而长目，顾盼烨然"，[3] 儿时，文天祥便仰慕江西本地学宫祠堂供奉的忠义之士如欧阳修、杨邦乂、胡铨等

---

① 《刘锜》，《卷366·列传125》，［元］脱脱等撰：《宋史》第33册，北京：中华书局，1977年，第11407页。

② 《刘锜》，《卷366·列传125》，［元］脱脱等撰：《宋史》第33册，北京：中华书局，1977年，第11408页。

③ 《文天祥》，《卷418·列传177》，［元］脱脱等撰：《宋史》第36册，北京：中华书局，1977年，第12533页。

人，尝曰："没不俎豆其间，非夫也。"① 意思是：为国尽忠，死时要与忠贤一样，进入祠堂，供人瞻仰，才是真正的大丈夫。南宋理宗时期，20 岁的文天祥以殿试第一入仕。37 岁，因得罪权臣贾似道，不得已提前退休。南宋度宗咸淳九年（1273），重新被任用为湖南提刑。南宋爱国丞相、江西九江都昌人江万里勉其曰："世道之责，其在君乎？"② 1275 年，文天祥调任赣州知州，这一年也是南宋恭帝执政初年。元兵大举进犯，南宋危在旦夕，恭帝下诏要求各地勤王。文天祥捧诏涕泣，组织万余人，北上保家卫国。他说："第国家养育臣庶三百余年，一旦有急，征天下兵，无一人一骑入关者，吾深恨于此。故不自量力，而以身徇之，庶天下忠臣义士将有闻风而起者。义胜者谋立，人众者功济，如此则社稷尤可保也。"③ 于是，变卖家产，充实军费。每每言及时事，痛曰："乐人之乐者忧人之忧，食人之食者死人之事。"④ 元兵南下，进犯赣州。宋兵溃，文天祥妻子被擒。签厅官时赏坐在轿中，元兵问其姓名，答曰："我姓文。"元兵以为是文天祥，缚之而去。文天祥得以逃往岭南。文天祥在循州，即今广东惠州、河源等地，重整残兵，准备再战。1278 年，文天祥、张世杰等拥戴的南宋端宗赵昰，逃至广州，后病死。文天祥等在广东新会海中崖山又拥戴赵昺为皇帝，年号祥兴，组成流亡政府。元廷命张弘范为蒙古汉军元帅，南下攻打南宋流亡政府。南宋军不敌元军，文天祥被擒。张弘范对文天祥以礼相待，并请其写信劝降张世杰。文天祥对曰："吾不能扞父母，乃教人叛父母，可乎？"⑤ 于是，写《过零丁洋》，交与张弘范。不久，元兵攻破崖山，摆酒大庆。张弘范对文天祥说："国

---

① 《文天祥》，《卷418·列传177》，[元] 脱脱等撰：《宋史》第36册，北京：中华书局，1977年，第12533页。
② 《文天祥》，《卷418·列传177》，[元] 脱脱等撰：《宋史》第36册，北京：中华书局，1977年，第12534页。
③ 《文天祥》，《卷418·列传177》，[元] 脱脱等撰：《宋史》第36册，北京：中华书局，1977年，第12534页。
④ 《文天祥》，《卷418·列传177》，[元] 脱脱等撰：《宋史》第36册，北京：中华书局，1977年，第12535页。
⑤ 《文天祥》，《卷418·列传177》，[元] 脱脱等撰：《宋史》第36册，北京：中华书局，1977年，第12539页。

亡，丞相忠孝尽矣，能改心以事宋者事皇上，将不失为宰相也。"文天祥含泪答："国亡不能救，为人臣者死有余罪，况敢逃其死而二其心乎。"① 张弘范为文天祥的忠义精神所感动，命人押送其到元大都。崖山至元大都，一路八日，文天祥颗粒未进，以绝食相抗争。到元大都后，文天祥拒不卧寝，坐至天明。元世祖忽必烈求贤若渴，廷议释放文天祥。一些投降元廷的南宋官员颇为反对，乃作罢。文天祥在元大都幽禁三年，元世祖忽必烈召入，对曰："汝何愿?"文天祥答："天祥受宋恩，为宰相，安事二姓? 愿赐之一死足矣。"② 忽必烈不忍，令其退下。左右大臣劝忽必烈从文天祥之请。忽必烈同意。不过，忽必烈很快便后悔，急命追回成命。可惜晚了一步，文天祥已经被处死。文天祥被害时，年仅47岁。

文天祥是古代江西官员的爱国典范。面对利益，面对生死，文天祥始终如一，选择忠义，不仅亲身诠释"舍生取义"经典信条，而且把爱国主义精神发扬得淋漓尽致。

投水殉国的爱国大臣江万里

江万里（1198—1275），字子远，号古心，今江西九江市都昌县人。江万里出身书香门第，祖父与父亲均以设馆教书为业，母亲是南宋著名理学家陈大猷之女。南宋理宗时期，江万里中进士，授池州教授。池州，位于安徽省南部的一个地级市。10年后，即1240年，江万里被任命为知吉州军事兼提举江西常平茶盐。在吉州（今江西吉安），江万里修筑白鹭洲书院，并亲自为吉安子弟讲学。江万里创办

吉安白鹭洲书院江万里塑像

① 《文天祥》，《卷418·列传177》，[元] 脱脱等撰：《宋史》第36册，北京：中华书局，1977年，第12539页。
② 《文天祥》，《卷418·列传177》，[元] 脱脱等撰：《宋史》第36册，北京：中华书局，1977年，第12540页。

书院，培养许多栋梁之材，文天祥即是其中之佼佼者。南宋理宗见江万里政绩突出，召其入朝为官。此时，元兵进犯，南宋朝廷内部出现和战两派，江万里坚决主战。江万里言行耿直，遭人记恨，后因母丧事被弹劾，闲居在家 12 年。南宋理宗再度起用江万里，但朝中已是贾似道专权，江万里无用武之地。南宋理宗死，南宋度宗继位。此时，贾似道更加飞扬跋扈，不可一世。一次，贾似道以辞去丞相之职相威胁，南宋度宗大惊，哭泣下拜挽留。江万里上前，双手掖住南宋度宗肩膀，说："自古无此君臣礼，陛下不可拜，似道不可复言去。"贾似道下殿后假意谢江万里，道："微公，似道几为千古罪人。"① 贾似道明为言谢，实则已经对江万里怀恨在心。1270 年，江万里被逼辞去左丞相职务，先后被贬至庆元府（今浙江宁波）、太平州（今安徽当涂县）、福州任地方官。奔波途中，曾写《舟中遇风》诗，表达清廉为官、洁身自好的品质。诗曰："去国离家路八千，平生不受半文钱。苍天鉴我无私意，莫使妖禽夜叫冤。"贾似道等奸臣败坏朝政，南宋皇帝怯懦无为。江万里郁郁不得志，乃于 1274 年辞职，退居饶州芝山，即今江西鄱阳县西北的芝山。江万里闻元军破襄樊，乃在芝山后花园内凿池筑亭，名曰"止水"。元军攻破饶州城，江万里曰："大势不可支，余虽不在位，当与国为存亡。"② 说罢，毅然投"止水"而死。其左右及子江镐亦投池而死，全家以此方式殉国。江万里虽为文官，但大义凛然，爱国忠贞，其一生皆以爱国为责任，他的行为体现了江西优秀文化精神标识的熠熠生辉的爱国主义精神。

明将杨廷麟英勇抗清

杨廷麟（1596—1646），字伯祥，临江清江（今江西省宜春市樟树市）人。明崇祯四年（1631）进士，授翰林院编修。明末军事指挥家、抗清将领、兵部尚

---

① 《江万里》，《卷 418·列传 177》，[元] 脱脱等撰：《宋史》第 36 册，北京：中华书局，1977 年，第 12524 页。

② 《江万里》，《卷 418·列传 177》，[元] 脱脱等撰：《宋史》第 36 册，北京：中华书局，1977 年，第 12525 页。

樟树市临江古府

书。自称"兼山",著有《兼山集》十卷传世。1638 年冬,清兵起,明都城戒
严。兵部尚书杨嗣昌主和,杨廷麟上书弹劾,称对方"以国为戏""朋谋误
国"。① 杨嗣昌老谋深算,表面不动声色,同时,以懂军事为由积极推荐杨廷麟
参与前线战事。崇祯帝朱由检误以为杨嗣昌宽宏大量,不计较个人恩怨,便命杨
廷麟为兵部职方主事,前往督师卢象升军中赞画军务。卢象升是明末抗清将领,
官兵部尚书,守卫京师。卢象升得知杨廷麟到来,大喜,即派其去河北正定转饷
济师,办理军队后勤工作。杨廷麟向关宁铁骑统帅、太监高起潜讨饷,对方置之
不理。不想此时,卢象升却在巨鹿战死。杨廷麟躲过一劫,向崇祯帝朱由检上奏
军中是非曲直。这时,杨嗣昌站出来,谴责杨廷麟欺君罔上。于是,杨廷麟不得
不辞官还乡,回到江西,以收徒讲学为业。1643 年,明廷岌岌可危,起复杨廷
麟为兵部职方主事。可惜,尚未赴任,北京已经失守。杨廷麟悲恸之余,在江西
募兵勤王。福王朱由崧立于南京,史称南明,年号弘光。授杨廷麟为左庶子,力
辞不就。有人向南明皇帝朱由崧进谗言,称杨廷麟募兵恐有不轨。杨廷麟无奈,
解散所募兵士。1645 年,清兵破南京,仅做了八个月皇帝的朱由崧被俘。此后,

---

① 《杨廷麟》,《卷 278・列传 166》,[清]张廷玉等:《明史》第 23 册,北京:中华书局,1974 年,第
7114 页。

清兵继续南下，江西北部中部俱投降于清，唯赣州独存。杨廷麟举家迁往赣州，与好友江西玉山人詹瀚、江西吉水人刘同升、赣州巡抚李永茂，志同道合，同仇敌忾，誓死捍卫大明最后的尊严。他们举起反清大旗，建立忠诚社，招募四方抗清义士。此时，南明第二帝朱聿键即位于福州，改元隆武，史称隆武帝。隆武帝是明太祖朱元璋九世孙，唐定王朱桱八世孙，故亦称"唐王"。唐王为鼓励杨廷麟等人，手书诏书，加封杨廷麟为吏部右侍郎，加封刘同升为国子监祭酒。顺治二年（1645），杨廷麟等人鏖战三个月，损失惨重。12月，刘同升战死。顺治三年（1646）正月，杨廷麟赴赣州招募当地人，组织龙武新军。4月，清兵包围赣州城，杨廷麟等苦苦坚守。怎奈苦守半年，人困马乏，补给严重不足。10月4日，清兵攻破赣州城。杨廷麟督战，体力不支，边战边退，"走西城，投水死"。[①] 赣州城被清兵攻陷。

《明史》赞杨廷麟等人的爱国行为和精神，曰："自南都失守，列郡风靡。而赣以弹丸，独凭孤城，誓死拒命。岂其兵力果足恃哉，激于义而众心固也。"[②] 清代书法家陈云章作诗赞杨廷麟曰："力守孤城势不支，杀身未肯竖降旗。江山半壁勤王日，忠义千秋报国时。"[③]

江西赣州抗清名将杨廷麟投塘殉节处

第二节　建设水陆通道惠及子孙

交通是一个地区社会政治经济文化发展的命脉。交通顺畅，物流运输方便，四方交往无阻，地区经济必然受益良多；交通便利，文化交流频繁，民智进步，

---

① 《杨廷麟》，《卷278·列传166》，［清］张廷玉等：《明史》第23册，北京：中华书局，1974年，第7115页。

② 《杨廷麟》，《卷278·列传166》，［清］张廷玉等：《明史》第23册，北京：中华书局，1974年，第7139页。

③ 李天白编著：《江西古代名将谱》，南昌：江西教育出版社，2013年，第301页。

地区文化教育必然发达。古代江西人民为发展地方经济和文化事业，大力开发建设水陆交通，形成了通达四方的水陆交通网络。

壮观的江西水系

"江西襟江带湖，形成了以彭蠡湖水系为主要架构的水路交通网络。由彭蠡湖借赣水与支流通洪州，往南以旴水通抚州州治临川与南丰县，是他州入抚州的主要途径。继续地往南，由赣水另一支流渝水西入袁州。该水是袁州东西交通凭借，州治宜春、新喻县均借助渝水进入赣水水系，通达南北。继续南行，经吉州境内支流庐水通西部安福县、禾水通永新县。过吉州即抵达虔州，州内赣水支流为主要交通路线，贡水居东，其支流南通信丰，其上游虔化、大庾，由大庾岭陆路越大庾岭入岭南，接浈水，顺北江上游浈水，南抵广州。由彭蠡湖，入饶州，可借余水通信州贵溪、弋阳、上饶、玉山四县，继续东行经衢州、睦州、杭州通运河，进而通苏州、常州，至润州渡长江，达扬州。自上饶南行，另有陆路通福建地区。由彭蠡湖至饶州州治鄱阳，溯鄱水上游昌江，东北行，经浮梁，至歙州祁门。昌江为江西地区少数发源于江西境外的河川，可以连通江西地区与浙江地区。"① 以上是江西水系大概情况。

---

① 陈金凤：《江西通史·隋唐五代卷》，钟起煌主编：《江西通史》4，南昌：江西出版集团、江西人民出版社，2008年，第183—184页。

江西水运历史非常悠久。考古发现，营盘里、筑卫城、樊城堆等江西清江县新石器时代晚期文化遗址，已经存在水上运输活动的历史遗迹，距今已有 3000 余年。江西清江县吴城村吴城商代遗址曾经存在一条宽 60 米的河流，发现的遗物堆积范围达 4 平方千米，说明殷商中晚期江西水运具有一定规模。江西新干县赣江附近发现战国时期粮仓，粮仓附近还有一座南北长 2.5

江西新干县战国粮仓遗址

千米、东西宽 1 千米的土城遗址。可以肯定，粮仓为城市储备粮食，粮仓建在赣江附近是为利用水运的便利。西汉建立后，立赵佗为南越王，南越向汉朝进贡的物品有一部分就是通过赣江运抵都城长安的。三国时期，吴国控制江西地区，赣江运道成为吴越交通大动脉。"三国时期吴国境内的长江以南的南北交通应以赣江水运线为主。岭南九郡的贡献和互市物资以及派往岭南任州郡的官吏所搜刮掠夺来的财富，大部分都是取道赣江转长江运至建业（今江苏省南京）和武昌（今湖北省鄂城）等地。"[1] 南北朝时期，粮食是赣江向江西以外地区运送的最重要物资。此外，木材也是重要物资。据《南安府志》记载，南康山中木材，砍伐扎成木排，沿赣江做长距离流放，然后转道长江运至建康等地贩卖。水运以及水上战争等因素的促进，赣江和信江的港口发展较为迅速。秦时，大余便在赣江上游建成一座码头。那时，船到大余后，必须转为陆运，因此，这个码头是水陆转载之初的见证。余干县位于信江下游，为方便秦军东征东越，也建设过一座码头。

隋唐五代时期，江西地区政治经济稳定发展，促进了水陆交通体系的开发与建设。此时，南北大运河已经开通，大庾岭通道更加便捷，赣江作为居中的水系，起到了贯通南北交通大动脉的作用。唐代，波斯商人有一部分就是通过广州经南昌、扬州、洛阳到达长安的。这条路线也是唐朝全国内河主要航线的东南

---

[1]　江西内河航运史编审委员会：《江西内河航运史（古、近代部分）》，北京：人民交通出版社，1991年，第 12 页。

江西省赣州市大余县南安东山大码头

线，即自长安出发到洛阳，经汴河、淮河、江南运河到杭州，西行上溯钱塘江至常山，经陆路至玉山入信江至鄱阳湖，转入赣江，越大庾岭，沿浈水入北江至广州。宋代，岭南货物要从陆路经大庾岭运至虔州，再转水运北上中原。这条线路比走湘江便利，因此赣江水运的重要性益加突出。水运的发达使江西赣州、南昌、九江成为重要贸易航运港口。意大利旅行家马可·波罗曾经游历过九江港口，记载那里至少停泊着 15000 艘船。这是江西北部的情况，南部以赣州为主，其中大庾岭是这条南北大动脉的重中之重。唐代张九龄、宋代蔡抗蔡挺兄弟为大庾岭修建做出了杰出贡献。清代学者屈大均《广东新语》记载，"梅岭自张文献开凿，山川之气乃疏通，与中州清淑相接，荡然坦途，北上者皆由之矣。"① 江西水运不仅连通省外，而且贯通省内。江西省内有五条省际水运线，即从江西玉山至浙江常山的赣浙线；从江西浮梁至安徽祁门的赣皖线；从江西铅山或抚州南城县至福建建溪或邵武的赣闽线；从江西萍乡至湖南株洲的赣湘线；从大庾岭经浈水到广州的赣粤线。"上述五条省际间的水运路线，除赣皖线外，实际上都是水陆相间以水为主的运道，在古代水上运输占主导地位的情况下，这些运道在地

---

① ［清］屈大均：《广东新语》上，北京：中华书局，1985 年，第 67 页。

区经济和文化交流方面，发挥了重要的作用。特别是这些路线是历代人民经过长期选择的优选线，故其形成、发展的历史，为后世道路（包括水道）的规划和建设提供了重要参考。"①

韦公堤是赣江最早的防洪大堤，也是南昌市最早的防洪工程

　　江西水运的发展与发达离不开历代江西人民的建设。秦汉时期，江西开始修建一些较大的水利工程。东汉和帝年间，豫章太守张躬在南昌东大湖筑堤，防范洪水，疏通南路，谓之南塘。南朝宋景平初年，豫章太守蔡廓治水，把堤坝改为活动水门，旱则闭，涝则启，起到防范洪水的作用。魏晋时期，修筑宜春的罗村陂与浮梁的宁家陂。唐高宗永徽年间，洪州丰城县境内修筑了一条长 10 余里的河堤，是为赣江上最早出现的防洪大堤。唐宪宗元和年间，江南西道观察使韦丹组织徭役，修筑堤坝 12 里，筑鱼尾闸，挖陂塘 589 处，可蓄水灌田 1.2 万亩。这些数字出自唐代文学家韩愈《江西观察使韦公墓志铭》。据韩愈记载，大堤建成次年，洪水来犯，"江水平堤，老幼泣而思曰：无此堤，吾尸其流入海矣"。②这条大堤人称"韦公堤"。解放以后，此堤与大有圩合名为"富大有堤"。除筑堤防洪外，古代江西人民还要疏浚河道，保持河道安全畅通。

①　江西内河航运史编审委员会：《江西内河航运史（古、近代部分）》，北京：人民交通出版社，1991年，第 38 页。
②　[唐] 韩愈：《江西观察使韦公墓志铭》，《钦定全唐文·卷 566·韩愈 20》，[清] 董诰等编：《全唐文》，北京：中华书局，1983 年，第 5726 页。

赣江十八滩之惶恐滩

　　赣江有险碛，名曰十八滩。赣江航道，即从赣州出发至万安县这段长 120 千米的航道，河中遍布礁石险滩，人称"十八滩"，指赣江十八处险滩。它们是赣县的白涧、天柱、小湖、鳖滩、大湖、铜盆、落濑、青洲、梁口九滩；万安县的昆仑、晓滩、武朔、昂邦、小蓼、大蓼、绵滩、漂神、惶恐九滩。南宋爱国英雄文天祥的"惶恐滩头说惶恐"指的是惶恐滩，代指十八滩。民谣唱道："十八滩，鬼门关，十船经过九船翻。"① 险滩对水运安全构成极大威胁，货船撞滩毁损，人员伤亡事故在所难免，因此，古代江西地方官员和人民均十分重视险滩疏浚工作。张成章，清代康熙年间万安县知县，是疏浚十八滩的一位功臣。张成章大器晚成，50 岁中进士，68 岁上任万安县知县。他是一位脚踏实地的地方官，在万安乃至吉安都颇有政声。一年，天气大旱，赣江干涸，惶恐滩露出真面容，正是平险好时机。张成章带头捐出自己的俸禄，并号召其他官员和商人捐款，募集各方石匠，与天气抢速度，凿去滩中嶙峋怪石。当地人感谢其功德，纷纷著文写诗歌颂。教谕刘兆谦曰："人颂其功德之远，吾服其识力之高，非分神禹大智之一得不及此。"② 举人陶鹤书曰："偶探郊原山水趣，目击惶恐风雷怒。篙师客子两忙忙，欲进行却惊相顾。我公辄起济世心，命工立备锤与钺。募得五丁施猛

---

① 李桂平：《赣江十八滩》，北京：生活·读书·新知三联书店，2014 年，第 14 页。
② 李桂平：《赣江十八滩》，北京：生活·读书·新知三联书店，2014 年，第 37 页。

力，昼昏凿去无岠嵚。今日帆樯通上下，无复当年哀湍泻。仁人用智未兼旬，力可回天忝造化。行人历此笑颜开，公绩于斯实伟哉。指日九重虚左待，知公原是济川才。"① 张成章在万安和吉安当政 10 年，为民造福，改造家园，深受当地百姓爱戴。

除疏浚险滩外，古代江西人民还要加筑堤岸。"赣江、抚河、信江、饶河和修水的下游航段和鄱阳湖滨的沿岸，在明以前，都筑有防洪堤岸，但由于这些堤防的堤身单薄，有的经不住长期河水的冲刷。"② 万家洲是赣江位于南昌的一段，其堤岸年久失修。清咸丰癸丑年（1853）春，洪水暴涨，冲毁堤岸数百丈。当地官民抗洪筑堤，还未竣工，夏秋间，洪水又至，堤岸再毁。乡绅潘君凤等曰："是堤之兴也，利不在一时而在百世；其废也，害不在一处而在四乡。今此不修，后将胡底？"③ 不过，乡绅们遇到这样的大事，也不敢擅自做主，于是找到刘于浔。刘于浔（1807—1877），字养素，号于淳，江西南昌人，南昌团练"江军"创建人，晚清名将。刘于浔与潘君凤等乡绅素来交好，亦知万家洲决堤造成民生维艰的事实，决定出手相助。有人劝说，已近年终，筑堤工程难以完工，如果来年继续施工，春季洪水突发，如何解决？有人劝道，筑堤工程达五里，耗资巨大，兵灾之后有水灾，如果工程尚未完成，而经费不敷使用，又该如何办理？刘于浔面对各种好言相劝，是这样看的："予以为坐视其难而不敢为与明知其难而必欲为，其得失终有间也。"④ 次年初春，工程开工。开工伊始，天降大雨，江水暴涨，水浪越过堤坝，十分危险。筑堤工人每日闲坐，无事可干，耗费巨大。刘于浔等人冒雨劝工，晓以利害，组织募捐钱粮，"于是人人自奋，争先恐后"。整个工程在官民共同努力之下，历时三个月，"始于春仲，成于夏初，用费一万

---

① 李桂平：《赣江十八滩》，北京：生活·读书·新知三联书店，2014 年，第 37—38 页。

② 江西内河航运史编审委员会：《江西内河航运史（古、近代部分）》，北京：人民交通出版社，1991 年，第 113 页。

③ 刘于浔：《修筑万家洲圩堤记》，《卷 20》，《南昌文徵》，台北：成文出版社有限公司据民国二十四年重印本影印，第 796 页。

④ 刘于浔：《修筑万家洲圩堤记》，《卷 20》，《南昌文徵》，台北：成文出版社有限公司据民国二十四年重印本影印，第 797 页。

四千有奇，筑堤一千六百丈有奇，而所关于国赋民命不可数计"。① 这一年，万家洲人民的生活重新回到正轨，"农庆于野，妇歌于室"，② 官民齐心筑堤坝，百姓受惠乐陶陶。

此外，为水运便利，河道疏浚也是一项重要工作。铅山县古街有福惠河，也称惠济河，是一条人工河，相传为明代费宏组织开凿。费宏（1468—1535），字子充，号健斋、鹅湖，今江西上饶市铅山县人。进士出身，殿试第一，状元及第。明武宗时期入阁，任太子太保、武英殿大学士。明世宗时期，担任首辅，任吏部尚书、谨身殿大学士。费宏牵头，福惠河开工。该河"自二堡大桥出，会信江，可通小舟，容水碓，居民利之"。③ 碓，音对，水碓指輶车，是指一种两边有遮蔽物的车。福惠河可通小舟，可容水碓，长达数千米，居民出行，往来信江，十分便利。至清，福惠河年久失修，河口淤塞，河道干涸，无法使用。清嘉庆年间，福惠河口新建一座木闸，洪水来时，木闸关闭，阻挡淤泥；洪水退去，木闸开启，与信江连通。"河口之东面筑有石坝，计长50丈，宽5丈，高3丈"，④ 福惠河疏浚后，百姓通行便利，人人称好。

近代以来，中国共产党在江西苏区的水运建设工作最为突出。中央苏区主要航线有三条，即宁都—于都—赣县江口；瑞金—会昌—于都—赣县江口；高兴—兴国—赣县江口。中央苏区与白区的外贸运输线有四条，即赣县江口—赣州—南昌；江口—信丰转运经大余过广东；筠门岭转陆运经寻乌过广东；赣县江口—赣州—唐江—上犹。中央苏区境内所有航线依托的江河主要有：从石城到赣州的贡水；从大余到赣州的章水；流经瑞金、会昌的绵水；从宁都北到于都龙口嘴的梅

---

① 刘于浔：《修筑万家洲圩堤记》，《卷20》，《南昌文徵》，台北：成文出版社有限公司据民国二十四年重印本影印，第797页。

② 刘于浔：《修筑万家洲圩堤记》，《卷20》，《南昌文徵》，台北：成文出版社有限公司据民国二十四年重印本影印，第797页。

③ 江西内河航运史编审委员会：《江西内河航运史（古、近代部分）》，北京：人民交通出版社，1991年，第115页。

④ 江西内河航运史编审委员会：《江西内河航运史（古、近代部分）》，北京：人民交通出版社，1991年，第116页。

绵水河在会昌与湘水交汇，始称贡水

江；从安远的大湖山到会昌的小坝口的濂江；从寻乌经吉潭流入龙川的寻乌水；从兴国草鞋山到赣县江口的平江；从赣粤交界的桃山到赣县茅店的桃江等。为充分利用水路资源，增强苏区运输能力，1933 年中央内务人民委员部发出修理河道的第四号训令。训令要求"在此革命战争紧张与正值秋收时期，修理河道，以便运输"。① 随后，成立"中央苏区河流修理委员会"，主要任务是修理河道及纤道，清理河道垃圾与树枝，保护沿河绿化树木。河道修理的一个难点出现在绵水河。绵水河全长 70 余千米，起源于瑞金县东北的篁竹岭，在会昌县城汇合湘水而成贡水主流。绵水河中心的河面上有一块大礁石，河道在此变窄，水流却更加湍急，极度影响船只正常航行。稍大的货船经过此处都须卸货上岸，转交陆运，然后再装小船转运。中央苏区河流修理委员会决定炸掉礁石，畅通河道。但当地群众思想保守，认为炸毁礁石会破坏风水。不过，经过宣传教育，苏区群众不仅理解了炸礁石的意义，而且自愿参与炸礁石的工作，河道清理工作由于有了群众的参与，工作效率和质量都大幅提升，很快便顺利完成。

　　江西河流纵横交错，水系发达，水运自古便是江西人民对外交通的最便捷方式。江西水运建设的历史过程，突出反映了江西人民为了生活幸福，为了保家卫国，为了传播文化，不惜劳苦，奋勇开拓的精神。经过江西人民世世代代的团结

---

① 　江西苏区交通运输史编写组：《江西苏区交通运输史》，北京：人民交通出版社，1991 年，第 95 页。

奋斗，经过江西人民世世代代爱国主义精神的传承，江西大地奔腾向前的大小河流，就像流动着的江西血液，挥洒着爱国主义的汗水，把自身融入祖国南北大动脉。

第三节　家族宗族团结爱国思想的传承

江西是中国宗族数量最多的地区之一。据历史学家常建华统计，元代江西族谱占全国的36.04%，超过第二名浙江（16.67%）一倍多。[①] 明清时期，江苏取代江西成为修谱最活跃的地区。常建华先生认为，这种变化"透露出宋以后社会历史的变迁"。[②] 族谱数量是江西家族宗族情况的自然反映，家族宗族是古代爱国主义精神的社会基础。当然，古代并未使用爱国主义这个词，而是用"义门"指代崇尚正义和道义的家族。"这些义门家族，内部讲究伦礼，提倡道义，成员之间以孝悌相处，甚至财产共有，兄弟不分家，形成凝聚力很强的家族共同体。对外和睦邻里，尊敬官府，遵守国家法令，在地方上树起了一个良好的榜样。"[③]

《宋史》记载了数个江西义门家族，仅举两例：

颜真卿后人颜诩。颜真卿被谪官江西庐陵（今江西吉安），故颜诩为江西吉州永新人（今江西吉安永新县）人。颜诩有兄弟数人，年少，父亡，由继母抚养成人。颜诩事继母至孝，远近闻名。颜氏家族人口众多，但"家法严肃，男女异序，少长辑睦，匦架无主，厨馔不异"。[④] 颜氏家族家法严格，男女有别，长幼和睦，餐饮

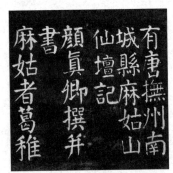

颜真卿《唐抚州麻姑山仙坛记》

---

① 常建华：《宋以后宗族的形成及地域比较》，北京：人民出版社，2013年，第101页。

② 常建华：《宋以后宗族的形成及地域比较》，北京：人民出版社，2013年，第102页。

③ 许怀林：《江西通史·北宋卷》，钟起煌主编：《江西通史》5，南昌：江西出版集团、江西人民出版社，2008年，219页。

④ 《颜诩传》，《卷456·列传第215孝义》，[元] 脱脱等：《宋史》第38册，北京：中华书局，1977年，第13413页。

器皿公用，伙食标准一致。因此，颜氏家族"义居数十年，终日怡愉"。① 颜诩年70余岁故去，家人从未见其发怒。

江西省奉新县胡氏宗祠

赈济饥民的胡氏家族。胡仲尧、胡仲容兄弟二人为洪州奉新（今江西宜春奉新县人），是胡氏家族的代表人物。胡氏家族累世聚居，人口达数百口，且家资雄厚，乐善好施，在当地颇有善举。胡氏兄弟曾在当地建学校，购书万余卷，还为四方求学之人免费提供膳食。宋太宗淳化年间，吉安大旱，农户无收，米价腾贵，民生维艰。胡仲尧"发廪减市直以振饥民，又以私财造南津桥"。② 宋太宗赵光义嘉奖其行，准许胡氏家族每年于宫廷内东门贡献香稻时果。淳化五年（994），宋太宗赵光义55岁寿宁节，胡仲容进京祝贺，"特授试校书郎，赐袍笏犀带，又以御书赐之"。③ 胡仲尧因义门善举，授国子监主事。胡仲尧去世后，其弟胡仲容在当地建孔子庙，规模宏大。胡仲容年79，去世。

此外，北宋义门还有德安陈兢、建昌洪文抚等。"他们凭借家族的力量，把众多的成员约束在礼法之内，服从官府，崇敬朝廷，还在于致力兴办书院教育，

① 《颜诩传》，《卷456·列传第215孝义》，[元] 脱脱等：《宋史》第38册，北京：中华书局，1977年，第13413—13414页。

② 《胡仲尧传》，《卷456·列传第215孝义》，[元] 脱脱等：《宋史》第38册，北京：中华书局，1977年，第13390页。

③ 《胡仲尧传》，《卷456·列传第215孝义》，[元] 脱脱等：《宋史》第38册，北京：中华书局，1977年，第13390页。

并将家族大门打开，接纳社会人士，扩大了积极影响。所以，朝廷与州县扶持、褒奖他们，皇帝本人也与其亲近。"① 通过家族势力，下与上建立了精神联系，地方最基本的社会单位——家庭，得到巩固，社会进一步稳定，而且与"上"在精神层面达成一致。这种精神层面的要求主要有：团结、忠义、教育、赈济等。这些要求不仅表现在义门家族的行为上，更体现在其家法家规上。

江西江州德安义门陈氏是北宋时期"规模最大，延续时间最久，凝聚力最强"② 的义门家族，"历时 332 年，创建了 3900 余口、15 代不分家的世界奇迹"，③ 其家法更是经宋太宗御准，交国史馆缮写存档，成为国家档案。义门陈氏家法共三十三条，故也称《江州"义门"陈氏家法三十三条》（下简称《家法》）。《家法》开宗明义，以《易经》"家正则天下定"理念阐明下与上，家庭与国家的不可割舍的关系。窥一斑而见全貌，家法家规是古代进行忠义教育的起点，也是最具实践效果的行为约束与道德准则。家法家规只有与国家命运联系在一起，忠义教育也好，爱国主义教育也好，才能既有坚实的基础，又有高远的目标。《家法》曰："我圣王诞敷孝治，恢振义风，锡以渥恩，阖宗荣耀。"④ 孝治，以孝治家，提倡忠义，乃圣王孔子之思想。秉持这种思想，家族宗族才能发扬光大，繁衍不息，忠孝仁义也是家族宗族的荣誉。忠孝仁义的基础在陈氏家族看来，就是"均等"，即"公私出纳之式，男女婚嫁之仪式，蚕事衣妆，货财饮食，须令均等，务求和同，令子孙无间言而守义范也"。⑤ 这与前面提到的颜诩家族"匦架无主，厨馔不异"家规的价值理念是一致的。他们普遍认为，家族

① 许怀林：《江西通史·北宋卷》，钟起煌主编：《江西通史》5，南昌：江西出版集团、江西人民出版社，2008 年，220—221 页。

② 许怀林：《江西通史·北宋卷》，钟起煌主编：《江西通史》5，南昌：江西出版集团、江西人民出版社，2008 年，222 页。

③ 陈煜斓：《家训族约的价值取向与社会效应——以江州义门陈"家法"为例》，《闽南师范大学学报（哲学社会科学版）》2014 年第 2 期。

④ 《附录》，陈煜斓：《家训族约的价值取向与社会效应——以江州义门陈"家法"为例》，《闽南师范大学学报（哲学社会科学版）》2014 年第 2 期。

⑤ 《附录》，陈煜斓：《家训族约的价值取向与社会效应——以江州义门陈"家法"为例》，《闽南师范大学学报（哲学社会科学版）》2014 年第 2 期。

内部的平等可以通过物质待遇的均等而实现，有了物质待遇的均等，家族内部才能实现忠孝仁义。当然，这种认识的最大矛盾来自社会等级制度的存在，但对位于社会等级制度底端的家族而言，这种矛盾被理解为天经地义。正是这种天经地义的精神准备，家族宗族才能心安理得地采取"均等"观念，因为他们认为齐家，便能治国，家与国是息息相关，直接联系的。家族有主事副事三人，负责家族日常运转。此三人的人选"不拘长少，但择谨慎才能之人任之，不限年月"。①家族管理是家族内部最重要的日常工作，对一个有着几百甚至上千口的家族而言，好的管理者意味着家族和睦和秩序的实现。因此，《家法》主张任人唯贤，不拘年龄，不设任期，以才能为选人的唯一标准。也就是说，就家族日常管理而言，《家法》废除了通行于世的"三纲"理念，而以更加现实，甚至民主的精神进行管理，从而实现整个家族的团结、兴旺、永续。宋代家族内部"民主""平等"的实现与社会层面的"三纲"等级制度是格格不入的，但显然皇帝却格外推崇这样的家庭，因为，这样的义门家族为整个国家的稳定做出了巨大贡献。

江西九江德安义门陈氏东佳庄书堂

　　义门家族传承忠孝仁义团结爱国等思想主要通过教育。义门家族的教育是制度化的，既有强制又有鼓励。《家法》规定，"立书屋一所于住宅之西，训教童

---

① 《附录》，陈煜斓：《家训族约的价值取向与社会效应——以江州义门陈"家法"为例》，《闽南师范大学学报（哲学社会科学版）》2014 年第 2 期。

蒙。每年正月择吉日起馆至冬月解散。童子年七岁令入学，至十五岁出学，有能者令入东佳"。① 书屋是开启童蒙之所，要求七岁入学，学习八年，十五岁毕业。书屋学习阶段是基础教育，不分男女，正月开学，冬十二月放假。这个阶段也是强制教育阶段，因此有"童子年七岁令入学"之说。儿童强制教育理念即使在今天看来也是对个人、社会、国家均为正确的理念，这种理念出现在宋代义门家族，可见这些家族的兴旺是有强大教育基础的。童蒙教育在书屋，书屋学习八年可以毕业，但优秀者还可以继续学习，"有能者令入东佳"。东佳即东佳庄，是陈氏家族"书堂"所在地。书堂是"弟侄子孙有赋性聪敏者令修学"② 之所。东佳庄书堂学习是鼓励学习阶段，也是备考举人阶段。为此，《家法》规定"稽有学成应举者，除现置书籍外，须令添置"，③ 不仅鼓励读书，而且还可以公费报销买书费用。东佳庄书堂为社会和国家培养了很多精英人才。北宋初期，陈氏家族有 29 人在北京做官。据家族宗谱记载，庆历四年（1044），东佳庄书堂参加乡试有 403 人，共有 45 人考取举人。北宋大臣、文学家杨亿曾为义门陈氏书写楹联。联曰：莫道栋梁欢聚二十有九，且看蛟龙跃起四百有三。可见，家族对教育的重视不仅为整个家族的发展奠定了基础，更为国家输送了定国安邦的人才。宋代没有普及教育和高等教育，教育基本是通过家族支持来实现的，因此，家族与国家的关系便更加紧密。

除教育外，义门家族亦非常重视婚姻与人口繁衍。人口是国家的命脉，是国家的重要组成部分。古代中国非常重视人口繁衍。人口繁衍的基础是家庭的建立，组织家庭于是成为义门家族（也是所有家族）的最重要的社会责任。《家法》规定，"男年十八以上则与占勘新妇，稍有吉宜付主事依则施行求问，至二

---

① 《附录》，陈煜斓：《家训族约的价值取向与社会效应——以江州义门陈"家法"为例》，《闽南师范大学学报（哲学社会科学版）》2014 年第 2 期。
② 《附录》，陈煜斓：《家训族约的价值取向与社会效应——以江州义门陈"家法"为例》，《闽南师范大学学报（哲学社会科学版）》2014 年第 2 期。
③ 《附录》，陈煜斓：《家训族约的价值取向与社会效应——以江州义门陈"家法"为例》，《闽南师范大学学报（哲学社会科学版）》2014 年第 2 期。

十以上成纳，皆一室不得置畜仆隶。女则候他家求问亦属勘司酌当"。① 严格限制结婚年龄，要求在适龄之时便由家族主事为其寻找配偶，双方合适便由主事问吉，进入婚姻六礼程序。二十岁以上成婚，只娶一妻，可见，义门陈氏采取一夫一妻制。女方婚姻则须等待提亲，然后由主事办理。义门家族规定了结婚年龄，保障了家族人口得以繁衍的基础——家庭始终不断产生。义门家族规定了一夫一妻制，保障了家庭的稳定，也保障了家族内部"平等"的实现。男女婚嫁聘礼亦采用"均等"原则，无论男女，婚嫁之时，家族为其准备"仪用钗子一对，绯绿彩二段，响仪钱五贯，色绢五匹，彩绢一束，酒肉临时酌当。迎娶者花粉匣、鞋履、箱笼各一付，巾带钱一贯五，并出管事纽配，女则银十两，取意打造物件，市买三贯，出库司分派诸庄供应"。② 聘礼节俭，义门家风，杜绝了婚嫁攀比浪费恶习，造就了家族良好的门风，同时，也为社会做出了节俭的表率。

　　义门家族的生产是社会生产的一部分，其生产一方面为自我需要服务，另一方面要流通到社会，为社会服务。义门家族的团结爱国精神是其完成生产任务的保障。义门家族的生产活动各式各样，五花八门，但最有影响的是蚕丝生产。《家法》规定，"养蚕事若不节制，则虑多寡不均"。③ 北宋年间，江西岁贡绸绢五十万匹，因此丝织业是当地主要产业，义门家族更要为此做出贡献。《家法》规定，义门家族设立都蚕院一所，择专人管理蚕丝事务，立男性长者为院首。养蚕事务归蚕婆和蚕妇负责，男性负责采摘桑叶。年四十八以下已婚妇女绢帛和丝绵各织二匹，帛绸一匹，未成年女子织一匹，年四十八岁以上妇女免。"成茧后，同共抽取，院首将丝绵等均平给付之以见成功。其有得蚕多者，除付给外别赏

① 《附录》，陈煜斓：《家训族约的价值取向与社会效应——以江州义门陈"家法"为例》，《闽南师范大学学报（哲学社会科学版）》2014年第2期。
② 《附录》，陈煜斓：《家训族约的价值取向与社会效应——以江州义门陈"家法"为例》，《闽南师范大学学报（哲学社会科学版）》2014年第2期。
③ 《附录》，陈煜斓：《家训族约的价值取向与社会效应——以江州义门陈"家法"为例》，《闽南师范大学学报（哲学社会科学版）》2014年第2期。

之，所以相激劝也。"① 义门家族在强调均等的同时，也鼓励多劳多得。可以看出，义门家族秉持"均等"原则，但这种均等不是绝对平均主义，无论从教育还是从手工业角度看，它都是一种既均等又鼓励的原则，即在满足家族所有成员基本需求的条件下，鼓励优秀者承担更多的生产任务和社会责任。

江州义门陈氏家族经数百年发展，成为受到国家重视的宗族的典型代表。家族在基层从事教育、生产、人口繁衍，对国家和社会则输送精英人才，生产社会所需物资，保障社会稳定。因此，义门陈氏家族累世多次获得来自朝廷的嘉奖。义门陈氏家族认为，朝廷嘉奖主要有三个原因，即齐家严肃；治事详密；报国急公。884 年，唐僖宗敕封江州陈氏家族为"义门陈氏"。其时，义门陈氏主事为陈

江西九江德安义门陈氏陈旺

崇。陈崇为义门陈氏第三任主事，陈氏家族的辉煌始于斯。890 年，唐昭宗旌表陈崇"立家法"，并授予其"江州长史"的身份。所立家法，就是《家法》的原型。江州长史虽然是江州刺史的佐官，是个虚职，但得到朝廷认可，亦足以光宗耀祖。937 年，南唐先主李昇为表彰陈氏家族，亲书"义门"二字，并派人亲自送至陈家。同年，李昇再书"旌表义门陈氏"六字赐予陈氏家族。南唐先主李昇诏书曰："尔行义即怀于一家，得朕诞旌章而益耀，朕扬义亦激于四海，期令治化以弥隆。"② 宋代，宋太宗赵光义钦赐"至公无私"匾额奖励义门陈氏"公则无私，方可义聚"之家族团结理念。宋仁宗赵祯御赐义门陈氏十二字派，即知守宗，希公汝，才思彦，承延继。字派即字辈，指表示家族辈分的用字。这是中国历史上皇帝首次为地方家族御赐字派，可见义门陈氏的影响及其对国家的重

① 《附录》，陈煜娴：《家训族约的价值取向与社会效应——以江州义门陈"家法"为例》，《闽南师范大学学报（哲学社会科学版）》2014 年第 2 期。

② 黄宝权：《内部需求与外部推动——中国古代江州"义门陈"家族文化形成原因探析》，《九江学院学报（社会科学版）》2015 年第 1 期。

要性。

　　家族宗族与国家社会是一体的，是国家社会有机体的重要组成部分。家族宗族统摄社会最基本的单位家庭，家庭的组成与成长由家族负责。家族采用民主化均等化管理原则，用教育、经济、婚姻、丧葬等方式组合，把成百上千人口统一在一起。家族为族人带来荣誉，族人也为家族增添荣誉，二者的互补性使他们紧密联系，牢不可分。家族的宗旨是忠孝仁义，这也是团结爱国的同义词。因此，家族的发展和壮大符合专制君主的利益，专制君主必然维护家族的基本利益。家族团结爱国理念代代相传，国家社会也日益稳定安全。

第四章
重文重教　不学为辱

　　重文重教主要表现在书院和科举两方面。唐宪宗年间，江州浔阳县陈氏家族兴办的东佳书堂是江西最早的私家书院。宋代，江西书院教育与学校教育并盛，两宋合计开办书院 136 所，[①] 兴办学校 81 所。[②] 很多名士在江西兴办书院，如幸南容的桂岩书院，陆九渊的象山书院以及传承江西之学的东湖书院。一些书院也因学者名闻天下，如朱熹讲学的白鹿洞书院。重文重教产生良好社会效果，江西科举人才辈出。唐代，江西共有 65 位进士，[③] 这个数字在全国来说是当之无愧的佼佼者。宋代，江西共有进士 5442 人，以 68 县平均计，每县约 80 人。[④] 重文重教，人才辈出，王安石、欧阳修、文天祥、晏殊等可谓江西名士之佼佼者。明清时期，书院学校继续发展。明代，创办书院 164 所；清代创办 205 所。[⑤] 明清两代，全国共有 5 万余名进士，其中江西人 4988 名，[⑥] 占进士总数近 10%。江西还是程朱理学与陆王心学的发源地。宋代理学始于周敦颐，传程颢、程颐，南宋后，勃兴于朱熹。陆九渊开创理学的主观唯心论学派，至明代，传王守仁，史称"陆王心学"。晚清时期，"江西书院、社会义学及乡学仍然保持前清旺盛势头，

---

① 许怀林：《江西史稿》，南昌：江西高校出版社，1998 年，第 360 页。
② 许怀林：《江西史稿》，南昌：江西高校出版社，1998 年，第 364 页。
③ 许怀林：《江西史稿》，南昌：江西高校出版社，1998 年，第 155 页。
④ 许怀林：《江西史稿》，南昌：江西高校出版社，1998 年，第 367 页。
⑤ 许怀林：《江西史稿》，南昌：江西高校出版社，1998 年，第 577 页。
⑥ 许怀林：《江西史稿》，南昌：江西高校出版社，1998 年，第 577 页。

书院 505 所，社会义学及乡学 298 所"。① 与此同时，教会学校等新式学堂和新式教育兴起。清末新政时期，江西设立高等学堂 10 所，中等学堂 26 所，小学堂 409 所，② 均有官办、民办、教会办之别。中央苏区时期，党制定了苏维埃政府文化教育总方针，"厉行全部的义务教育"，③ 开展社会教育和干部教育，尤其重视儿童教育。新中国成立 70 余年来，"特别是改革开放以来，江西省教育事业改革发展取得历史性成就。各级各类学校专任教师从 1949 年的 23798 人增加到 2018 年的 583671 人，翻了 24.5 倍，高素质人才和技能人才 70 年增加近 50 倍，教育经费投入从 1950 年的 440 万元增加到 2018 年的 1374 亿元"。如今，"重文重教，不学为辱"的精神品质依然是江西社会的重要特征。

第一节　兴办书院发展教育事业

书院，即古代的学校。书院的性质和教育程度类似于今天的高中。义门陈氏家族的七岁至十五岁男女少年，须在书屋蒙学。蒙学类似于今天的小学和初中教育阶段。蒙学之后，优秀者可以升入东佳书院，即类似于今天的高中阶段。义门陈氏家族的东佳书院，亦称东佳庄书堂。宋明之间，江西盛行讲学，讲学促进书院需求与建设。书院也称经馆，某种意义上是古代的"大学"（相对于古代从事启蒙教育的小学而言）。今天的大学是学者讲学之所，书院亦有相似功能，同时，书院还是藏书之所，这与今天的大学图书馆的性质相吻合，因此，书院也是某种意义上的"大学"，是古代教育事业发展的高级阶段。古代书院多为民办，亦有个人民办与家族民办之别。无论个人民办还是家族民办都为江西重文重教精神做出过重要贡献。义门陈氏的东佳书院是江西最早的家族民办书院。江西严格意义上的个人民办书院要从唐代说起。

① 俞兆鹏、李少恒主编：《中国地域文化通览·江西卷》，北京：中华书局，2013 年，第 303 页。
② 俞兆鹏、李少恒主编：《中国地域文化通览·江西卷》，北京：中华书局，2013 年，第 305 页。
③ 夏道汉、陈立明：《江西苏区史》，南昌：江西人民出版社，1987 年，303 页。

桂岩书院是唐代江西最早的民办书院

桂岩书院位于江西洪州高安（今宜春市高安市），其原址已经被水淹没。桂岩书院的创办与兴盛主要归功于其创办人幸南容。幸南容（746—819），字惕微，今江西宜春高安人。少聪而好学。47岁，中进士，与唐代文学家柳宗元、刘禹锡等同榜，且与柳交厚。唐德宗年间，任邯郸郡守。唐宪宗年间，任太常卿、国子祭酒等职。曾出使吐蕃，不辱使命。68岁，致仕归乡。退休之后，幸南容在家乡高安建设书院，开馆授业，是为桂岩书院。桂岩书院的兴办吸引了众多有志于学问的本族子弟，一时间门庭若市。幸南容"日与诸弟课书其中，相勉以振祭酒遗绪"。族中弟子来到桂岩书院学习，一个重要目的就是参加并通过科举考试。无疑，幸南容是可以信赖的。因为，幸南容是进士出身，身居高位，见识广阔，主持国子监，掌管国家教育工作。由于幸南容声名远播，不仅家族子弟前来学习，而且"长途游客如织"，慕名前来讨教之人络绎不绝。幸南容常常叮嘱子弟"凡事不须与人争，一意读书科举有名，此乃大争气也"。① 桂岩书院在唐代办了60余年，至幸南容孙幸轼升官进京，举家搬迁，书院停办。桂岩书院兴办以及幸氏家族书香门第的特质，为国家和社会培养教育了众多人才。"自唐至清，从南容世系进士表看已统计到幸姓进士50名"，② 当然，这些进士并非全部受惠于桂岩书院，但肯定得益于幸氏书香门风。

中国最早的书院白鹿洞书院

白鹿洞位于江西庐山，因唐代李渤而得是名。李渤（773—831），字浚之，今甘肃秦安县人，出身官宦世家，父亲李钧为唐殿中侍御史。李渤自幼嗜读书，入仕为左拾遗等职。唐德宗年间，李渤与长兄李涉隐居庐山。唐穆宗年间，外任

① 李才栋：《江西古代书院研究》，南昌：江西教育出版社，1993年，第15页。
② 幸友金：《桂岩书院新考》，《中国书院论坛》3，《江西省书院研究会第四届年会学术论文汇编》，2002年，第218页。

江西庐山白鹿洞书院

为虔州和江州刺史。李渤兄弟隐居于庐山五老峰，饲养白鹿一头。这头白鹿很有灵性，性格温驯，能够服从主人命令，甚至可以帮助主人买酒和取信。当地人奇之，遂称李渤兄弟居处为"白鹿洞"，李渤遂有"白鹿先生"之名。当时，慕名而来的求学者络绎不绝，李渤兄弟不得不建设"黉舍"，即学校，这就是白鹿洞书院的由来。白鹿洞书院接待过许多名人雅士，白居易便是其一。白居易《题别遗爱草堂兼呈李十使君》有"君家白鹿洞，闻道亦生苔"之句。李十使君即李渤。但白鹿洞书院真正成规模地兴办，是在南唐时期。

南宋理学家朱熹曰："庐山白鹿洞，旧属江州，今隶本军，去城十有余里，元系唐朝李渤隐居之所。南唐之世，因建书院，买田以给生徒，立师以掌教导，号为'国学'。四方之士多来受业，其后出为世用，名迹彰显者甚众。"① 也就是说，白鹿洞书院雏形形成于唐代，但真正兴建是在南唐时期，因此有学者反对将其定为中国最早书院。南唐李昇年间，白鹿洞书院正式建立并制定制度，"立学馆，设主领，赐经书，给廪食"，② 书院规模达数百人，有"白鹿国庠"之誉，白鹿洞书院已经具有官学特征。宋初，天下被学者广泛认可的书院有四家，即白

① ［宋］朱熹：《白鹿洞书院新志卷之4·乞修白鹿洞书院状》，［明］李梦阳等：《白鹿洞书院古志五种》上册，北京：中华书局，1995年，第46—47页。
② ［明］胡俨：《白鹿洞书院新志卷之6·重建白鹿书院记》，［明］李梦阳等：《白鹿洞书院古志五种》上册，北京：中华书局，1995年，第92页。

鹿、岳麓、嵩阳、睢阳。朱熹曾说，白鹿洞书院"是盖唐李渤之隐居，而太宗皇帝驿送《九经》，俾生徒肄业之地也"。① 这是指宋太宗赵光义命国子监用驿马为白鹿洞书院送《九经》之事，白鹿洞书院官学特征逐渐明显。南宋时期，朱熹为白鹿洞书院制定《学规》，以"父子有亲，君臣有义，夫妇有别，长幼有序，朋友有信"为"五教之目"，以"博学之，审问之，谨思之，明辨之，笃行之"为"为学之序"，此外，还制定修身、处世、接物等制度，目的是借鉴古代圣人"教人为学之意"，要在"讲明义理，以其修身，然后推以及人"，② 反对学生追求功名利禄。由于朱熹此时的身份是知南康军，因此，白鹿洞书院可以称为官学。

白鹿洞书院历经元明清，跌跌撞撞，几度起伏，终于在清光绪年间，即1902年，正式停办。白鹿洞书院由私学到官学，历经千年，曲曲折折，成为中国古代书院发展的一个符号。虽然在历史层面上，白鹿洞书院还有许多未解之谜，但作为中国古代书院的开路先锋，白鹿洞书院重文重教的精神品质始终是古代江西优秀文化的重要标识之一。

陆九渊与象山书院

江西省鹰潭市贵溪市象山书院

---

① ［宋］吕祖谦：《白鹿洞书院新志卷之6·白鹿洞书院记》，［明］李梦阳等：《白鹿洞书院古志五种》上册，北京：中华书局，1995年，第88页。
② ［宋］朱熹：《白鹿洞书院新志卷之4·学规》，［明］李梦阳等：《白鹿洞书院古志五种》上册，北京：中华书局，1995年，第50页。

南宋大儒朱熹兴复的白鹿洞书院，是古代江西教育发展的代表。陆九渊作为与朱熹齐名的思想家，作为江西之学的首创人，亦为古代江西民办教育事业做出了鼎力贡献，他的代表作就是——象山书院。

陆九渊像

陆九渊（1139—1193），字子静，号存斋，今江西抚州市金溪县人。因曾讲学于江西贵溪象山，人称"象山先生"。陆九渊是心学创始人，其学传至明代王守仁，史称"陆王心学"。南宋大儒朱熹是理学家，常与陆九渊辩，称对方学问为"江西之学"。陆氏自五代时迁居江西抚州。陆氏乃书香门第，博学于文，通晓儒术。传至陆贺，因从事农商，生活富足，家业勃兴。陆贺有六子，陆九渊最幼。陆九渊33岁中进士。后归乡，与四哥陆九韶、五哥陆九龄一起讲学，因学堂前有古槐，故称"槐堂"。槐堂虽然未有书院之名，但却是不折不扣的书院。当地官员为纪念陆氏兄弟，曾多次修建槐堂书院。

陆九渊35岁赴京为官，48岁回乡，这一年是南宋孝宗淳熙十四年（1187）。此时，槐堂已经颇具规模，学者云集，已无多余讲席之位。陆九渊学生彭兴宗前往贵溪应天山，与山主张伯强家族商谈开办书院事宜。贵溪即江西省鹰潭市贵溪市，应天山位于今龙虎山景区内。张伯强家族欣然同意，并联合其他大家族修建并提供讲学精舍及生徒住宿之所。陆九渊亲临考察，非常满意，留驻精舍，史称"结庐讲学"。次年，因见应天山外形似大象，易其名为象山，故陆九渊讲学之所亦称"象山精舍"。陆九渊学名远播，消息一出，"学徒裹粮而来，结庐而居，相与讲习"。[①] 陆九渊在象山讲学五年，登记注册的学生达数千人。他每年二月上山，九月下山，讲学时间达七个月。陆九渊讲学重内容，轻规矩，象山精舍甚至没有制定类似白鹿洞书院的学规。讲学过程以讲、谈、悟、读等环节组成。学

---

① 李才栋：《江西古代书院研究》，南昌：江西教育出版社，1993年，第154页。

生听陆九渊之讲授，与老师交流心得体会，切己自反，醒悟人生道理，配合读书。且在大自然中，把读书与音乐结合在一起，享受读书悟理的乐趣。陆九渊象山讲学影响很大很广，有人甚至夸张道："非从学象山，不得为邑寓贤。"① 1190年，陆九渊因南宋光宗诏命，出任宣教郎。1193 年，卒于任上，谥文安，从祀孔庙。

陆九渊离世后，象山精舍继续开办。陆九渊有高足傅子云，颇得象山真传。傅子云在众弟子中，年纪最小，成就最高，亦最得象山亲传。陆九渊赴任前，对傅子云说："书院事，俱以相付，其为我善永薪传。"② 傅子云不辱使命，把象山精舍经营得有声有色，其本人亦得到后人肯定。抚州陆九渊及其兄的祠堂，傅子云均配祀。彭兴宗是抚州人，槐堂时期便跟随陆九渊。陆九渊离世后，彭兴宗始终坚持山居讲学并钻研心学。朱熹亦知其名，曾写诗赠曰："象山闻说是君开，云水参天瀑响雷。好去山头且坚坐，等闲莫要下山来。"③ 此外，众弟子做得最多的事情是开办书院，走陆师之路，发展江西教育事业。陆九渊大弟子傅梦泉，深得心学要旨，从陆师于槐堂之时，中进士，于衡州（今湖南衡阳）开办石鼓书院。后任宁都知县，转任清江通判（今浙江温州乐清），并在城南曾潭讲学，有"曾潭先生"之称。临川人晁百谈，进士出身，授吉州教授等职。入仕 40 年，家财都用来开办书院，讲学育人。其书院在临川（今江西抚州）铜陵山南，名为"碧涧书院"。此外，还有曾极在临川建红泉精舍并讲学其中；董德修在临川流坑村心斋书院讲学；吴绍古在江西鹰潭余江区的玉真山玉真书院讲学；叶梦得在贵溪石林书院讲学等。

陆九渊讲学于槐堂与象山，传重文重教之精神于众生徒。其门人承继其志，传承其学，发扬重文重教之精神，江西大地书院遍布，为江西文化发展奠定百代根基。

---

① 李才栋：《江西古代书院研究》，南昌：江西教育出版社，1993 年，第 155 页。
② 李才栋：《江西古代书院研究》，南昌：江西教育出版社，1993 年，第 156 页。
③ 李才栋：《江西古代书院研究》，南昌：江西教育出版社，1993 年，第 156 页。

传播江西之学的东湖书院

江西南昌东湖书院

东湖书院位于南昌，由陆九渊门人袁燮、丰有俊创建。袁燮（1144—1224），字和叔，号絜斋，鄞县（今浙江宁波）人。袁燮入太学。时陆九渊为太学学录（一般行政人员或老师），袁燮曾受其教诲。后来，袁燮正式拜师陆九渊，入其门，从其学。南宋宁宗嘉定初年（1208），任权知隆兴府，来到南昌。袁燮同门同乡好友丰有俊亦在南昌为官，为通判隆兴府。丰有俊，字宅之，鄞县人，陆九渊得意弟子。丰有俊有意在南昌建东湖书院，传播江西之学，袁燮表示全力相助。东湖书院位于南昌东湖之滨，即今日东湖西湖之间。东湖书院旧址是宋初李寅所建学校涵虚阁。1211 年秋冬间，东湖书院用"学宫岁用之赢"200 万建成，书院共有屋 34 间，"门庭堂宇，宏丽崇深，庖湢器用，咸备无缺"。[①] 此外，为保障东湖书院运营，又将东湖水利、水产、公田等收入划归书院。从创办人与出资情况看，东湖书院是官办书院。袁燮在东湖书院传道，以"吾心"为道，主张"无偏无党，王道荡荡，无党无偏，王道平平，去其不善而善自存，不假他

---

① ［宋］袁燮：《东湖书院记》，《卷 6376·袁燮 12》，曾枣庄、刘琳主编：《全宋文》第 281 册，上海：上海辞书出版社、合肥：安徽教育出版社，2006 年，第 225 页。

求，是之为道"。① 袁燮聘请陆九渊子陆持之任东湖书院山长。陆持之饱读诗书，衣钵家学，编《陆九渊文集》28 卷、《外集》6 卷。

明初，东湖书院已废。清嘉庆年间，黎世序任南昌县令，主持重修东湖书院。黎世序（1772—1824），初名承惠，字景和，号湛溪，河南罗山（今河南信阳罗山县）人。进士出身，以治河闻名，官至江南河道总督、太子太保。黎世序到南昌后，先是妥善处理了土地纠纷，"前事以帑没入其宅者，黎君归帑于官"，② 然后，出资聘请先生出任讲学，又出资若干为"脩脯粱糗，膏油舟辇"之用。于是，"深衣博带着之士，揖让弦诵于其中，而书院复兴"。③ 清代重修的东湖书院承袭前代办学宗旨，即传承圣人之道，强调"学者必先去其害道者，而后事焉"。④ 传道、授业、解惑，古代江西书院与中国其他书院并无二致。不过，江西书院如东湖书院传承的是江西之学，这是其与众不同的显著特征。因此，古代江西重文重教精神品格内含着本土自生的思想内容，这也是其得以传承至今的重要原因。

第二节　读书报国科举人才辈出

古代中国科举制度始于隋代。至唐，科举成为国家选仕的最重要途径，同时，也是社会底层得以出人头地的最公平的途径。安史之乱后，江西科举才有了起色，表现在参加科举人数开始增加，通过科举的人数也在增加，并逐步上升至全国前列。唐代，江西共有65位进士。⑤ 唐代江西科举发生进步的因素有很多，但主要在人。人分两种，一种是官员，利用知识和制度拓宽科举途径；一种是平民，鼓励自家人参加科举实现阶层跃升。

---

① ［宋］袁燮：《东湖书院记》，《卷6376·袁燮12》，曾枣庄、刘琳主编：《全宋文》第281册，上海：上海辞书出版社、合肥：安徽教育出版社，2006年，第226页。
② ［清］恽敬：《重建东湖书院记》，《大云山房文稿·初集卷3》，上海：商务印书馆，1936年，第57页。
③ ［清］恽敬：《重建东湖书院记》，《大云山房文稿·初集卷3》，上海：商务印书馆，1936年，第57页。
④ ［清］恽敬：《重建东湖书院记》，《大云山房文稿·初集卷3》，上海：商务印书馆，1936年，第57页。
⑤ 许怀林：《江西史稿》，南昌：江西高校出版社，1998年，第155页。

江西宜春多胜楼。楼名出自韩愈名句"莫以宜春远，江山多胜游"

　　韩愈就是这样的官员。韩愈（768—824），字退之，今河南焦作市孟州市人，自谓郡望昌黎，世称韩昌黎。唐代文学家、哲学家、官员。唐宪宗时期，任刑部侍郎。因谏阻皇帝迎佛骨，被贬为潮州刺史，后任袁州刺史。袁州，即今江西宜春。韩愈到袁州后，积极倡办书院乡校，鼓励文化发展，支持科举。韩愈之后，李德裕继之。李德裕（787—850），字文饶，今河北石家庄市赞皇县人。唐代著名政治家李吉甫之子，历任浙西观察使、四川节度使、袁州刺史等职。唐武宗时期，居相位，牛李党争中李党首领。后遭牛党打压，被贬海南，死于海南。李德裕在袁州期间，重视文教，鼓励科举，增强袁州科举向学学风。由于多任官员的努力，袁州学风在唐中晚期有了极大的改善，科举成为士子的主要追求目标，一批有影响的科举人物得以载入史册。据明《正德袁州府志》记载，卢肇、黄颇、易重、袁皓、郑谷等人俱为当时科举佼佼者。

　　卢肇，字子发，宜春文标乡人。唐武宗会昌三年（843），中进士第一名，是袁州第一位状元。"累官集贤学士，历歙、宣、池、吉四州刺史，所至有治声。"[1] 卢肇有一子，名文秀，唐懿宗咸通年间中进士，官至弘文馆学士。

　　黄颇，字无颇，宜春江夏里人。"少负异材，师韩退之为古文，声名大振，与卢肇气不相下"。[2] 唐武宗会昌三年，中进士第三名，官至御史。据记载，唐

① 《天一阁藏明代方志选刊·正德袁州府志》卷8，上海：上海古籍出版社，1963年影印，第2页。
② 《天一阁藏明代方志选刊·正德袁州府志》卷8，上海：上海古籍出版社，1963年影印，第2页。

武宗会昌三年，宰相王起负责科举事务，面对卢肇和黄颇，一时无法抉择，便问二人各有何才能。后因"卢有文学，黄能诗"① 定卢肇为状元，黄颇为探花。

易重，字鼎臣，宜春人。唐武宗会昌元年进士榜眼。殿试，升为第一。易重激动万分，作诗《寄宜阳兄弟》，曰："六年雁序恨分离，诏下今朝遇已知。上国皇风初喜日，御阶恩渥属身时。内庭再考称文异，圣主宣名奖艺奇。故里仙才若相问，一春攀得两重枝。"

袁皓，字退山，宜春人。唐懿宗咸通年间进士，曾任吉州刺史、抚州刺史、集贤殿图书使。《钦定全唐文》有袁皓三篇文章，《吴相客记》是其一。袁皓在文章中阐述家国道理："相君不闻物之化者耶。蛇化为龙，龙之孙见蛇而笑之，谓吾祖之世龙焉。孰不知蟒之腥，尚存乎大泽之畔；家化为国，国之孙见家必笑之，谓吾祖之世国焉。殊不知耕稼之具未朽于历山之下。盖由知龙而不知蛇，知国而不知家。"② 袁皓论述了家国关系，强调家是国的基础，有家才有国。

"江西进士半袁州"。唐代，由于韩愈、李德裕等官员的支持和引导，袁州文风大举，共考取进士 30 名，占整个江西唐代进士半数以上。当然，除政府鼓励外，来自家庭内部的支持同样重要。

江西宜春明月山温泉风景区

---

① ［宋］王谠：《唐语林校证》下，周勋初校，北京：中华书局，2008 年，第 302 页。
② ［唐］袁皓：《吴相客记》，《钦定全唐文·卷811》［清］董诰等编：《全唐文》，北京：中华书局，1983 年，第 8528 页。

妻子激励丈夫考取功名。《唐摭言》记载，袁州有彭伉、湛贲两位读书人，先后高中进士，成为一时佳话。但流传更远更广的励志故事却来自湛贲妻子。原来，彭伉与湛贲是亲戚关系，彭伉夫人是湛贲的姨妈，彭伉是湛贲的姨父。彭伉先中进士，湛贲仍做县吏。彭伉夫人家族为其庆祝，广邀达官名士，座无虚席。湛贲赶到，已经没有位置，便被安排到后阁吃便席。湛贲不以为然，其妻子却看不下去，责备道："男子不能自励，窘辱如此，复何为容！"[1] 妻子一席话，令湛贲幡然醒悟。于是，日诵夜读，孜孜不倦，几年后终于高中进士。其实，彭伉将其安排到后阁吃便席，就是当众羞辱湛贲。而且，几年来，彭伉从未停止对湛贲的羞辱。湛贲高中进士的喜讯传到之时，彭伉正骑驴郊游，"忽有童驰报湛郎及第，伉失声而坠"。[2] 此后，袁州民间有"湛郎及第，彭伉落驴"[3] 之笑谈。

北宋年间，江西教育事业继续高歌猛进。书院大兴，培养人才无数。据统计，北宋时期江西进士达 1700 余名，是唐代的 20 余倍。这个数字代表着江西拥有一大批符合礼部考试资格的读书人，因为"进士录取率为 25%，礼部考试也是选取 25%"，而江西等地选拔参加礼部考试的"比例是 1%"。[4] 可见，北宋167 年历史，江西为国家培养的符合礼部考试资格的人才非常可观。厚重的学风来自内在的激励。当时，江西社会风气以"为父兄者以其子与弟不文为咎，为母妻者以其子与夫不学为辱"。[5] 学风加上家族势力的扶持，北宋江西涌现许多进士家族，如王安石家族、黄庭坚家族等。

王安石（1021—1086），字介甫，号半山，临川（今江西抚州）人。据统计，王安石家族从"咸平三年（1000）至熙宁元年（1068），69 年间先后八人中

---

① ［五代］王定保：《唐摭言》，阳羡生校点，上海：上海古籍出版社，2012 年，第 58 页。

② ［五代］王定保：《唐摭言》，阳羡生校点，上海：上海古籍出版社，2012 年，第 58 页。

③ ［五代］王定保：《唐摭言》，阳羡生校点，上海：上海古籍出版社，2012 年，第 59 页。

④ 许怀林：《江西通史·北宋卷》，钟起煌主编：《江西通史》5，南昌：江西出版集团、江西人民出版社，2008 年，第 282 页。

⑤ 许怀林：《江西通史·北宋卷》，钟起煌主编：《江西通史》5，南昌：江西出版集团、江西人民出版社，2008 年，第 284 页。

进士"。① 八位进士是：

王安石叔祖王贯之，咸平三年（1000）进士。先后为大理丞、知大名县、通判真定府、知齐州兼淮南提刑，多有政声。晚年官至尚书。年六十二卒。

王安石父王益（994—1039），字损之，年十七岁改字舜良，大中祥符八年（1015）进士。先后任临江通判、领新淦县、大理丞、知庐陵，"以恩信治，尝历岁不笞一人"。② 曾任韶州知州。时岭南尚未开化，男女无别，王益引入中原文明，严格治理，"未几男女之行者别途"。③

北宋政治家王安石

年四十六卒。王益有子七人，按年龄长幼排序为：王安仁、王安道、王安石、王安国、王安世、王安礼、王安上。这是《抚州府志》记载的曾巩所作王益墓志铭的说法。④

王安国（1028—1076），王安石弟，字平甫。聪慧敏悟，文章天成，未尝学习，便能独作诗词歌赋。曾因母丧，放弃进学资格，守孝三年。宋神宗熙宁元年（1068）进士。先后官西京国子教授、崇文院校书、秘阁校理。吕惠卿为相，误会兄王安石与吕相近，劝兄远吕。王安石罢相，吕惠卿因王安国与为民请命的郑侠交好，夺王安国官。王安国曾作诗慨叹："三见齐王不一言，须知自古致君难。纷纷齐虏夸迁阔，口舌从来易得官。"⑤ 年四十七卒。

王安礼（1034—1095），王安石弟，字和甫。宋仁宗嘉祐六年（1061）进士。

① 许怀林：《江西通史·北宋卷》，钟起煌主编：《江西通史》5，南昌：江西出版集团、江西人民出版社，2008年，第284页。
② 《王益传》，《抚州府志·卷49》，《中国方志丛书·华中地方·第253号·江西省抚州府志》，台北：成文出版社有限公司影印本，第828页。
③ 《王益传》，《抚州府志·卷49》，《中国方志丛书·华中地方·第253号·江西省抚州府志》，台北：成文出版社有限公司影印本，第828页。
④ 《王安礼传》，《抚州府志·卷49》，《中国方志丛书·华中地方·第253号·江西省抚州府志》，台北：成文出版社有限公司影印本，第803页。
⑤ 王安国：《诗一首》，《全宋诗·卷631》，傅璇琮等主编：《全宋诗》第11册，北京：北京大学出版社，1995年，第7538页。

宋神宗时期，任直舍人院同修起居注，尝为苏轼案言："自古大度之主，不以言语罪人。轼以才自奋，谓爵位可立取，顾录录如此，其心不能无觖望。今一旦致于理，恐后世谓陛下不能容才。"宋神宗曰："朕固不深谴也。"[1] 年六十二卒。

王安仁，字常甫，王安石同父异母长兄。宋仁宗皇祐元年（1049）进士。

王沆，王安石从弟，宋仁宗庆历六年（1046）进士。

王雱（1044—1076），一作旁，王安石次子，宋英宗治平四年（1067）进士。授旌德尉，未就任。宋神宗熙宁四年（1071）为太子中允、崇正殿说书。官至龙图阁直学士。年三十三卒。

江西九江修水双井黄庭坚故里北宋文学家黄庭坚像

此外，还有黄庭坚家族。黄庭坚（1045—1105），子鲁直，号山谷道人，晚号涪翁，今江西九江修水人。宋英宗治平四年（1067）进士，年仅22岁。曾知吉州太和县，即今江西省吉安市泰和县。宋哲宗期间，任校书郎、《神宗实录》检讨官、起居舍人、秘书丞等职。因《神宗实录》被新党弹劾，贬为涪州（今重庆涪陵区）别驾，先后安置在黔州和戎州，即今重庆彭水和四川宜宾。宋徽宗继位，召回京城，旋以"文字罪除名，羁管宜州"。[2] 宜州，今广西河池市。黄

---

① 《王安礼传》，《抚州府志·卷49》，《中国方志丛书·华中地方·第253号·江西省抚州府志》，台北：成文出版社有限公司影印本，第802页。

② ［宋］黄庭坚：《卷2278·黄庭坚》，曾枣庄、刘琳主编：《全宋文》第104册，上海：上海辞书出版社、合肥：安徽教育出版社，2006年，第230页。

庭坚是北宋大文学家、书法家，开创江西诗派。黄庭坚文学与书法成就，与其家庭重文重教的读书环境有极大关系。黄庭坚曾祖父黄中理是北宋教育家。黄中理（963—1041），字时通，号有道，今江西九江修水县杭口镇双井村人。双井村以黄庭坚和黄氏家族而闻名于世，如今该村已是江西著名的 AAAAA 级传统文化旅游景点。双井村能有今天，其最初的功臣非黄中理莫属。黄中理高度重视教育，开办有芝台书院和樱桃书院，不仅培养家族子弟，而且还扩大招生范围，吸引外姓学子。北宋文学家宋庠、宋祁兄弟本是河南人，父宋玘在九江为官，因此入黄中理所办书院学习。后宋氏兄弟同中进士，宋庠为状元，宋祁第十。黄中理重视教育与其夫人戴氏有很大关系。戴氏先祖是编辑《大戴礼记》的西汉博士戴德。戴氏家风尚贤，戴夫人知书达理，积极辅佐丈夫，开办书院，耕耘教育。黄中理家族重文重教，惠及子侄辈，诞生"双井十龙"。

"双井十龙"是指黄庭坚叔祖父辈十人高中进士的美谈。黄中理有兄弟三人，三人共有 13 个儿子，其中 10 人先后进士及第，按照时间排序，他们是：黄沔、黄滋、黄注、黄渭、黄淳、黄浚、黄湜、黄灏、黄涣、黄浃。黄中理有五子，尽在其中。他们以长幼为序，分别是：黄沔、黄滋、黄湜、黄淳、黄涣。五子均为进士，可见黄中理教育之能力以及黄氏家族尚贤向学之家风。黄沔是黄中理长子，双井十龙之首，24 岁高中进士；黄湜是黄庭坚之祖父，57 岁中进士，与苏轼、苏辙、曾巩、张载、程颢同榜。黄湜生六子，均为进士，三子黄庶是黄庭坚父亲。黄庶（1019—1058），字亚夫，宋仁宗庆历二年（1042）进士，年仅24 岁。官至大理寺卿。

王安石家族和黄庭坚家族仅是古代江西重文重教不学为辱的一个缩影，与其等量齐观的家族亦不少，如曾巩家族等。北宋时期的江西进士还有一个特征，就是南北分布比较均匀。虽然在总量上，江西北部和中部地区的进士数量要多些，但虔州和南安军两地的北宋进士亦达到 88 名，[1] 而且，当地"民间习文重教的

---

[1] 参见：《北宋江西进士地域分布表》，许怀林：《江西通史·北宋卷》，钟起煌主编：《江西通史》5，南昌：江西出版集团、江西人民出版社，2008 年，第 286 页。

江西省抚州市南丰县曾巩故里

风气不弱"。① 由于宋代重文重教风气的深厚积淀和传统，明代江西"科举更是
兴盛发达，成为令人注目并引发争议的社会现象"。②

　　明代江西进士人数多、质量高。明代全国共有直省 15 个，共开科取士 89
榜，产生 24595 名进士，各直省进士平均值为 1640 名，江西省为 2719 名，超过
平均值千余人，这是人数多。明代江西 2719 名，按照 89 榜计算，有明一代，共
有三甲进士 267 名。其中，江西籍状元 17 名、榜眼 18 名、探花 22 名，共 57 名，
占全国 21.34%，这是质量高。明代江西进士还有一个特征，即地域不平衡性。
据陈秋露统计，明代江西 2719 名进士中，吉安府 818 名、南昌府 625 名、抚州
府 254 名、饶州府 240 名，共计 1937 名，占 71.24%。而其他 9 府，即广信府、
临江府、建昌府、瑞州府、九江府、南康府、袁州府、赣州府、南安府，共计
782 名，28.76%。③ 进士人数多、质量好，甚至一些进士来自同一个家族，这显
然与家族重文重教风气大有关系。明代江西进士中，有兄弟同榜者，有父子同榜
者，甚至还有兄弟鼎甲同榜者、一门多人同榜者。

---

① 许怀林：《江西通史·北宋卷》，钟起煌主编：《江西通史》5，南昌：江西出版集团、江西人民出版
　社，2008 年，第 288 页。

② 方志远、谢宏维：《江西通史·明代卷》，钟起煌主编：《江西通史》8，南昌：江西出版集团、江西人
　民出版社，2008 年，第 271 页。

③ 陈秋露：《明代江西进士家族研究》，江西师范大学 2015 年硕士论文，第 8 页。

解氏一门三进士。解氏三进士指解纶、解缙兄弟及其妹夫黄金华。解氏兄弟同中明洪武二十一年（1388）戊辰科进士，一时传为佳话，至今仍为吉安人民所津津乐道。三人之中，解缙的发展和影响最为突出。解缙（1369—1415），字大绅。自幼聪慧颖敏，文思滔滔，见识过人。著名对联"墙上芦苇，头重脚轻根底浅；山间竹笋，嘴尖皮厚腹中空"即出自解缙之手。19 岁，中进士三甲第十名。传说，解缙本应为一甲，但主考官担心其文章犀利的言辞会引发争议，故将其排名推后。明太祖年间，解缙为中书庶吉士，常直言时弊，批评太祖朱元璋朝令夕改，杀戮太多。朱元璋罢其官。明惠帝建文时期，复出。明成祖永乐时期，入内阁参预机务，任翰林学士，主持修撰《永乐大典》。后因言获罪，入狱被害，年仅 47 岁。解纶长解缙 11 岁，曾任应天府教授。因看不惯官场权贵作风，回乡侍奉父亲，远离政治。妹夫黄金华中进士后，与解缙同授中书庶吉士，同朝为官。解氏家族能够"一门三进士"，一个重要原因是家族渊源。解缙祖父解子元是元代进士，官至太史院校书郎。解缙叔祖父解子尚亦是进士，曾参与修撰《宋史》。父亲解开书香传家，五知贡举，拒绝做官，著述办学，重点培养家族子弟。母亲高妙莹出身书香门第。高妙莹父亲高若凤，字在翁，元代吉安人。元英宗至治元年（1321）进士，授建昌州判官，迁江西儒学副提举，终任知封州。高妙莹在父亲教导下，知书达理，贤良淑惠，琴棋书画，无不知晓。上可辅佐夫君解开办学，下能言传身教子女。这样文教风气浓郁的家庭，能够培养出解缙这样的一代文学大才，亦在情理之中。

江西二王同榜进士同朝为官。二王，指王直与王英，因王直家在江西泰和县，地理位置在东，故王直为"东王"；王英家在江西抚州金溪县，故王英为"西王"。明成祖永乐二年（1404），王直与王英同中甲申科进士，前者二甲二十六名，后者二甲四十六名。王直（1379—1462），字行俭，号抑庵，今江西泰和县人，祖籍江苏南京。东晋权臣王导之后。祖父王梓兴官至元朝少傅兼太子太师、吏部尚书。父亲王泰，字

明代大臣江西泰和人王直

伯贞，因明太祖朱元璋于洪武五年至洪武十六年间停止科举，未能参加进士考试，但他于明洪武十五年前往应天府（南京）召对，获得第一，是一位有实无名的状元。王泰官至琼州知府、肇庆府知府，累赠少傅兼太子太师、吏部尚书。王直沉稳端厚，饱读经书，精于文章，25岁中进士。先后任职明成祖、明仁宗、明宣宗、明英宗、明代宗、明宪宗六朝，累官至少傅兼太子太保、太保、吏部尚书，官至正一品。王直是明代江西唯一一位官居正一品的进士，也是官级最高的一位。"西王"王英（1376—1449），字时彦，号泉坡，今江西抚州金溪县人。王英出身书香门第，但父亲英年早逝，家道中落。母亲一边撑起家庭负担，一边教王英读书。家庭生活日渐窘迫，但母亲不舍得卖一本书。王英在这种环境下，读书成长，进步神速。28岁中进士，先后任职明成祖、明仁宗、明宣宗、明英宗四朝，累官至礼部尚书。王英是明代诗人、文学家，曾修《太祖实录》《太宗实录》《仁宗实录》，任《宣宗实录》总裁。

二王只是明代江西进士的一个缩影。可以看出，每一个出人头地的进士的背后都是自身的努力与重文重教家风合力的结果。科举对个人来说是人生的一条主要出路。但当一个地区一个省份的读书人以及他们的家庭把科举上升为重要的报国手段和出路时，科举便成了理想实现的重要途径。古代江西人读书报国的思想渐渐地便成为流淌在江西人精神中的重要基因，至今，整个江西，无论东西南北，依然认可"重文重教、不学为辱"，仍然把读书报国当作江西优秀文化精神的重要标识。

第三节 晚清时期江西新式学校的建设与发展

鸦片战争以后，西方思想与文化开始大规模地涌入中国，与中国传统思想与文化发生碰撞、对抗、融合、决裂、合作。思想与文化的最佳载体是学校，新式学校的创办如雨后春笋，在晚清中国遍地开花，江西亦不例外。江西新式学校类型有教会学校、女子学校、新式学堂、职业教育学校等。

教会学校。第二次鸦片战争后，《天津条约》签订，增开江西九江等城市为

江西九江同文中学是美国基督教会在中国创办的第一批教会学校

通商口岸，并在通商口岸开设领事馆，允许外国传教士进入内地传教、经商。传教士开办学校是一种最佳传教方式。九江和庐山地区建立起多所教会学校，它们大多由来自法国与美国的传教士创办。1865 年，法国天主教会在九江创办济世中学和济世小学。1867 年，美国卫理公会在九江创办同文书院。虽然同为教会，但卫理公会属于基督教新教，与法国天主教之间存在竞争关系。所谓竞争关系就是争取更多教众，扩大自身教派教义的影响。但他们创办教会学校的最终目的是统一的。美国传教士狄考文公开宣称，"真正的教会学校，其作用不单在传教，使学生受洗入教的人物，成为一般民众的先生和领袖"；① 而且"传教士要努力培养在中国这场注定要出现的变革中起带头作用的人才"。② 也就是说，教会学校不能仅仅专注于传播福音这类初级教育，而且要承担起传播西学的任务，把中国本土传教士和教徒培养成具有近代科学素养的地理学家、物理学家、化学家、天文学家。严格来讲，抛开政治与宗教因素，传教士传播西学是在侵略思维下的具有进步意义的主张。教会学校传播近代科学思想能够为近代中国带来科学之声，能够破除中国文化中的愚昧落后成分，这是进步性所在。"教会学校作为封建旧学的对立物，以自身的先进性对中国封建文化和传统教育制度形成强力冲击

---

① 转引自：俞兆鹏、李少恒主编：《中国地域文化通览·江西卷》，北京：中华书局，2013 年，第 325 页。
② 王立新：《美国传教士与晚清中国现代化——近代基督新教传教士在华社会文化和教育活动》，天津：天津人民出版社，1997 年，第 213 页。

和挑战。并在中国传统教育制度变革中发挥了一定的'示范'作用。"①

　　女子学校。女子学校，也称教会女学，是专门为中国女性提供知识教育的宗教机构。受传统思想影响，中国古代社会并未给予女性平等的受教育地位。西方传教士的到来，打破了这种不平等，女性在传教士学校中获得了与男性平等的受教育机会。"中国女子接受学校教育，是以教会学校为发端的。"② 就其普遍性而言，江西女性亦不例外。1872年，基督教红十字会在九江创办江西

康爱德与石美玉

第一所女子学校，招收16岁以上女生，婚否不限。这所学校类似于职业技术学校，主要教授烹饪等课程。1873年，美国传教士昊格矩女士创办半日女校，自任校长。昊格矩（Gertrude Howe，1846—1928），美国纽约州人，近代著名来华女传教士。昊格矩在中国收养两名养女，一名康爱德，一名石美玉，两人均赴美学医，学成后回到九江，创办医院，报效国家。1882年，昊格矩创办传道女校，专门招收未婚女子和寡妇，以培养传道教徒为目的，培训时间为三个月。该校1905年改名为"诺立神道女子学校"。1888年，半日女校易名为桑林书院，美国传教士李恺德为校长。1907年，增设中学部，改名为"儒励女子中学"。"儒励"是美国主编儒励女士（Rulison），她曾提议将感恩节募捐所得捐赠九江创办女校。1902年，美国基督教卫理公会传教士郭恺悌创办葆灵女中。不过，女校招生非常困难。由于中国传统社会意识认为女子无才便是德，反对女性走出家庭，参与社会劳动。同时，中国社会对传教士及其中国信徒有着强烈的敌对情绪，对传教士霸占田产，信徒仗势欺人为虎作伥，早已怒不可遏。因此，教会学校一般

---

① 王立新：《美国传教士与晚清中国现代化——近代基督新教传教士在华社会文化和教育活动》，天津：天津人民出版社，1997年，第222页。

② 王立新：《美国传教士与晚清中国现代化——近代基督新教传教士在华社会文化和教育活动》，天津：天津人民出版社，1997年，第226页。

很难招到中国学生，更不用说是女生。当然，教会女校为达到招生目的，提供了诱人的物质条件，如免收学费、提供食宿、发给衣物、给予补贴等。即便是如此优厚的条件，也只能招到一些来自社会底层，家庭生活非常困难的女性学生。女校的课程主要有：圣经、汉语、数学、地理和英文。"凡女生均教以本国之文字。彼等不习中国经书，惟诵读含有基督教教训之课本及接近之科学书籍而已，复以口头上之问答，俾彼等熟习圣经中之故事。数学与地理亦为彼等课程中之一部分。"除传教士女子学校外，江西人也开办女校。1907 年，江西第一所自主创办的女校——正本女学在萍乡成立。该校创办人是日本留学归国的钟震川、黄序鹓，校长是日本留学生王国昌。该校后易名为萍乡县立女子师范学校。1908 年，江西省女子师范学堂成立，监督文徽芝。文徽芝，近代著名爱国诗人、学者、思想家文廷式之妹。文廷式（1856—1904），字道希，今江西萍乡人。除公立女校外，还有私立者。1903 年，南昌成立私立女子公学，监督张清和。1908 年，南昌成立私立义务女学校，校长蔡敬襄。蔡敬襄是近代江西著名教育家，他的"断指募捐救校"事迹至今仍是江西人民重文重教的典型故事。

钟震川

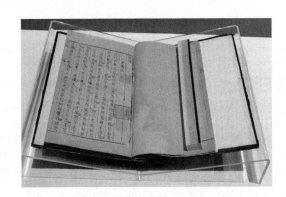

蔡敬襄收藏品

蔡敬襄（1877—1952），字蔚挺，今江西南昌新建区人。清末，江西南昌有革命团队易知社，蔡敬襄为会员。私立义务女校由易知社创办，该校创始人除蔡敬襄外，亦多为易知社会员。学校发展迅速，1908 年开办之初只有 20 名学生，到 1910 年学校有学生 200 名。但此时，易知社会员多有变故，学校经费告急，面临停办。蔡敬襄挺身而出，断指写血书"保存女校"。他的举动感动了南昌有识之士，众人拾柴火焰高，帮助女校渡过难关。黄炎培先生评价道："此校由蔡敬襄君一人，维持至二十余年，且从未向学生收取学费，其苦心毅力，可惊可敬。今其毕业生在社会服务者，已不少矣。"[①] 蔡敬襄投身教育，献身女学，离不开夫人刘崇秋的支持。刘崇秋，生于 1875 年，今江西南昌新建区人。出身书香门第，幼聪敏，好读书。"校故倡俭约，食事粗且简，夫人与诸生共之。凡此，三十年如一日焉。"[②] 蔡敬襄还是著名收藏家，收藏品有报刊、方志、金石文字、碑铭拓帖等。1923 年，蔡敬襄在义务女校旁边修建一座图书馆，名"蔚挺图书馆"。1952 年，蔡敬襄逝世。生前，蔡敬襄将所有收藏的图书文物捐献给江西省图书馆。蔡敬襄不仅捐献了自己毕生的收藏，更以这样的方式诠释了江西人民重文重教不学为辱的内在精神品格。

江西南昌一中的前身是江西大学堂

新式学堂。20 世纪初，清政府颁布《钦定学堂章程》，发展普遍教育，废除科举制度，新式学堂出现井喷式发展，江西亦不例外。新式学堂一般分三级，即

---

① 黄炎培：《清季各省兴学史》，沈云龙主编：《近代中国史料丛刊续编第 66 辑》，台北：文海出版社，1974 年，第 182 页。

② 刘禄山、吴宣：《故国的守望者——蔡敬襄》，《南方文物》2005 年第 1 期。

小学堂、中学堂、大学堂。据光绪三十三年（1907）学部总务司编制的《第一次教育统计图表》记载，江西小学堂分官立、公立、私立三种，其中，每种又有高等小学堂、两等小学堂、初等小学堂、半日学堂、女子学堂五种。所有小学堂总数为409所。小学堂遍布江西各地，甚至一些山村也兴办了小学堂，可见江西人民重文重教风气之浓厚。江西新式中学堂建设十三府一直隶州至少保证一所。中学堂记录在案的共有26所，其前身多为书院。如抚州兴鲁书院改为抚州府立中学堂；南昌洪都书院改为南昌府立洪都中学堂；九江濂溪书院改为九江府立中学堂；赣州阳明书院改为赣州府立中学堂等。高等教育则是大踏步发展。清末，江西先后设立10所高等学堂，即江西省立法政学堂、私立豫章法政学堂、私立江西法政学堂、江西医学堂、萍乡私立医学堂、江西方言学堂、工业学堂、农务学堂、江西优级师范学堂、江西大学堂。江西大学堂是一所综合性的高等学堂，其前身是南昌豫章书院，招生要求严格，必须是"举人、贡生、优、拔、廪生、秀才"等身份出身，而且必须"预先通饬各具保举"。① 1904年，江西大学堂与江西巡抚柯逢时创办的高等学堂合并为江西高等学堂，开办中文、历史、地理、外语、体操、植物等专业课程，招生100人。从江西三种等级学堂的发展看，江西人民对新式学堂与新式教育积极参与并付诸实践，体现了江西人民自古以来的重文重教不学为辱的精神品格。

职业学校。江西近代第一所新式学校当为职业学校。据黄炎培考证，光绪二十二年（1896）八月，"江西在籍绅士蔡金台等禀请将高安县地方，设立蚕桑学堂，考求种植"。② 蔡金台，字燕生，一字君翕，江西德化县（今九江市柴桑区）人。光绪十二年（1886）进士，官至甘肃学政。其所倡立的高安县蚕桑学堂被认为是近代中国最早的农业学堂。不过，这个学堂并未真正成立。此外，清宣统二

---

① 转引自：赵树贵、陈晓鸣：《江西通史·晚清卷》，钟起煌主编：《江西通史》10，南昌：江西出版集团、江西人民出版社，2008年，第314页。

② 黄炎培：《清季各省兴学史》，沈云龙主编：《近代中国史料丛刊续编第66辑》，台北：文海出版社，1974年，第171页。

赣州师范高等专科学校前身是虔南师范学堂

年（1910），成立江西女子蚕桑学堂，学校监督丁惟椽。丁惟椽，字竹怡，今山东日照人。后任山东高等学校校长，该校是山东大学前身。民国初年，江西女子桑蚕学堂易名为女子职业学校。师范教育亦是职业教育。根据清《癸卯学制》，师范教育分优级师范学堂与初级师范学堂两级。1907年，江西优级师范学堂在南昌创办。1912年，奉中华民国教育部令改名为江西高等师范学校。江西初级师范学堂位于赣州，即虔南师范学堂。虔南师范学堂前身是濂溪书院，由赣州府巡道刘心源和邑绅刘景熙于1903年改办。刘心源（1848—1915），字亚甫，自号夔叟，今湖北省荆州市洪湖市人。著名金石学家、书法家。光绪二年（1876）进士，官至江南道监察御史、江西道掌广东道御史、江西督粮道、江西按察使。武昌起义后，领导湖北保路运动。后任湖北议会会长、湖北省首任民政长。刘景熙（1858—1917），字敬居，号皓畲，今江西赣州市赣县人。光绪二十四年（1898）进士，授礼部主事，外放广西等地知府，因侍奉父母，未任，返乡。刘景熙是教育家，在家乡，他主持了多项旧学改造工作。如将县立爱莲书院改为赣县普通小学堂；将府立阳明书院改为赣州府中学堂；将濂溪书院改为虔南师范学堂。年六十，病逝。此外，江西还设立军事、医学、实业等职业学校。光绪二十八年（1902），江西巡抚柯逢时在南昌开办江西省武备学堂，分正课生与附课生。招收

120 名本省平民子弟为正课生；招收 40 名官绅子弟为附课生，学习兵法、体操、德文、算学等课程。总办为汪瑞闿，监督陈伯文。1906 年停办，改设江西陆军小学堂。江西武备学堂培养了一批优秀将官，如李烈钧、欧阳武、林虎、胡谦等。1902 年，成立江西医学堂，聘请日本医生南雅雄为教习，监督陈日新。该校于1905 年停办。1905 年，江西实业学堂开办，招收秀才、廪生、附生等高水平学生。总办傅春官，字茗生，今江苏南京人，官至江西劝业道。曾编《江西物产总汇》《江西农工商矿纪略》等书。江西实业学堂后易名为江西农业专门学校。据统计，清末江西有"优级师范学堂 1 所；初级师范学堂中，官立师范学堂、师范传习所 11 所，公立师范传习所、师范速成科 2 所，私立师范学堂 2 所"。①

新式教育带来的一个新气象——近代留学生的出现。近代西学东渐以来，向西方学习先进科学技术成为一种教育潮流，江西省亦在此潮流中。留学从资助角度看，有官派与自费；从国家角度看，有美国、日本、欧洲国家等；从学科角度看，主要学习军事、法政、医学、科学等。留学目的地以日本为主。据统计，从 1900 年至清末，江西共有留日学生 285 人。② 留学生归国后，为江西乃至中国经济社会发展做出了重大贡献。在此，仅举典型数例。

李烈钧（1882—1946），字协和，别号侠黄，今江西九江市武宁县人。父亲曾投身太平军，故李烈钧自幼习武，喜爱军事。20 岁，进入江西武备学堂学习。22 岁，赴日本振武学校学习军事。在日本加入同盟会。1908 年回国，任江西混成协第五十四标第一营管带，因宣传反清思想被拘。

李烈钧

---

① 赵树贵、陈晓鸣：《江西通史·晚清卷》，钟起煌主编：《江西通史》10，南昌：江西出版集团、江西人民出版社，2008 年，第 318 页。

② 赵树贵、陈晓鸣：《江西通史·晚清卷》，钟起煌主编：《江西通史》10，南昌：江西出版集团、江西人民出版社，2008 年，第 320 页。

获释后，前往云南讲武堂任教官。武昌起义后，李烈钧返回九江。九江光复，被推举为江西都督府总参谋长，1912年初，江西省议会选举李烈钧为江西都督，并经临时大总统孙中山正式任命。1913年，李烈钧等因宋教仁案通电反对袁世凯，组织讨袁军，自任讨袁军总司令，宣布江西独立。失败后，逃亡日本。1914年回国后，在云南与蔡锷、唐继尧等"护国讨袁"。1917年，孙中山在广州成立中华民国军政府，任军政府海陆军大元帅。李烈钧被任命为大元帅府参谋总长。北伐战争开始后，李烈钧向蒋介石靠拢，被任命为江西省政府主席。1928年以后，李烈钧长期在上海养病，未与政事。1946年2月，病故于重庆，年64岁。

詹天佑（1861—1919），字眷诚，今江西上饶市婺源县人，生于广东南海。1871年，年仅10岁的詹天佑通过考试，作为中国第一批留美幼童前往美国留学。他在美国先后完成小学与中学教育，17岁，考入美国耶鲁大学雪费尔科学学堂，学习铁路工程。1881年，詹天佑以全班第一名的成绩完成本科学业，取得学士学位。同年，詹天佑回国，入福州水师学堂学习驾驶。次年毕业，被派往"扬武"舰担任驾驶官，并参加1884年中法战争。1888年，詹天佑加入中国铁路公司担任工程师，开始投身中国铁路事业。1900年，詹天佑曾被调至江西，担任萍醴铁路工程师。

詹天佑

1902年秋，詹天佑任新易铁路总工程师，提前两个月完成全部工程。1905年，詹天佑任京张铁路总工程师兼会办，后任总办。四年后，即1909年7月4日，完成全线铺轨工程，9月24日全线通车。这是中国自主建设的第一条铁路，詹天佑为其呕心沥血，居功至伟，清政府授以工科进士衔。中华民国成立后，孙中山先生提出10万千米大铁路计划，邀请詹天佑协助。1919年4月24日，詹天佑因病不幸去世。詹天佑祖籍江西，留学美国，学成回国，用科技报效国家，是江西人中的佼佼者，也是江西人民的骄傲。

桂瑞藩

桂瑞藩（1880—1947），字稚棠，今江西南昌市进贤县李渡镇桂桥村人，近代教育家。1906年，官派赴日本东京清华大学物理系学习，后考入东京物理专门学堂。留学期间，结识胡汉民，接受革命思想，加入同盟会。1910年，学成后归国，认为"中华民族精神创伤十分严重"，[①] 决定投身教育事业。1919年，创办桂桥女子学校。次年，男女学生均招收，改为桂桥小学。桂瑞藩亲自担任教导主任，全面管理学校事务。学制上，桂瑞藩创新提出补年级制，即在四五年级之间"增设一个补年级，作为从初级小学到高级小学的过渡，以提高小学毕业生的质量和照顾来自私塾的学生水平"。[②] 课程方面，以语文和数学为主课；教材方面，低年级采用国家统一编订的国语教材，高年级采用基于《史记》《资治通鉴》等名著的自编国语教材；教师方面，高薪聘请德才兼备的各学科人才。此外，桂桥小学坚持德智体全面发展，尤其注重德育教育。桂瑞藩亲自为学生上公民课，提高学生公民意识，结合时势进行爱国主义教育。优质的教育环境培养了优质的人才。1924年，首届11名学生毕业，其中7人升中学或师范。此后，学生不断增加，学校规模不断扩大。1947年，桂瑞藩病逝，享年67岁。桂瑞藩逝世后，桂桥小学教育事业继续发展。1948年，学校在校生近千人，累计为社会培养人才超万人。正是有了桂瑞藩这样的留学归国教育家的无私奉献，江西重文重教，不学为辱的精神品格才能代代相传。

康爱德（1873—1931），孔姓，江西九江人。两个月时，被美国传教士昊格矩女士收养，取名Ida Kahn，保留"孔"姓。9岁时，随养母昊格矩回美，在旧金山生活期间，学习并能熟练运用英语。后因养母工作关系，在日本学习一段时

---

① 桂汀生：《桂瑞藩传略》，桂桥学校校友会编印，1999年，第108页。转引自：何志军：《江西近代私立教育研究》，齐齐哈尔大学2014年硕士论文。

② 何志军：《江西近代私立教育研究》，齐齐哈尔大学2014年硕士论文。

间。11 岁，回国，随养母先到重庆生活 2 年，后返回九
江。18 岁，向养母表达学医意愿，昊格矩尊重康爱德想
法，安排其赴美考试。康爱德如愿考入密歇根大学医学
系。毕业典礼上，康爱德与其好友兼同学石美玉为展现
中华文化之美，特意穿上中式服装，上台领取毕业证

康爱德

书。她们的美、她们的自信感动和惊艳了所有在场人
士，众人为她们欢呼鼓掌，认为她们是密歇根大学的荣耀。近代著名思想家梁启超
《记江西康女士》记载："西人本侮中国甚，谓与土番若。于是二子者进，结束翘
然异于众，所领执据，又为头等，彼中所最重也。彼校教习，若他校之教习，其地
之有司，若他国之有司，睹此异禀，则皆肃然而起，违位而鞠躬焉，以为礼。门内
门外，十余国之学徒以千计，观者如堵墙，则皆拍手赞叹，六种震动。"①

　　1896 年，康爱德与石美玉回国，来到九江开办诊所，为当地人提供医疗服
务。截止到 1897 年，康爱德与石美玉的诊所便收治住院 90 人，门诊 3973 例，
出诊 134 人，布道行医 1249 人，总计服务 5446 人。1899 年，清政府委任康爱德
为妇女代表，参加当年 6 月在伦敦举行的世界妇女大会。1903 年，前往南昌，开
办康济医馆，这是南昌最早的西医门诊。中华民国成立后，孙中山到访南昌，特
意参观康爱德的康济医馆，并捐款 100 元。康爱德终身从事医疗服务与传道事
务，未婚未育，1931 年去世，终年 59 岁。

　　近代留学归国人士给江西乃至全国经济社会发展带来新气象，这是新式教育
的功劳，但这种功劳更应归于江西人民重文重教不学为辱的精神传统。因为，留
学归国人士带来的新气象新思想新方法只是近代教育发展的一个方面，本地的新
式教育受国家政策和形势的影响也在蓬勃发展，也培养了众多优秀人才，更为重
要的是，无论留学生还是本地人才都承担起传承重文重教精神品格的责任，使江
西整体发展的教育基础与资源能量始终保持前进动力。

---

① 梁启超：《记江西康女士（1897 年 3 月 23 日）》，汤志钧、汤仁泽编：《梁启超全集》第 1 集，北京：
中国人民大学出版社，2018 年，第 186—187 页。

第四节　中央苏区新民主主义革命教育承前启后

中央苏区新民主主义革命教育是中共新民主主义革命胜利的教育基础。新民主主义革命教育的目的是革命胜利，民族解放，是通过向广大苏区民众阐明革命理想，开启民智，增强革命理论，统一军民思想，一致对抗封建的、资本主义的、帝国主义的势力，实现全民族的彻底解放。教育作为一种沟通手段，在其中起到了极其重要的作用。最初，民众是被动接受教育，未能体现主动需求。随着革命深入以及查田运动的开展，民众学习自觉性明显提高。徐特立说："过去我们中央教育部帮助他们解决桌子、凳子、灯油、书本等困难，没有人来念书；现在不声不响有这么多人来念革命书了。可见肃清封建势力，提高群众觉悟是一个根本问题。"① 提高群众觉悟，保证革命力量生生不息，最重要的方法就是通过全方位的新民主主义革命教育。

毛泽东寻乌调查纪念馆

---

① 王观澜：《叶坪乡的查田运动》，《星火燎原》选编之2，北京：中国人民解放军战士出版社，1983年，第255页。

中央苏区的新民主主义革命教育的起步是非常困难的。虽然江西有着重文重教不学为辱的精神传统，但真正受到教育的绝大多数人均来自经济基础较强的家庭，甚至是名门望族，广大的劳苦大众虽然尊重知识，渴望受教育，但旧社会旧制度始终将他们拒之门外。1930 年，毛泽东在寻乌调查时发现，"全县女子识字的不超过 300 人"，① 男子有 60% 不识字。"高小学生大部分是小地主子弟，大地主与富农子弟各占小部分""大学生中大多数出于大中地主阶级"。② 这就造成一种特殊的社会现象：广大人民群众尊重知识，尊重重视文教的传统，但却没有受教育机会。这种现象在中央苏区干部中也存在。1932 年 9 月，中央局对江西县级干部调查发现："全省 16 个县共有县级干部 419 人，其中，工农成分占 90%，政治素质是好的。但是从文化程度来看：受过中小学教育的只有 25 人，占 6%；可以写普通信件的 129 人，占 31%；略识文字而不能写东西的 181 人，占 43%；完全不识字的 84 人，占 20%。就是说，文盲或半文盲达到 63%。"③ 文化素质低是中央苏区干部面对的自身现实问题，干部如此，红军战士的文化素质更令人担忧。困难是可以克服的，在中国共产党人面前，任何困难都是可以克服的。

中国共产党在中央苏区开展了全面的识字运动。1932 年，苏维埃政府发布《政府工作人员要加紧学习》的指示，肯定识字的重要意义。识字运动涉及军队、乡村及各种民众团体，"军队以连的文书、上士负责；乡村以文化委员或秘书负责；其他的民众团体如少先队、赤卫队、农会、雇工会、互济会等推选文化最好的负责"，④ 由二至五人编为一组，每组实行组长负责制，定期开展读写比赛，教材由总政治部编印。徐特

徐特立

① 毛泽东：《寻乌调查》，《毛泽东文集》1，北京：人民出版社，1993 年，第 224 页。
② 毛泽东：《寻乌调查》，《毛泽东文集》1，北京：人民出版社，1993 年，第 225 页。
③ 李国强：《中央苏区教育史》，南昌：江西教育出版社，2001 年，第 7 页。
④ 徐特立：《识字运动》，湖南省长沙师范学校编：《徐特立文集》，长沙：湖南人民出版社，1980 年，第 55 页。

立提出识字运动，要利用空闲时间读书。他指出，识字最好的方法"就是同吃饭的，同睡觉的，同工作的人，从二人到五人，编成一小组，把所有识字的人，和不识字的人配合，用所有识字的，教所有不识字的"。① 识字运动在党的正确领导下，在文化普及教育与识字运动相结合的正确方法下，取得了可喜的成绩。

毛泽东长冈乡调查纪念馆陈列的相关书籍

针对普通群众，开办小学、夜学和识字班。1933 年底，毛泽东调查了长冈乡小学与夜学情况。长冈乡有 4 个村，每村设立列宁小学 1 所，由校长管理学校各项事务，教员负责教学工作。全乡共有学生 187 人，占适龄儿童的 65%。教员是义务教学，其耕田由劳动互助社帮助解决。不过，教员的文化水平一般。除小学教育外，还有夜学。夜学，顾名思义，就是夜校。小学招收的是七岁至十三岁少年儿童，夜学的年龄并无严格限制。长冈乡共有九所夜学，有学生约 300 人。男性学生占 30%，女性学生占 70%。"全乡十六岁至四十五岁的青年壮年共四百一十三人，大多数进了夜学，四十五岁以上的'老同志'也有少数来读的。"②

---

① 徐特立：《识字运动的方法》，湖南省长沙师范学校编：《徐特立文集》，长沙：湖南人民出版社，1980 年，第 56 页。
② 毛泽东：《长冈乡调查》，《毛泽东文集》1，北京：人民出版社，1993 年，第 307 页。

夜学也采用校长负责制，"校长可不识字，只要热心"。[1] 女校长居多，9 所夜学有 5 个女校长。教育也是义务服务，9 个教员有 7 个是乡苏代表。毛泽东还调查了才溪乡。才溪乡位于福建省龙岩市上杭县，才溪乡由上才溪和下才溪两部分组成，共有小学 9 个，291 名学生。还有 97 名学生入区苏劳动学校学习，这所学校由儿童工作训练所改建而成。才溪乡有夜学 12 所，学生 360 名，女性居多。中央苏区实行普及教育，旨在扫除文盲，使全体苏区群众能够在思想上理论上始终与新民主主义革命保持一致。因此，中央苏区的文化教育不仅要遍及适龄儿童与青壮年劳动力，而且还要顾及幼童与中老年人。为此，中央苏区的"识字班"应运而生。识字班有固定小组无固定教室。识字班以住所相近为结合原则，组成小组，每个小组三至十人，选举组长一人。组长一般是夜学学生。由于识字班无固定场所，因此田间地头尽是学习之所。学习内容从"桌椅板凳猪牛鸡鸭"等与生活有关的字学起，"画地为字"，乘凉喝茶之时便可写；路旁墙壁设立"识字牌"，三两天更换一次。"用此办法，过去不识字的，现在都识得四五十个字了，少数能识七八十个。"[2] 才溪乡共有识字班 50 组，共 500 人。"每五天由夜学教员发五个新字去认。每组一个组长，男女均有。因老、因工作、因小孩牵累，不能入夜学的，便入识字班。"[3] 此外，还举办俱乐部，办墙报，开晚会，读报纸，演新戏，开展不同形式的普及教育和识字运动。徐特立对中央苏区的文化教育和识字运动的成果非常满意，他曾对美国记者埃德加·斯诺说："我们从兴国撤出时，文盲已减低到全部人口百分之二十以下。"[4]

此外，还针对革命战争的需要，针对性地开展职业教育。由于时处战争，青壮年男子多参加红军，各乡村劳动人口以妇女为主。为保障中央苏区的发展和革命的需要，培养妇女从事技术性工作成为当务之急。1932 年 3 月，湘赣省劳动妇

---

① 毛泽东：《长冈乡调查》，《毛泽东文集》1，北京：人民出版社，1993 年，第 308 页。
② 毛泽东：《长冈乡调查》，《毛泽东文集》1，北京：人民出版社，1993 年，第 308 页。
③ 毛泽东：《才溪乡调查》，《毛泽东文集》1，北京：人民出版社，1993 年，第 341 页。
④ ［美］埃德加·斯诺：《西行漫记》，董乐山译，北京：东方出版社，2005 年，第 236 页。

中央苏区瑞金列宁师范学校旧址

女第一次代表大会通过《社会文化与卫生运动决议案》，决定开办女子工厂、女子职业学校、半日学校。此后，还决定每个大县都要开办一所女子职业学校，培训女子职业技能。1934 年 3 月，颁布《女子职业学校暂行简章》，规定开设缝纫、纺织、染色三科，学制二年。专业课程外还有文化课学习。文化课包括国语、算术、政治。国语以应用为目的，要求学生能阅读和书写报纸、布告、标语上的文字；算术须学会加减乘除等基本内容；政治学习以时事政治为主，要求学生掌握一般的政治知识；艺术学习包括体操、音乐、游戏、手工、图画等实用技能为主的内容。学生免学膳费，不准中途退学，退学须返还津贴费。① 女子职业学校学制二年，时间较长，为此，中央苏区政府还开办有短期职业中学。短期职业中学学制一至二年，招收十三岁至十八岁学生，贫民子弟免费入学，地主富农子弟酌收学费。课程以政治、数学、物理、化学、职业技术、文字、学术政治讲演、社会工作、教学实践为主。由于第五次反"围剿"失败，短期职业中学计划未能实施。最重要的职业教育是师范教育。新民主主义革命教育以文化知识和识字扫盲为根基，培养教师是当务之急。1931 年，徐特立曾经在瑞金开办师资训练班，培训苏区内选派的小学教师 200 余人，"亲自讲授政治、算术、理化等

① 江西省档案馆选编：《湘赣革命根据地史料选编》下，南昌：江西人民出版社，1984 年，第355—356 页。

课程。"① 9 月，徐特立在兴国举办扫盲骨干培训班，学员分省级班和县级班两班，共 90 人。10 月，徐特立在瑞金开办列宁师范学校，培训苏区内部学员 400人，学制 4 个月，并亲任校长，亲自编写教材，亲自授政治课。1932 年，中央苏区政府决定创办列宁师范学校，任命徐特立为校长。这所学校在官方文件中还有其他名称，如中央区列宁师范学校、国立高级列宁师范学校、中央列宁师范学校。该校学生毕业证书上的学校全称是 "中华苏维埃共和国国立高级列宁师范学校"。② 学校培养学员 400 余人，其中女学员 100 余人。学期三至六个月，主要为初级师范、短期师范和中等普通学校、职业学校培训教员。课程有语文、算术、历史、地理、政治、图画、唱歌、生理卫生、体操、游戏等。③ 课余时间还开展军事训练。

如果说普及教育与识字运动是中央苏区新民主主义革命教育的群众路线，那么针对红军、干部的教育工作则关系党和革命的前途命运，意义更加重大。红军、干部的教育工作一般认为有三种，即政治教育、文化教育、军事训练。其中，政治教育是引领式的教育，是保证红军队伍纯洁性的最重要的思想教育方法。毛泽东说："红军党内最迫切的问题，要算是教育的问题。为了红军的健全与扩大，为了斗争任务之能够负荷，都要从党内教育做起。不提高党内政治水平，不肃清党内各种偏向，便决然不能健全并扩大红军，更不能负担重大的斗争任务。因此，有计划地进行党内教育，纠正过去之无计划的听其自然的状态，是党的重要任务之一。"④ 政治教育突出理论教育。毛泽东为所有红军党员干部列出十项学习材料，包括政治分析、上级指导机关的通告的讨论、组织常识、红军党内八个错误思想的纠正、反机会主义及托洛茨基主义反对派问题的讨论、群众工作的策略和技术、游击区域社会经济的调查研究、马克思列宁主义的研究、社

① 《徐特立年谱》编委会编：《徐特立年谱》，北京：人民出版社，2017 年，第 96 页。

② 注释⑤，《徐特立年谱》编委会编：《徐特立年谱》，北京：人民出版社，2017 年，第 101 页。

③ 《徐特立年谱》编委会编：《徐特立年谱》，北京：人民出版社，2017 年，第 101—102 页。

④ 毛泽东：《中国共产党红军第四军第九次代表大会决议案》，《毛泽东文集》1，北京：人民出版社，1993 年，第 94 页。

会经济科学的研究、革命的目前阶段和它的前途问题。同时，提出党报、政治简报、小册子、训练班、小组会、个别谈话、批评会等18种政治理论教育方法。红军各部队认真贯彻政治教育方针，严格履行政治教育方法。以红五军为例，部队每日有两个小时政治课。中队长以上，每日有两个小时军官讲课及班长训话，训话讲课材料以中央决议文件为主，还有马克思主义浅说、共产主义ABC等理论内容。①聂荣臻元帅曾任红一军团政治委员，谈及政治教育的重要性，他认为，红军的"战斗力"来自政治教育，这种政治教育就是："每个农民参军，都经历了一个对革命目的由不认识到认识的过程，由初步具有这种认识，随后就变成每个革命战士终生为之奋斗的政治目标、政治思想和斗争信念。战斗力就是从这里生长出来的。"②除普及教育机构外，中央苏区还创建了马克思共产主义大学和苏维埃大学。两所学校均成立于1933年。马克思共产主义大学成立在前，任弼时、董必武先后任校长。该校是一所党校，职责是培养政工干部。第一期招收高级班、新苏区工作人员训练班和党团干部训练班共320人，学制分别为6个月、2个月、4个月。苏维埃大学创建的目的是培养干部，以便于培训班的"集中领导，统一教授与学习的方向"。③苏维埃大学校长是毛泽东。学习招收1500名学生，分普通班和特别工作班。普通班招收文化程度较低的学员，为特别工作班的预科，学制不固定。特别工作班学制半年，分土地、国民经济、财政、工农检察、教育、内务、劳动、司法、外交、粮食10个班。1934年7月，经中央苏区人民委员会决定，苏维埃大学并入马克思共产主义大学。此外，中央苏区还开办中央农业学校、高尔基戏剧学校、中央红色医务学校等各类专业学校。

中央苏区的新民主主义革命教育事业全方位蓬勃发展，为革命培养训练了忠诚的干部和战士，也为革命储备了后备力量——人民。革命的成功就是革命教育的成功，江西人民不怕牺牲，积极投身革命事业的精神可歌可泣，有目共睹，但

① 江西现代史学会编：《与红三军团有关的历史问题及文献》，南昌：江西人民出版社，1981年，第355页。
② 聂荣臻：《聂荣臻回忆录》，北京：解放军出版社，2007年，第162页。
③ 《红色中华》1933年8月31日。

个体的精神和力量不容忽视。中央苏区新民主主义革命教育事业有大量优秀的江西籍革命家的参与，其中，女革命家胡德兰的名字值得后辈铭记。

邵式平与胡德兰

　　胡德兰这个名字或许有些陌生，但提起其丈夫邵式平则无人不晓。邵式平是与方志敏齐名的革命家，是赣东北苏区和红十军的创始人。赣东北革命民谣："上有朱毛好主张，下有方邵打豺狼。第一英雄方志敏，第二将军邵式平。两条半枪闹革命，打倒土豪为人民。"邵式平，江西弋阳县人，弋横暴动主要领导人之一，我党早期无产阶级革命家、军事家。新中国成立后，任江西省省长。邵式平出身寒门，酷爱读书。中学毕业后，考入北京师范大学。胡德兰与邵式平是在读书时期相识并相爱的。胡德兰也是江西人，生于九江星子县，即今九江市庐山市。胡德兰出身名门，祖上是江右华林胡氏。华林胡氏发源于江西高安，最重文教，办有私塾华林书院，培养人才无数，宋代一门55名进士，荣耀千年。1927年1月，胡德兰与邵式平结婚。胡德兰早在1925年便加入了中国共产党，红军时期，就任闽赣省苏维埃教育部部长，还曾担任闽浙赣列宁师范学校校长。闽浙赣省即原赣东北省，省苏主席方志敏。闽浙赣省实行义务教育，办有列宁小学、列宁师范学校等教育机构，并提出"在苏维埃政权下不让一个工农不识字"的口号。方志敏、邵式平等还亲自编写《工农读本》等教材。列宁师范学校办学目的是培训教员，在教员难求的情况下，胡德兰亲自充当教员。任闽赣省教育部部长期间，胡德兰被选为全国第二次苏维埃代表大会代表和代表团团长，出席"二苏大"，并被选举为主席团成员。徐特立时任中华苏维埃共和国中央政府教育部部长，称赞胡德兰："你是女同志，很有志气，你们那里的文化教育后来居上啊！"① 解放后，胡德兰任江西省政协副主席，仍不忘家乡教育事业。她曾捐赠多年积攒的 2 万元工资给邵式平家乡弋阳县和自己的家乡星子县，用于小学危房改造。1995 年 8 月 1 日，胡德兰逝世，终年 90 岁。

中央苏区新民主主义革命教育事业不仅传承了古代江西人民重文重教不学为辱的精神品格，而且还做出了重要发展。这种发展一方面表现在对马克思主义理论的传播上，掌握了革命理论，是革命取得成功的前提条件；另一方面，通过教育造成了社会平等，妇女在思想上得到了解放，同时，男子也在思想上摆脱了封建陋习，中央苏区民主社会的形成，教育功不可没。在中国共产党领导下，中央苏区全社会赓续并创新发展了代代相传的"重文重教不学为辱"精神品格。它的赓续和创新发展完全归功于中共平等价值理念的深入贯彻，底层人民群众掌握了文化知识，底层妇女获得了与男子平等的受教育机会和权利，社会才能真正实行民主，新民主主义革命的成功离不开新民主主义革命教育的施行。

---

① 刘云：《"二苏大"与中央苏区文艺——访老红军胡德兰》，《新文化史料》1995 年第 2 期。

第五章
思想包容　倡导良知

江西文化历史悠久，思想兼容并包，包括宗教思想在内的各种思想均能在此蓬勃发展。秦汉时期，儒佛道思想始于江西传播。隋唐时期，一些得道高僧在江西开辟祖庭，如马祖道一的洪州宗（南昌佑民寺）、良价和本寂的曹洞宗（宜丰洞山）、慧远的净土宗（庐山东林寺）。江西道教始于汉末，渐兴于唐。宋元时期，统治者重视佛教，扶植道教。明代，道教高道辈出，佛教曹洞宗出现"曹洞中兴"。同时，天主教亦在江西初步发展，意大利传教士利玛窦曾在南昌生活三年，创办教堂。晚清，天主教主要教会均在江西传教，基督教亦然。洋教的发展及其殖民地意识，与江西本地文化冲突不断，酿成教案。清末，民主共和思想传入江西。辛亥革命爆发，江西在全国第三个响应。五四运动后，袁玉冰"改造社"以及方志敏、袁玉冰"马克思学说研究会"等组织积极传播宣传新思想新文化。中共一大后，赵醒侬等在江西成立党组织。江西能够兼容并包，其根源在倡导良知，维护社会公平正义。隋文帝提倡信仰净土宗，主张"宣扬佛法，感悟愚迷"。[①] 唐代律宗高僧惠钦在洪州西山弘法，"坚持律仪，志在宏济"。[②] 马祖道一提倡"平常心是道"的洪州禅思想。百丈怀海革新马祖思想，倡导"诸恶莫

---

① 陈金凤：《江西通史·隋唐五代卷》，钟起煌主编：《江西通史》4，南昌：江西出版集团、江西人民出版社，2008年，第287页。

② 陈金凤：《江西通史·隋唐五代卷》，钟起煌主编：《江西通史》4，南昌：江西出版集团、江西人民出版社，2008年，第290页。

作，众善奉行"，① 创立《禅门规式》。曹洞宗本寂融合佛法与现实政治，提出"五位君臣"说，主张佛法为世俗政治服务。道教方面，唐代胡慧超在洪州西山宣扬许真君孝道，形成"劝诫弟子奉行忠孝"的孝道派。北宋，江西筠州、袁州民众因许真君"救民疾苦""为民除害"，对其"尊而化之"。② 无论佛道，无论东西，江西人民始终在寻找一条能够改变自身命运的道路。革命战争时期，江西人民在中国共产党领导下，终于寻找到能够救其出水火的真理。

第一节　佛教三宗发源江西

江西是古代儒家思想创新发展之地，程朱理学与陆王心学的产生与勃兴，均赖江西这片兼容大度的热土。这片热土不仅兼容儒家的不同学说，而且还与释道思想共存。隋唐时期，江西佛教走出独立发展的态势。

马祖道一创立洪州禅

马祖道一（709—788），俗姓马，法号道一，因其地位崇高，俗称马祖、马祖道一、洪州道一、江西道一。马祖道一生于今四川什邡，童年出家为僧，后于慧能弟子怀让禅师门下学禅宗十年，大彻大悟。唐玄宗年间，来到江西。先在临川西里山（今抚州犀牛山）聚众传法，后至南康龚公山（今赣州宝华山）建寺弘法。唐代宗年间，洪州刺史、江西路观察使路嗣恭邀请马祖道一住持洪州开元

洪州禅祖师马祖道一

---

① 陈金凤：《江西通史·隋唐五代卷》，钟起煌主编：《江西通史》4，南昌：江西出版集团、江西人民出版社，2008年，第307页。
② 许怀林：《江西通史·北宋卷》，钟起煌主编：《江西通史》5，南昌：江西出版集团、江西人民出版社，2008年，第424页。

寺。此后，马祖道一便留在了洪州，以开元寺为中心，对外传授南宗禅法。开元寺，即今南昌佑民寺。马祖道一在开元寺弘法收徒，其门下弟子众多，知名者达139名，[①] 著名者有僧人南泉普愿、百丈怀海、西堂智藏、大梅法常等，由于马祖道一禅法纯正，信众广泛，遂形成洪州禅（亦称洪州宗）。美国学者这样评价马祖道一在禅宗历史上的地位："他开创了洪州禅，被公认为禅宗历史上最重要的禅师之一。9世纪初，诸多早期禅宗宗派被新兴的南宗禅所取代。出于实际的考量，南宗禅唯马祖洪州宗马首是瞻。马祖因此而在禅宗重要历史阶段成为领军人物。禅宗的这段历史被认为是禅宗传统中的'黄金时代'。作为精英佛教的禅宗形成历史初期的翘楚人物，马祖被尊为禅宗最重要的祖师之一。"[②] 马祖的禅宗思想被以语录体记录并传承下来，其核心思想有三，即"即心即佛""非心非佛""平常心是道"。[③] 三者中，"平常心是道"出于禅宗，超越佛门，被世俗接受，影响最为广泛。马祖道一曰："道不用修，但莫污染。何为污染？但有生死心，造作趋向，皆是污染。若欲直会其道，平常心是道。何谓平常心？无造作，无是非，无取舍，无断常，无凡无圣。经云：非凡夫行，非圣贤行，是菩萨行。只如今行住坐卧，应机接物，尽是道。"[④] 马祖道一禅宗思想影响社会的方方面面，如文学。唐代"诗王"白居易还有一个身份是禅宗弟子，其师父是马祖道一弟子兴善惟宽。禅宗典籍《五灯会元》记载白居易是马祖道一弟子佛光如满的弟子。白居易深受"平常心是道"禅宗思想影响，其诗作常以平常心记录生活与人生。如"月俸百千官二品，朝廷雇我作闲人"（《从同州刺史改授太子少傅分司》）。马祖道一的洪州禅继承慧能"不立文字"的传教宗旨，师徒相授仅通过语言。由于禅宗大师语言优美，中晚唐时期甚至衍生禅文学。马祖道一继承并发展禅文学，其讲授内容被记录结集，名为《马祖语录》。

① 邢东风辑校：《马祖语录》，郑州：中州古籍出版社，2008年，第104页。
② ［美］马里奥·泊塞斯基：《马祖语录以及禅语录的创作》，《中国哲学史》2010年第2期。
③ 吕春瑾：《论马祖道一的"平常心是道"》，《学习月刊》2012年第4期下半月。
④ 邢东风辑校：《马祖语录》，郑州：中州古籍出版社，2008年，第110页。

江西南昌佑民寺

洪州禅主张"即心即佛"思想，摆脱一切束缚，吸引各阶层信徒。马祖道一说："夫求法者，应无所求，心外无别佛，佛外无别心。不取善，不舍恶，净秽两边，俱不依怙。达罪性空，念念不可得。无自性故。故三界唯心，森罗及万象，一法之所印。凡所见色，皆是见心。心不自心，因色故有。汝但随时言说，即事即理，都无所碍。菩提道果，亦复如是。于心所生，即名为色。知色空故，生即不生。若了此意，乃可随时着衣吃饭，长养圣胎，任运过时，更有何事？汝受吾教，听吾偈曰：心地随时说，菩提亦只宁。事理俱无碍，当生即不生。"①马祖道一禅宗思想取自《楞伽经》《金刚经》《维摩经》，"远承自四祖道信所创及五祖弘忍、六祖慧能等得祖师所弘扬的'即心即佛'的主张，近续南岳怀让和尚的'汝今此心即是佛'之思想"，②形成自成一派的"自心是佛，即心即佛"洪州禅思想。为安心修禅，马祖道一开创"丛林"即大寺院，令禅僧安居安学安修安悟。"丛林"以禅堂为中心，不供佛像。禅僧修悟之余，要耕作劳动，自食其力。马祖道一还创立"机锋"教学法，传授弟子禅宗思想，"除在语言上采用深沉、灵转、幽默、反诘，甚至是世人难于理解的非逻辑语言相逼外，还惯以

---

① 邢东风辑校：《马祖语录》，郑州：中州古籍出版社，2008年，第105页。
② 释纯一：《试论马祖道一禅师对中国佛教的建树》，《佛学研究》2002年。

打、画地、竖拂、棒喝、拧鼻子、踏胸等多种作略，结合日常生活中的场景，随时随地发挥"。①

江西省宜春市靖安县宝峰禅寺

　　马祖道一于 744 年来到江西，788 年圆寂，在江西弘法修禅 45 年。744 年，马祖道一率众来到江西临川西里山（今抚州犀牛山）修禅，这是已知的其在江西的最早落脚点。马祖道一在此地收智藏为徒。智藏，即西堂智藏，俗姓廖，是马祖道一高徒，今江西赣州于都人。此后，马祖道一与众徒离开西里山，向南来到宜黄县锡石寺，再向南到南康龚公山。龚公山即今江西赣州市赣县宝华山，马祖道一在此修禅 20 余载。768 年，马祖道一率徒众北上洪州（今南昌），驻锡开元寺（今佑民寺）。其间，马祖道一曾前往庐山，修禅于凌霄崖院、马祖洞、马祖寺、马祖石；步行至奉新县宝云寺；到访宜春靖安县，重修六祖慧能弘法地——曹溪寺。据统计，至今，江西省有迹可循且有文献资料佐证的马祖道一弘法道场近 40 余处。靖安县宝峰禅寺还有一段马祖道一"踏胸"传法的故事。宝峰禅寺乃水潦和尚所建，因位于石门山宝珠峰下，又称"石门山寺"。马祖道一外出弘法，路经该寺，遂驻锡于此。水潦和尚久慕马祖道一，欲拜马祖道一为师，

---

① 释纯一：《试论马祖道一禅师对中国佛教的建树》，《佛学研究》2002 年。

行礼参拜。马祖道一却伸出腿来，照水潦和尚当胸就踹了过去。水潦和尚倒地之时，顿悟，起来大笑，曰："也大奇，也大奇，百千三昧，无量妙义，只向一毫端上，识得根源去。"后来，水潦和尚常说："自从一吃马师踏，直至如今笑不休。"① 这就是马祖道一"踏胸"修悟法的实例。江西宝峰禅寺藏有马祖灵骨舍利，是马祖道一重要的修禅遗迹。

马祖道一弟子西堂智藏玉石塔位于江西省赣州市赣县宝华寺

马祖道一弟子众多，广布华夏，影响深远。马祖道一有弟子139人，"道一弟子的禅林，散见30余州，共70余处"。② 马祖道一传西堂智藏等，再传百丈怀海，四传希运和灵祐。洪州禅不仅在宗教上开创先河，影响中国禅宗文化至深，而且其影响遍及政治、社会、文学、艺术等方面，无法一一详述。总之，洪州禅能够成功走出一条新路，与江西文化的宽容和江西人民的胸怀有极大关系。因此，洪州禅之后，曹洞宗亦创于江西。

---

① 王斯琴：《宝峰净域马祖道场——记江西宝峰禅寺》，《中国宗教》2009年第9期。
② 陈金凤：《江西通史·隋唐五代卷》，钟起煌主编：《江西通史》4，南昌：江西出版集团、江西人民出版社，2008年，第303页。

洞山良价和曹山本寂的曹洞宗

南宋马远《洞山渡水图》

洞山良价是马祖道一的曾徒孙。马祖道一传西堂智藏，西堂智藏传百丈怀海，百丈怀海传昙晟禅师，昙晟禅师传洞山良价。洞山良价（807—869），俗姓俞，今浙江诸暨人。少年学习洪州禅，后拜昙晟禅师为师。昙晟禅师修行于今湖南省株洲市醴陵市云岩寺，亦称云岩昙晟。云岩昙晟著有《宝镜三昧》，是曹洞宗重要经法、纲宗秘籍。什么是宝镜三昧？这是禅宗术语，也是佛教用语。三昧即定、正受、等持。其实质就是我们常说的"参禅入定"。冯学成居士说："我们能达到这么一个不动心、不为外物牵着走的状态，才能被称之为'三昧'。"① 至于宝镜三昧，"实际上'宝镜'就是'三昧'，'三昧'就是'宝镜'，'宝镜'和'三昧'是不二而二的。'三昧'是'宝镜'的用，'宝镜'是'三昧'的体。"② 了解了《宝镜三昧》，曹洞宗的基本理论和经法也便了然了。洞山良价学

---

① 冯学成讲述：《宝镜三昧讲记：曹洞宗禅修秘籍》，广州：南方日报出版社，2013年，第5页。
② 冯学成讲述：《宝镜三昧讲记：曹洞宗禅修秘籍》，广州：南方日报出版社，2013年，第5页。

成辞别云岩昙晟禅师，曾问：假如您死后有人问我您的相貌，我该如何回答？这个问题实际上问的是云岩昙晟禅法的基本精神该如何概况总结。云岩昙晟答："即遮个是。"① 洞山良价似懂非懂地辞别了老师。路过河流，见到水中的自己，恍然大悟："影子就是本人，不必再另外去找了，到处都会有的。"洞山良价悟到，"遮个"就是"我"。从此参悟"了知自我，明白我即是佛，与我亲者则是正道，与我疏者即是歧路"。因此，洞山良价作歌云："如临宝镜，形影相睹，汝不是渠，渠正是汝。"② 洞山良价辞别老师，四处云游。其时，唐武宗禁佛，拆毁全国佛寺46000座，勒令26万僧尼还俗，制造会昌法难，佛家弟子岌岌可危。洞山良价变服还俗，四处躲藏，至湖南浏阳，遇庆诸禅师。庆诸（807—888），俗姓陈，今江西新干县人。庆诸禅师是青原禅道吾禅师弟子，其师惟俨禅师，亦曾是昙晟禅师的师父。因此，洞山良价与庆诸禅师关系亲近，可以信赖。由于暗中护佛的裴休正在江西为官，任江南西道观察使，因此庆诸禅师劝洞山良价前往江西弘法。洞山良价欣然同意。860年，良价驻锡洞山（今江西宜春市宜丰县），建普利禅寺，故称洞山良价。

江西宜丰同安乡洞山普利禅寺

---

① 亦记载"只这是"。
② 徐文明：《洞山良价与曹洞宗源》，《浙江学刊》2000年第3期。

洞山良价在江西创立曹洞宗。良价本为避难来到江西，不想江西这片土地如此包容，令其禅学思想大进，提出"正偏五位说"，为曹洞宗创立奠定思想基础。正偏五位说的理论深奥复杂，通俗来讲，正位是空界，以黑色表示，偏位是色界，以白色表示。正位和偏位从暗转明，再从明转暗，分初明、大明、初暗、大暗四位。任何一位都非纯暗纯明，都是正偏同位，对立统一的，用曹洞宗术语即"兼带"。此外，洞山良价还创"功勋五位说"。所谓功勋，是指修行成就。五位从低到高，分别为向、奉、功、共功、功功。向为立志；奉为修行出家；功指清修；共功指摄心；功功是见道。洞山良价并未阐述"正偏五位"与"功勋五位"的关系，这个工作是由其嫡嗣曹山本寂完成的。

曹山本寂（839—901），俗姓黄，今福建莆田人。19 岁，入福州云名山出家。25 岁，受具足戒，成为比丘。后慕洞山良价之名，前往江西学禅。"寂处众如愚，发言若讷"。[①] 数年后，曹山本寂学成下山。曹山本寂携带洞山良价禅师所赠《宝镜三昧》，来到吉水，即今江西九江附近，筑寺弘法，将所居山改名为曹山，故史称曹山本寂。不久，王仙芝起

曹山本寂禅师

义、黄巢起义相继爆发，江西深受波及，抚州沦陷，曹山告急。信徒王若一在抚州宜黄县荷玉山有何王观，邀请曹山本寂前往。曹山本寂于是改何王观为宝积寺，改荷玉山为曹山，继续弘法授徒。曹山本寂是曹洞宗的共同创始人，其禅学思想更加成熟，故学界有"五位论创于良价，成于本寂"[②] 之评价。所谓成，一是指完成洞山良价未做的"正偏五位"与"功勋五位"关系工作；二是指独创"君臣五位说"。曹山本寂"从功的角度看位，转功为位，从位的角度看功，转位为功"[③] 使得功勋五位的内在结构更加完整合理。五位君臣是曹洞宗用来说明

① ［宋］赞宁：《宋高僧传》，北京：中华书局，2010 年，第 308 页。
② 毛忠贤：《中国曹洞宗通史》，南昌：江西人民出版社，2006 年，第 194 页。
③ 周世泉等：《本寂与曹洞宗的最后形成》，《东华理工大学学报（社会科学版）》2008 年第 3 期。

理事关系的理论。所谓五位君臣，即"君"为本体，代表正位；"臣"为现象，代表偏位；"臣向君为偏中正，君视臣为正中偏，君臣道和则是兼带。"① 曹山本寂全面继承和发展并最终完善了曹洞宗的禅学体系，其学说经后代弟子结集为语录，有日本沙门慧印的《抚州曹山元证禅师语录》、明代郭凝之的《抚州曹山本寂禅师语录》等。

日本曹洞宗开创者道元禅师像

曹洞宗创立于中国江西，经宋明东渡，成为当今日本最大的佛教宗派。南宋理宗宝庆二年（1226），时年27岁的日本僧人道元来到宁波天童寺，拜师曹洞宗第十三代祖如净禅师，学习曹洞宗禅法。曹洞宗发展到南宋时期，已经式微，无法匹敌如日中天的临济宗。海外僧人来华，多学习临济宗，因此，道元的选择既非常难得又无比重要。道元的师父如净禅师是曹洞宗发展过程中的重要一环，"默照禅"是其重要成就。默照禅是打坐修行方法。如净禅师从19岁开始打坐，每天从晨3时至晚11时，直至圆寂，长达50余年。道元深为如净禅师折服，认为老师是"丛林的中兴"。1227年，道元学成，拜别如净，回国。道元回到日本后，弘扬曹洞宗禅法，主张打坐悟禅，深得幕府和民间信仰。道元从理论上和组织上为日本曹洞宗发展奠定坚实基础，是公认的日本曹洞宗高祖。1254年，道元于京都圆寂，终年54岁。日本官方赐谥号"佛性传东国师"。明代，浙江金华人东皋心越曾东渡日本传播曹洞宗。东皋心越（1639—1694），俗姓蒋，法名兴俦，字心越，号东皋。17岁，东皋心越拜曹洞宗高僧觉浪道盛学习禅法。31岁，遵师遗命，拜阔堂大文禅师继续学习。37岁，东渡日本。53岁，创立日本曹洞宗寿昌派。曹洞宗经近800年的传播，已经成为拥有信徒超千万的日本最有影响力的佛学流派。

---

① 谢奇烨：《曹洞东渐——渡日僧东皋心越的禅学思想》，《佛学研究》2021年第2期。

净土宗祖师慧远禅师像

慧远的净土宗

　　慧远（334—416），俗姓贾，今山西省原平县人。21 岁，慧远前往恒山拜见高僧道安，开悟佛法，出家为僧。43 岁，因兵乱被迫离开道安，一路奔波，至江西，"见庐山闲旷，可以息心"，于是，栖止庐山。江州刺史桓伊造东林寺，挽留慧远在庐山弘法。慧远最爱庐山景色，曾作诗《庐山东林杂诗》，曰："崇岩吐清气，幽岫棲神迹。希声奏群籁，响出山溜滴。有客独冥游，径然忘所适。挥手抚云门，灵关安足辟。"① 慧远弘法庐山，亦在庐山创建多处名胜建筑，如龙泉寺、化城寺、讲经台等。当然，慧远最大的成就是创建佛教中国一大宗派——净土宗。

净土宗祖师慧远禅师与刘遗民等像

---

① ［晋］释慧远：《庐山东林杂诗》，逯钦立辑校：《先秦汉魏晋南北朝诗》，北京：中华书局，1983 年，第 1085 页。

净土宗，即莲宗。慧远弘法，声名远播，当地名士刘遗民等甘愿抛弃荣华富贵，跟随慧远学佛。"众人经过商量，决定以慧远为首，同刘遗民等123人，在庐山精舍无量寿佛像前建斋立誓，共结莲社，并由刘遗民代表大家作《发愿文》，刻石立碑。"① 这次结社史称"结白莲社""结莲社""白莲社"。后亦简称为"莲社"，因此，慧远净土宗也称"莲宗"。刘遗民等18人被称为"莲社十八贤"。

慧远的佛学思想既贴近世俗社会，又融合儒家思想，故为底层人民广泛接受。其中，最为民众接受并笃信的是因果报应论。佛教认为，每一种行为都会产生相应的后果，称"业报"。业报有善、恶、无记三种，最后一种是不善不恶，不生果报。因果报应存在于三世，即过去、现在、未来，无始无终。有业必报，今世不报，来世必报。传统儒家文化亦有类似观点，如《周易》"积善之家，必有余庆；积不善之家，必有余殃"。但这种学说太过玄奥，招致学者质疑。隐士戴逵作《与远法师书》，指出"积善积恶之谈，盖是劝教之言"，② 就因果报应合理性写信询问慧远。慧远与戴逵往来通信，有两封信传世，一封为其门下俗家弟子周续之居士所写，第二封为慧远亲笔。慧远在第二封信《又与戴处士书》中写道："然佛教精微，难以事

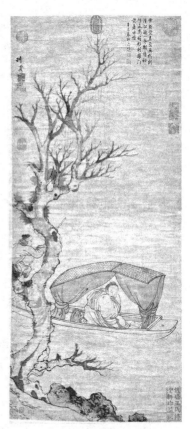

元·张渥《雪夜访戴图》

① 《净土宗初祖慧远大师》，《前进》2021年第2期。
② ［晋］戴逵：《与远法师书》，《全晋文·卷137》，［清］严可均校辑：《全上古三代秦汉三国六朝文》，北京：中华书局，1958年，第2249页。

诘。至于理玄数表，义隐于经者，不可服言。"① 戴逵与慧远的辩论以前者在一年后去世而终止，但因果报应观念却深深嵌入中国社会各个层面。

慧远东林寺传法，庐山佛教声名远播，吸引各方僧侣，扩展文化交流。西域有国名罽宾，位于今阿富汗东北、克什米尔一带，中亚佛教发源地。391 年，罽宾高僧提婆（僧伽提婆）来到庐山东林寺，慧远请其翻译佛教经典《阿毗昙心》《三法度论》。提婆是罽宾义学僧，精通小乘佛法。提婆在庐山住了七年，完成翻译工作后，辞别慧远，前往南京。慧远与鸠摩罗什的交往是通过书信开始

僧伽提婆翻译佛经

的。鸠摩罗什，天竺高僧，出身官宦家庭，世居相位。父亲身端质洁，将嗣相位，却突然出家，来到龟兹。母亲为龟兹国王之妹。鸠摩罗什七岁出家，遍读佛教经典，成为西域最受人敬仰的高僧。时前秦苻坚崇信佛教，命骁骑将军吕光西伐龟兹，"若克龟兹，即驰驿送什"。吕光乃一介武夫，不懂佛法，不知苻坚真正用意。他把鸠摩罗什掠至中国，并将其羁押在琼州 17 年。后秦姚兴伐琼州，吕光之子吕隆归降，鸠摩罗什得以重见天日。这一年是公元 401 年。鸠摩罗什到长安，促进了长安佛教发展。慧远得知鸠摩罗什在长安弘法，致信问候并要求对方前来庐山弘法。鸠摩罗什回信，赞慧远为"东方护法菩萨"。慧远在随后的信中，向鸠摩罗什请教佛教难题，鸠摩罗什一一作答。这些问题均见于慧远与鸠摩罗什的 18 封通信，后人编辑为《大乘大义章》。不过，"两位高僧始终无法体认对方的佛学思想"。② 无法体认和无法理解是正常的，毕竟东渐的佛学思想经过中国高僧本土化释义之后，便已镌刻中国的烙印，甚至深深铭刻江西本土传统文化的烙印。这样的烙印对于中国古人理解佛教思想是一种便利，但却造成中国佛教思想与西域佛教思想交流的不便利。无论如何，这些烙印、便利、不便利都是

---

① ［晋］释慧远：《又与戴处士书》，《全晋文·卷161》，［清］严可均校辑：《全上古三代秦汉三国六朝文》第 3 册，北京：中华书局，1958 年，第 2390 页。
② 龚斌：《慧远法师传》，南昌：江西人民出版社，2008 年，第 144 页。

在时间内形成的，也终将在时间内演变为本土文化给养而被我们吸收、传承、摒弃。慧远的弘法就是这样的时间的一个环节。

庐山虎溪桥。传说慧远从不逾越虎溪

慧远43岁入庐山，在庐山居住40年，游遍方圆500里大小角落。慧远曾作《庐山记》，"山在江州浔阳南，南滨宫亭，北对九江。九江之南为小江，山去小江三十里余。左挟彭蠡，右傍通州，引三江之流而据其会"。① 庐山石门，亦名障山，位于东林寺南10余里，是庐山一奇景。慧远曾携30余众锡杖游石门，饱览美景，诗兴大发，曰："超兴非有本，理感兴自生。忽闻石门游，奇唱发幽情。褰裳思云驾，望崖想曾城。驰步乘长岩，不觉质有轻。矫首登灵阙，眇若凌太清。端坐运虚论，转彼玄中经。神仙同物化，未若两俱冥。"② 庐山美景带给慧远灵感，也留住了慧远。慧远自入庐山，从未踏出庐山一步。416年，慧远在庐山圆寂，终年83岁。慧远去世后，其佛教思想和地方文化的影响却有增无减。历代高僧文人前来庐山朝拜，从庐山文化汲取灵感，可谓接踵而至，络绎不绝。谢灵运、贯休、李白、白居易、陆游、朱熹、董其昌、王世贞等中国历代文化翘

① ［晋］释慧远：《庐山记》，《全晋文·卷162》，［清］严可均校辑：《全上古三代秦汉三国六朝文》第3册，北京：中华书局，1958年，第2398页。
② ［晋］释慧远：《游石门诗并序》，逯钦立辑校：《先秦汉魏晋南北朝诗》，北京：中华书局，1983年，第1086页。

楚均曾到访庐山，向慧远致敬。慧远对中国佛教的最大贡献是推动了佛教中国化进程，显然，慧远能够有如此大的贡献是与江西这片土地和人民兼容并包的精神品格息息相关的。

第二节　倡导忠孝净明道

净明道是发祥于江西南昌西山的一种道教。西山，又称逍遥山、南昌山、散原山、厌原山，位于今南昌西郊 30 千米处。净明道选择西山，与在此隐居的著名隐士许逊有关。

许逊（239—374），字敬之，今江西南昌人。曾任四川旌阳县令，人称"许旌阳"。旌阳即四川德阳。后弃官归里，修炼于西山，虔诚道法，创立"太上灵宝净明法"。许逊拥有大量信徒，他们改姓为"许"，聚居生活，人称"许家营"。他为民治水，深得群众信赖。他创建太极观，悬匾额"净明真境"，创立"净明道"，是净明道派祖师，与张道陵并称中国道教四大天师。许逊活了 135 岁。许逊飞仙 300 余年后，即唐武周和唐玄宗年间，净明道开始酝酿创立。

净明派祖师许逊

胡慧超发展净明道。胡慧超，字拔俗，唐代道士，不知其生辰，自称年已数百岁。武则天曾召其入长安制药；唐玄宗亦召其入京。胡慧超辞归西山，唐玄宗曾作诗《送胡真师还西山》，诗曰："仙客厌人间，孤云比性闲。话离情未已，烟水万重山。"胡慧超回到西山，潜心钻研许逊道法，撰写《洪州西山十二真君内传》《神仙内传》等典籍，整理并系统阐明了许逊等人的道教思想，通过为许逊立传，对许逊的形象进行道教神仙化，使之成为人们膜拜的对象。胡慧超还在西山建造游帷观，供人们朝拜。游帷观即今天的西山万寿宫。胡慧超在游帷观总结了许逊道教思想，提炼其"孝道"精华，认定许逊是十二真君孝道之师。此后，游帷观成为崇信"孝道"之人的圣地，南来北往，蜂拥而至，络绎不绝。

净明道祖庭江西南昌西山万寿宫

北宋政治家、文学家王安石是江西临川人，曾作《重建旌阳祠记》，弘其道。此外，唐代孟浩然，宋代苏轼、苏辙、曾巩、范成大、文天祥，明代解缙等许许多多的历代文人墨客均曾到访此地，追忆许逊风采，也理所当然地成为许逊崇拜的传播者。当然，所谓许逊崇拜的缔造者就是胡慧超。他将孝悌王引入许逊孝道思想，使得基本忠孝理论有了感性的人物形象，方便孝道思想的传播。孝悌王，中国道教神。《太平广记》卷十五《兰公》记载："居日中为仙王，月中为明王，斗中为孝悌王。夫孝至于天，日月为之明，孝至于地，万物为之生，孝至于民，王道为之成。"[1] 胡慧超相信，孝悌王掌握孝道秘法，许逊得其真传，因此，许逊崇拜就是尊崇孝道。胡慧超提出的以孝道为中心的许逊崇拜与唐朝统治者治国理政之道不谋而合，许逊崇拜在得到官方认可后，成为包括广大底层民众在内的多数人的忠实信仰。孝道兴盛，游帷观作为孝道中心，成为民众顶礼膜拜的场所，观内设坛进表，拈香祈福，来者络绎不绝。胡慧超不仅创立许逊孝道思想和许逊信仰，还授徒传道，使孝道思想和信仰得以流传。南昌人万振，字长生，史称万天师，不知其生卒年。慕名前往游帷观拜师，得胡慧超"长生久视之

---

① 《神仙第一·兰公》，[宋] 李昉等编：《太平广记》上，长沙：岳麓书社，1996年，第76页。

江西南昌净明道院

道"。① 蔺天师是胡慧超另一位高徒。蔺天师，西川（今四川中西部）人，曾在扬州为官，后弃官修道，来到江西。至西山游帷观，拜胡慧超为师，"师事胡洞真，尽得其术"。② 史书记载，西山有霞山观，是蔺天师修道之所。胡慧超还有一位著名女弟子——黄华姑。黄华姑是江西临川人，年少便立志学道，12岁出家为女道士。黄华姑修道于临川井山，曾往西山拜胡慧超为师学道。唐代大书法家颜真卿曾作《井山华姑仙坛碑铭》记载此事。铭曰："华姑者，姓黄氏，讳令微，抚州临川人也。少乃好道，丰神卓异，天然绝粒。年十二，度为天宝观女道士。年八十，发白面红，如处子状，时人谓之华姑。蹀履而行，奔马不及。闻魏夫人仙坛在州郭之南，草木榛翳，结庐求之不得。长寿二年，岁在壬辰，冬十月壬申朔，访于洪州西山胡天师。"宋代僧人释德洪曾作《临川陪太守许公井山祈雨书黄华姑祠》，言："临川富山水，井山最深幽。"胡慧超通过授徒方式传播孝道，推广许逊崇拜，为忠孝净明道的传承奠定坚实基础。

　　胡慧超之后，唐代施肩吾为传承和振兴忠孝净明道贡献最多。施肩吾，字希圣，今浙江桐庐人。唐宪宗元和十五年（820），进士及第，未仕，四方云游访仙问道。至西山，先遇许逊，得授内丹外丹神方；后遇胡慧超，得传孝道等大法，

---

① 《卷13·人物》，[清]金桂馨、漆逢源：《逍遥山万寿宫志》7，清光绪四年刊本。
② 《卷13·人物》，[清]金桂馨、漆逢源：《逍遥山万寿宫志》7，清光绪四年刊本。

最后，终隐西山。进士出身的施肩吾继承了胡慧超的孝道理论成果，并发扬光大。施肩吾隐居西山，辟石室，不畏苦寒，笔耕不辍，著书立说。其完成的著作有《西山传道记》《西山群仙会真记》《三柱铭》等。《逍遥山万寿宫志》记载，施肩吾隐洪州西山，尝作《净居寺碑》及《三柱铭》，又集《西山会真记》五卷，取五行正体之数，每卷五篇，应一气纯阳之义。自为序。尝有诗云："若数西山得道者，连余便是十三人"。①

西山道士施肩吾著《钟吕传道集》《西山群仙会真记》

忠孝仅是忠孝净明道的立教之基，其目的是实现"净明"道教理想。从道教派别论，忠孝净明道是道教灵宝派一支。灵宝派秉持"灵宝净明秘法"，其内容是"化民以忠孝廉慎"。《太上灵宝净明道元正印经》以"心定神慧，是为净明"。② 南宋时期，忠孝净明道强调"忠孝"与"智慧"并重，"净明者，无幽不烛，纤尘不污，愚智皆仰之为开度之门、升真之路，以孝悌为之准式，修炼为之方术行持之秘要，积累相资，磨砻智慧，而后道气坚完，神人伏役，一瞬息间可达玄理"。③ 元代，忠孝净明道出现一位改革者——刘玉。

刘玉（1257—1308），字颐真，号玉真子，今江西九江市永修县人。《净明忠孝全书》记载，"先生夙有卓识，五岁就学，读书务通大义。弱冠，父母继亡，居丧尽礼。家贫，力耕而食，视尘世事不足为，笃志于神仙之学"。④ 26岁，刘玉自称见胡慧超现真身，受其托付，"五陵之内当出弟子八百人，师出豫章河西岸，大扬吾教"，⑤ 重振

玉真子刘玉

① 《卷13·人物》，[清] 金桂馨、漆逢源：《逍遥山万寿宫志》7，清光绪四年刊本。
② [明] 张宇初：《道藏》第24册，北京：九州出版社，2015年，第612页。
③ [明] 张宇初：《道藏》第10册，北京：九州出版社，2015年，第526页。
④ 《西山隐士玉真刘先生传》，许蔚校注：《净明忠孝全书》，北京：中华书局，2018年，第33页。
⑤ 《西山隐士玉真刘先生传》，许蔚校注：《净明忠孝全书》，北京：中华书局，2018年，第35页。

忠孝净明道。据说，刘玉得胡慧超亲授净明忠孝大法后，建翼真（玉真）坛，传授弟子八百人。当然，这是道教领袖为取得教徒信任而普遍采用的做法，不足为信。但刘玉为取得忠孝净明道的领导地位，多次使用此方法，他甚至宣称见到了许逊。许逊对他说："吾今亦于此授此中黄大道八极真诠，子当敬受。吾八百弟子，汝为首英，名氏悉在华林八百洞天。久矣刻书青琅，高揭丹崖。更当勉励弟子，不昧心君，不戕性命，忠孝存心，方便济物。"① 当然，一个好汉三个帮，刘玉要取得忠孝净明道领袖地位也必须依赖强大的辅佐，这个辅佐就是黄元吉。

黄元吉，字希文，豫章丰城（今江西宜春市丰城市）人。黄元吉出身名门望族，12岁，入西山万寿宫学道。刘玉隐居西山，与黄元吉相遇，"独重希文，以为可托"。② 刘玉将自己所学悉数授予黄元吉，黄元吉则"事刘先生如父，事其夫人如母，苟远去，饮食必祝之而后尝；奉其言如临天地鬼神"，③ 积极践行忠孝净明之道。刘玉死后，黄元吉继承其志，在西山建玉真坛、隐真坛、洞真坛，收徒授业。不过，黄元吉传道过程中，需要克服许多困难，主要是当地净明道祖庭西山玉隆万寿宫教团的非议和抵制。为此，黄元吉北上进京，游说高官权贵，扩大忠孝净明道的影响力。黄元吉在京城受到极高尊重，"公卿大夫士多礼问之"，廷臣推荐曰："中黄先生刚介坚鸷，长于干裁。乡尝都监其宫，治众严甚，人或不乐；而土田之人，庐舍之完，公而成功，昔为忤者更交誉之、亲之。其后从玉真先生得旌阳忠孝之教，盖折节就冲澹，为达人钜公前席，宜表异之。"④ 于是，廷臣上书请黄元吉担任净明崇德弘道法师、教门高士、玉隆万寿宫焚修提点。不过，黄元吉因故未能就任。黄元吉年五十五岁，逝于京城。黄元吉弟子众多，皆授忠孝净明之道，著名弟子有陈天和、刘真传、熊玄晖等。

---

① 《西山隐士玉真刘先生传》，许蔚校注：《净明忠孝全书》，北京：中华书局，2018年，第38—39页。
② 《中黄先生碑铭》，许蔚校注：《净明忠孝全书》，北京：中华书局，2018年，第45页。
③ 《中黄先生碑铭》，许蔚校注：《净明忠孝全书》，北京：中华书局，2018年，第45页。
④ 《中黄先生碑铭》，许蔚校注：《净明忠孝全书》，北京：中华书局，2018年，第45页。

忠孝净明道在刘玉、黄元吉等道士潜心改造下，得以重振雄风。刘玉等人首先改造传统净明道的道法科仪，主张通过个人体验的积诚来完成天人响答。他认为，净明就是正心诚意，不必追求繁文缛节的斋醮，而是通过个人体认太极的存在。他解释道："昔绍兴之时，仙期悬隔，权以救世，以法弘教，故繁。今龙沙已生，仙期迫近，急于度人，以道弘教，故约。此所以异。然其至则一，无庸疑。"① 其次，强调忠孝立本，由凡入圣。他强调，"上士以文立忠孝，以言为天下倡"。② 他指出，"中士以志立忠孝，以行为天下先。下士以力致忠孝，以身为众人率。如此，则净明院注籍升仙，而忠孝之道终矣"。③ 最后，阐述忠孝净明道的终极信仰——净明。有人问："净明大教，始于忠孝立本，中于去欲正心，终于直至净明。然息心甚难。况日用之间，天理、人心互为雄长，为之奈何？"刘玉答曰："前念为念，后念为照。念起不著，静心守一。但灭动心，不灭照心。但凝空心，不凝住心。湛然常寂，是名空心。止动归止，是名照心。寂照两全，洞合道源。净极明生，玄之又玄。"④ 净明追问人生终极意义，也给出了自己的答案——得道成仙。

忠孝净明道是首创于江西的本土宗教，是江西这片土地思想包容精神的文化硕果。虽然作为传统宗教，其内在不免有着迷信落后的成分，但孝道作为中华文化的重要内容与道教相结合后，给忠孝净明道带来持久生机。忠孝净明道始于唐，再次振兴于宋元之际，传至明清，依然生生不息。其最大的生命力在于孝道。孝道是中国儒家文化的重要内容，经与道教相结合，形成忠孝净明道。这也显示中华传统文化强大的包容性。忠孝，对国为忠，于家为孝，不仅是古代中国儒道两种传统思想的追求，也是现代社会追求的社会价值。

---

① 《西山隐士玉真刘先生传》，许蔚校注：《净明忠孝全书》，北京：中华书局，2018年，第39页。
② 《西山隐士玉真刘先生语录别集》，许蔚校注：《净明忠孝全书》，北京：中华书局，2018年，第116页。
③ 《西山隐士玉真刘先生语录别集》，许蔚校注：《净明忠孝全书》，北京：中华书局，2018年，第117页。
④ 《西山隐士玉真刘先生语录别集》，许蔚校注：《净明忠孝全书》，北京：中华书局，2018年，第121页。

第三节　学习与传播马克思主义思想

　　江西早期革命先驱学习与传播马克思主义思想的过程，是与旧势力旧思想旧制度进行殊死斗争的过程。一批矢志追求共产主义理想的先进青年，如袁玉冰、方志敏、赵醒侬等，战斗在革命斗争最前线，参与了这场为国家为人民的新民主主义革命。他们接受了马克思列宁主义思想，积极践行共产主义理想，不怕牺牲，奋勇前行。他们倡导良知，兼容并包，期望在江西在中国擘画最幸福的理想家园。他们因共同的理想走到了一起，组织在了一起，为共同的事业勇毅奋斗。他们中的灵魂人物是江西传播马克思主义的先驱——袁玉冰。

　　袁玉冰，1899 年 2 月 19 日，出生于今江西省吉安市泰和县老云盘乡岚峰村马齿坑。该地位于兴国县与泰和县交界，曾经隶属兴国县管辖。袁家世代贫苦，父亲靠做长工维持全家生活。9 岁，入启蒙学堂读书。14 岁，成婚。婚后，入高小读书。19 岁，考入南昌二中。读书期间，结识进步同学杨坤元、徐先兆、支宏江等，编辑进步刊物，成立学社，撰写爱国文章，组织演讲，讨论国是。他从图书馆借到《新青年》杂志，大受震撼，称其为"青年之宝籍"。[①]《新青年》杂志是袁玉冰接触和学习马克思主义思想的第一媒介。他

江西传播马克思主义
先驱——袁玉冰

曾从《新青年》杂志社邮购《社会主义史》《到自由之路》《劳动界》等书刊，如饥似渴阅读之后，还与四弟袁光钰"畅谈社会主义的将来"。[②] 与此同

---

① 中共江西省委党史资料征集委员会：《江西党史资料·30·袁玉冰专集》，北京：中央文献出版社，1994 年，第 214 页。

② 中共江西省委党史资料征集委员会：《江西党史资料·30·袁玉冰专集》，北京：中央文献出版社，1994 年，第 217 页。

时，他效仿《新青年》创办了《新江西》杂志和进步团体"改造社"。方志敏到访南昌二中，与袁玉冰彻夜长谈，成为改造社社员。方志敏加入后，袁玉冰如虎添翼，改造社与《新江西》杂志等工作进展顺利。1921年9月3日，《新江西》第一卷第一号在南昌出版。袁玉冰在《我的希望——新江西》一文中写道："过去的江西，现在的江西，都是充满了黑沉沉的、阴惨惨的色彩。社会上没有一桩事，不是受官僚政客军阀财主的支配。狂奴欺主，白昼杀人。可怜的三千万男女同胞，在这个黑无天日、惨无人道的地狱里面过非人的生活，真是言之伤心！旧江西既然是这么样，我们只有眼巴巴地望着未来的新江西。同胞，同胞！我们应该振作精神，鼓舞志气，创造未来的新江西！我们应该有真正彻底的觉悟，牺牲奋斗的决心，把那些阻碍前途的荆棘，一刀斩去；尽力去寻出一线明光的道路来，一步一步的向前进行！那么，真正自由平等博爱的新江西，可以实现。我们才可以与世界人类携手共享同等的幸福。到了这步田地，我们一定有了不得的愉快，禁不住的喊着：新江西万岁！新江西万岁！三千万男女同胞呀！这是我的希望！"[①]

1922年，是袁玉冰人生的重要转折点。这年8月，经方志敏安排，袁玉冰从南昌来到上海，并结识了革命路上的重要同志——赵醒侬。此外，更为重要的是，他还在上海拜见了李大钊、施存统、高君宇等人。经与李大钊等人商议，决定将改造社总社设在北京大学，并在上海和南昌成立分社，把传播马克思学说列为改造社的首要工作。袁玉冰听从李大钊的建议并接受李大钊的推荐，决定前往北京大学学习。9月初，袁玉冰考取北京大学哲学系旁听生。在北京大学期间，袁玉冰经常拜会李大钊，

方志敏

---

① 袁玉冰：《我的希望——新江西》，中共江西省委党史资料征集委员会：《江西党史资料·30·袁玉冰专集》，北京：中央文献出版社，1994年，第26页。

聆听其演讲和讲座,并加入"北京大学马克思学说研究会"。"北京大学马克思学说研究会"是李大钊等人联合北京大学进步知识分子和进步学生邓中夏、何孟雄、刘仁静等组织成立的传播马克思主义思想的进步学术团体。袁玉冰加入该团体,对其学习、理解和运用马克思主义理论帮助巨大。1923 年 1 月,经李大钊介绍,袁玉冰加入中国共产党。同年寒假离京返回南昌。

南昌文化书社旧址

　　袁玉冰因传播马克思主义学说被捕入狱。回到南昌后,袁玉冰与方志敏、赵醒侬等人,以方志敏成立的南昌文化书社为基地,发展团组织。南昌文化书社是专门售卖马克思主义和其他进步书刊的书店。此外,袁玉冰还成立南昌马克思学说研究会,发展会员 50 余人。袁玉冰等人的活动触动了当局的禁忌。3 月,袁玉冰被捕。4 月,南昌文化书社遭查封,方志敏、赵醒侬被迫离开南昌。11 月,袁玉冰经社会各界人士全力声援,获准保释。保释后,袁玉冰前往上海等地继续传播马克思主义思想。在此期间,创作著名文章《一个马克思学说的书目——为南京社会科学研究会编》。这篇名作是专门为南京马克思学说研究会而写,因斗争需要,当时的马克思学说研究会均改称"社会科学研究会"。该文列出书刊 28 种,其中,书目有陈望道译《共产党宣言》等 23 种,刊物有《新青年》等 5 种。袁玉冰不仅列出书刊名称,还简要指明其价值。介绍《共产党宣言》时,他写道:"此书是马克思和恩格斯合著的,自一八四八年发表以来,世界上有文字的国家差不多都有了译本，世人都认为社会主义底圣经……这篇宣言对于无产阶级，实在能与以思想及行动底方针，给以主义及政略底根本原则。也可以说完全包含了一切关于近世社会主义本质的智识。"① 这个书目为当时进步青年学习马克思主义理论指引了方向，它还是"我国最早的学习马克思主义的书目提要"。②

莫斯科东方大学教学楼

　　袁玉冰回国后更加坚定传播与践行马克思主义思想。1924 年初，受党派遣，袁玉冰前往苏联莫斯科东方大学中国班深造。东方大学全称"东方劳动者共产主义大学"，成立于 1921 年 2 月 10 日，位于莫斯科普希金广场附近的高尔基大街。中国班属于国际部。国际部主要培训来自日本、朝鲜、印度、蒙古、越南等东方国家的学员。东方大学共招收四批中国留学生，为中国革命培养培训了坚定的马克思主义的政治军事干部，如刘少奇、任弼时、赵世炎、王若飞、刘伯坚等。袁玉冰属于第三批派遣学员，这批学员中后来成为党和国家重要领导人的有聂荣臻、李富春、蔡畅等。东方大学中国班开设的课程有：政治经济学、国际共运史、联共党史、各国工人运动、俄语、军事体操训练等。1924 年 8 月，共产国际

---

① 袁玉冰：《一个马克思学说的书目——为南京社会科学研究会编》，中共江西省委党史资料征集委员会：《江西党史资料·30·袁玉冰专集》，北京：中央文献出版社，1994 年，第 67 页。
② 卢中岳：《袁玉冰与〈一个马克思学说的书目〉》，《赣图通讯》1984 年第 1 期。

第五次代表大会召开，李大钊作为中国代表团首席代表出席大会。会议期间，李大钊前往东方大学，为中国班学员作关于中国革命运动问题的报告。袁玉冰等学员深受启发。袁玉冰在《论列宁》中，注意并强调指出了马克思主义领袖的几大精神品质，其中，"合原理""信任群众"等的提出代表着袁玉冰开始从"理论与实践相结合"的视角看待中国革命问题。所谓"合原理"，是指多数意见不符合"合原理"的基础的时候，要始终相信"合原理的政策是最正当的政策"。① 所谓"信任群众"，是指相信群众的创造力，牢记列宁"到群众中去学习，仔细地去了解他们的行动，注意去研究群众斗争的实际经验"。② 通过东方大学的系统学习，袁玉冰的马克思主义理论水平显著提高。1925 年冬，遵从党组织安排，提前结束学业，回到上海，担任江浙区委组织委员。这时，江西传来赵醒侬不幸遇害的消息。

赵醒侬（1892—1926），字性和，号勤农，今江西抚州市南丰县人。父为裁缝，赵醒侬子承父业，亦曾学做裁缝。28 岁，以字和号的"性""农"二字，谐音为"醒侬"，报名参加江苏省立第二师范附属小学职业补习班学习，逐渐接触和接受革命思想，走上革命道路。1922 年 8 月，赵醒侬结识从江西避难到上海的方志敏，并经后者介绍加入中国社会主义青年团。同月，方志敏介绍赵醒侬与袁玉冰相识，三位江西早期马克思学说传播者成为志同道合的革命战友与同志，史称"江西三杰"。

江西劳动青年中接受
马克思学说第一人——赵醒侬

赵醒侬作为江西劳动青年中接受马克思学说的第一人，积极筹建江西党团组织，宣传马克思主义思想。1926 年 9 月 16 日，军阀邓如琢以"宣传赤化，图谋不

① 袁玉冰：《论列宁》，中共江西省委党史资料征集委员会：《江西党史资料·30·袁玉冰专集》，北京：中央文献出版社，1994 年，第 73 页。
② 袁玉冰：《论列宁》，中共江西省委党史资料征集委员会：《江西党史资料·30·袁玉冰专集》，北京：中央文献出版社，1994 年，第 74 页。

轨"的罪名将赵醒侬杀害。噩耗传来，远在上海的袁玉冰悲痛不已，作《悼赵醒侬同志》，指出赵醒侬同志是"一个被压迫的青年""一个职业革命家""江西民族革命运动的先锋"。他警醒江西人民通过赵醒侬之死而觉醒，认识到"醒侬同志的遇害尚有帝国主义的元素，民族运动是帝国主义所疾首痛心的"，指明"我们要想在帝国主义及军阀的双重压迫之下解放出来，只有我们自己在国民革命的旗之下团结起来，才有可能"。① 可见，此时的袁玉冰在接受过革命的洗礼和系统培训之后，理论水平大幅提高。赵醒侬同志牺牲后，江西革命组织宣传力量亟须加强。为此，党决定派遣袁玉冰回到江西，任中共江西地委宣传部部长。

《红灯》杂志

回到南昌，袁玉冰身兼三职：中共江西区委宣传部部长、江西团委书记、《红灯》杂志主编。《红灯》杂志创刊于1923年，当时的总策划人就是袁玉冰。袁玉冰组织崔豪等同志编辑《红灯》杂志，作为团地委机关刊物，但仅出版一期，便因政治经济等原因被迫停刊了。袁玉冰复刊《红灯》，强调《红灯》是"为革命的""是为革命的青年作革命的指导的"。他表示，"我们愿意竭尽我们所有的能力，为江西青年供给革命的理论，指导革命的行动，这就是'红灯'

① 袁玉冰：《悼赵醒侬同志》，中共江西省委党史资料征集委员会：《江西党史资料·30·袁玉冰专集》，北京：中央文献出版社，1994年，第77页。

继续出版以后的新使命"。^① 此后，袁玉冰把《红灯》作为舆论宣传阵地，每期亲自撰写文章，指引青年革命道路和方向，唤醒青年觉悟。他呼吁重视青年工人权益，减少工作时间，禁止使用童工，要求同工同酬，限定最低工资;^② 他以《红灯》作为"青年工农及一般被压迫青年利益的喉舌"，^③ 为农村青年请愿，要求给予青年农民受教育等权利。他鼓励江西青年学习马克思主义理论，并计划就研究共产主义的方法提出自己的观点，并在"研究共产主义的方法""共产主义研究大纲""研究共产主义看些什么书""共产主义看报的重要内容"^④ 等四个方面详细撰文，给青年以参考。他还与同学徐先兆等 30 人发起"列宁主义研究会"，呼吁江西青年学习列宁主义、阐明列宁主义、实现列宁主义，并就怎样学习列宁主义作专题报告。

江西省吉安市泰和县袁玉冰故居

为宣传马克思主义思想与共产主义理想，袁玉冰撰写了一篇颇具宣传价值的文章——《今年红色五月的新意义》。1926 年 5 月在袁玉冰看来是最为与众不同

① 袁玉冰:《〈红灯〉的新使命》，中共江西省委党史资料征集委员会:《江西党史资料·30·袁玉冰专集》，北京：中央文献出版社，1994 年，第 78 页。
② 袁玉冰:《为青年工人》，中共江西省委党史资料征集委员会:《江西党史资料·30·袁玉冰专集》，北京：中央文献出版社，1994 年，第 83 页。
③ 袁玉冰:《为江西农村青年请愿》，中共江西省委党史资料征集委员会:《江西党史资料·30·袁玉冰专集》，北京：中央文献出版社，1994 年，第 84 页。
④ 袁玉冰:《怎样研究共产主义》，中共江西省委党史资料征集委员会:《江西党史资料·30·袁玉冰专集》，北京：中央文献出版社，1994 年，第 89 页。

的。这是"红色的五月",它包括"五一、五四、五五、五七、五卅几个最有价值意义"。① 五一是"一切革命民众向工人农民表示同情,结成联合战线,一同向帝国主义及反动派进攻的日子";② 五四的新意义"就是要赤的五四精神复活起来";③ 五五是马克思的生日,"我们不但要了解马克思主义,接受马克思主义,而且要在行动上在一切战斗中贯彻与活用马克思主义";④ 五七是袁世凯签订二十一条的第十二年,袁玉冰呼吁在当年五七洗刷新的耻辱,即"打倒日本帝国主义勾结蒋介石的阴谋,打倒勾结日本帝国主义的蒋介石";⑤ 1926 年是五卅惨案一周年,袁玉冰呼吁"一方面要竭力提高反帝国主义尤其是反英帝国主义的勇气和精神,同时,尤要利用帝国主义间相互的冲突,破坏他们的联合阵线"。⑥ 最后,他要求广大青年"了解红色五月的新意义",积极参与革命工作。他鼓励广大青年不要恐惧,不要畏缩,"恐惧畏缩绝不是一个革命者的态度"。强调革命者要视死如归,"我们要踏着死的血迹而前进,继续死者的精神,艰苦的去奋斗!"⑦

1926 年 12 月 27 日,袁玉冰被国民党反动派逮捕并杀害,年仅 27 岁。袁玉冰的一生是短暂而辉煌的一生,他是江西传播马克思主义第一人,也是千千万万学习和传播马克思学说的江西共产党人的代表。同时,他也是江西人民思想包容、倡导良知的代表。

① 袁玉冰:《今年红色五月的新意义》,中共江西省委党史资料征集委员会:《江西党史资料·30·袁玉冰专集》,北京:中央文献出版社,1994 年,第 103 页。
② 袁玉冰:《今年红色五月的新意义》,中共江西省委党史资料征集委员会:《江西党史资料·30·袁玉冰专集》,北京:中央文献出版社,1994 年,第 103 页。
③ 袁玉冰:《今年红色五月的新意义》,中共江西省委党史资料征集委员会:《江西党史资料·30·袁玉冰专集》,北京:中央文献出版社,1994 年,第 104 页。
④ 袁玉冰:《今年红色五月的新意义》,中共江西省委党史资料征集委员会:《江西党史资料·30·袁玉冰专集》,北京:中央文献出版社,1994 年,第 104 页。
⑤ 袁玉冰:《今年红色五月的新意义》,中共江西省委党史资料征集委员会:《江西党史资料·30·袁玉冰专集》,北京:中央文献出版社,1994 年,第 105 页。
⑥ 袁玉冰:《今年红色五月的新意义》,中共江西省委党史资料征集委员会:《江西党史资料·30·袁玉冰专集》,北京:中央文献出版社,1994 年,第 105 页。
⑦ 袁玉冰:《红色五月中之白色恐怖》,中共江西省委党史资料征集委员会:《江西党史资料·30·袁玉冰专集》,北京:中央文献出版社,1994 年,第 107 页。

第六章
积极进取　创新求变

　　积极进取，创新求变。景德镇瓷器是江西最显著的物质文化标识，也代表着江西优秀文化精神标识的积极进取、创新求变特征。江西制陶历史悠久，历朝历代接续发展，不断创新。景德镇即古代饶州浮梁县昌南地区，北宋真宗景德元年，景德镇始置。其地"水土宜陶"，所产陶器"洁白不疵"，因此又有"饶玉"之名。除天然优势外，制陶工匠赓续创新，亦是景德镇陶瓷工业长盛不衰的重要因素。北宋年间，制陶工匠先后创制"支钉叠烧""匣钵仰烧"等工艺。元代，制陶工匠采用"二元配方法"，即"瓷石加高岭土"技术，成功烧制成品元青花。清初，景德镇"高温铜红釉"烧制技术达到历史最高水平。除景德镇瓷器外，明代宋应星《天工开物》亦能代表江西古代科技创新精神。明代著名科学家宋应星著《天工开物》十八章，分农业、手工业、冶炼业三部分，反映和记录了古代江西乃至全国的科技体系。江西人民的积极进取、创新求变不仅仅表现在上述两方面，而且表现在各行各业方方面面。正是因为内含积极进取创新求变的精神品质，江西人民才能够在革命战争时期，不怕牺牲，踊跃支援革命。

第一节　景德镇瓷器千年创新

　　景德镇是闻名世界的瓷都，是江西优秀文化精神标识的物质特征代表。景德镇瓷器能够传承千年，与其地理环境和水土特质有关，更与其不断创新的精神特质有关。创新来自人民的智慧和力量，景德镇人民和江西人民的智慧和力量是景德镇瓷器千年创新的保障。史料记载的景德镇瓷器第一次创新发生在东晋。

制瓷师主赵慨的改革

制瓷祖师赵慨

赵慨，生卒年不详，字叔朋，不知何方人士，主要活动于东晋年间，曾在福建、浙江、江西等地为官，官居五品。赵慨爱陶，潜心钻研各种制陶技术。在浙江为官期间，对当地的越窑爱不释手，于是，认真学习和仔细研究制作流程，熟练掌握越窑技术。东汉越窑是人类最早的瓷业作坊。越窑技术领先，"至迟在东汉晚期越窑创造出浸釉法"，[①] 制造青瓷。赵慨为官刚正不阿，遭佞臣陷害，被贬为民，于是，赵慨经深思熟虑，选择景德镇作为归宿。作为古已有之的瓷器生产之地，景德镇有着与越窑不分伯仲的自然地理和水土资源，具有瓷器生产所需要的所有自然条件。赵慨到景德镇后，"对景德镇陶瓷的胎釉配制、成形和焙烧等工艺进行了一系列的重大改革"，[②] 极大促进当地瓷器制造技艺水平的提高，推动景德镇陶瓷向瓷器的转型发展。当地人民受其恩惠，感其贡献，明宣德年间，赵慨被尊为"佑陶之神"。负责监督景德镇官窑的太监张善主持建造祠庙一座，称"师主庙"。赵慨为景德镇陶瓷发展奉献毕生精力，被后人尊称"制瓷师主"，名传千古。

外地成熟工匠带来新技术

景德镇制陶工匠既有本土的，也有外来的，后者给景德镇制陶技术的创新发

---

① 魏建刚：《越窑制瓷史》，北京：中国社会科学出版社，2015年，第110页。

② 《赵慨》，李放主编：《江西历代杰出科技人物传》，南昌：江西科学技术出版社，2000年，第13页。

宋吉州窑"舒家记"款

展带来宝贵经验和充足动力。史料记载，"景德镇初多永和陶工"。[1] 初，这里指南宋时期。永和，指江西吉州永和市窑。永和市窑，即永和窑，古为吉安府庐陵县，今为江西省吉安市，是古代中国名窑。永和窑以舒、陈、周、郭、谢等五窑最为著名。南宋民族英雄文天祥是庐陵人，曾任右丞相。当地人民爱戴文天祥，人称"文丞相"，亦流传其与永和窑的故事。"相传陶工作器入窑，宋文丞相过时，尽变成玉。工惧事闻于上，遂封穴不烧，逃之饶，故景德镇初多永和陶工。"[2] 永和陶工有多少留在了景德镇，带去了怎样的技术，史料并无明确记载。众多永和能工巧匠中，最著名的当数舒氏父女——舒翁、舒娇。史料记载，永和五窑中，舒氏父女所烧制陶瓷最佳，"其炉、瓮诸色，几与哥窑等价。花瓶大者值数金，小者有花"。[3] 哥窑是宋代五大名窑之一，其特征为釉面大小纹片结合，如破碎后黏合起来一般。哥窑是中国陶瓷史一大谜案，因其窑址一直未能找到。舒氏父女擅长制造仙佛、玩具造型瓷器，兼具观赏与实用性能。技法采用剪纸贴花、彩绘、洒釉、剔花和木叶纹独创方法。烧制工艺采用油滴、兔毫、鹧鸪斑、

① ［清］蓝浦、郑廷桂：《景德镇陶录图说》，连冕编注，济南：山东画报出版社，2004 年，第 176 页。
② ［清］蓝浦、郑廷桂：《景德镇陶录图说》，连冕编注，济南：山东画报出版社，2004 年，第 176 页。
③ ［清］蓝浦、郑廷桂：《景德镇陶录图说》，连冕编注，济南：山东画报出版社，2004 年，第 176 页。

虎皮斑等技法。永和窑成熟的工艺技法传入景德镇后,"为景德镇釉下彩青花瓷的产生开创了道路。印花装饰和覆烧技法也给景德镇以影响"。[①]

昊十九首创景德镇薄胎瓷

明万历娇黄釉凸雕九龙方盂

昊十九

晚明时期,景德镇出现一位民窑制瓷名匠,他就是昊十九。昊十九,姓吴,名昊为,别号十九,自称壶隐老人,今江西景德镇人。吴姓是当地制瓷名家,昊十九自幼受家庭熏染,对制瓷情有独钟。除继承家传制瓷工艺外,他还刻苦练习绘画与书法,不断提高诗文修养。昊十九天资聪颖,加之刻苦训练,其诗书画水平独步景德镇。据说,其诗文能与当地进士官宦相唱和,其书法与元代书法家赵孟頫不相上下。昊十九对景德镇瓷器最大的贡献是其薄胎瓷的创新发明。他继承吴氏家传制瓷技术,但并未止步于此。他精心钻研,造出薄胎流霞盏和卵幕杯等名品。《景德镇陶录·壶公窑》记载,"神庙时烧造者,号壶隐老人。其色料精美,诸器皆佳。有流霞盏、卵幕杯两种最著。盏色明如朱砂,杯极莹白可爱,一枚才重半铢,四方不惜重价求之"。[②] 明代文学家李日华欣赏昊十九其人其技其器,赠诗曰:"为觅丹砂斗市廛,松声云影自壶天,恁君点出流霞盏,去泛兰亭九曲泉。"[③] 昊十九既能创新创造,又能传承仿制。史料记载,他"亦雅制壶类,

---

① 王睿:《吉州窑之永和窑与临江窑初步比较》,《南方文物》2015年第2期。
② [清] 蓝浦、郑廷桂:《景德镇陶录图说》,连冕编注,济南:山东画报出版社,2004年,第137页。
③ [清] 蓝浦、郑廷桂:《景德镇陶录图说》,连冕编注,济南:山东画报出版社,2004年,第137页。

色淡青，如官、哥器，无冰纹。其紫金壶带朱色，皆仿宜兴时、陈样壶，底款为
'壶隐老人'四字"。① 吴十九仿制的古瓷器，其精美足以乱真，令人真假难辨，
人称"仿古瓷大师"。明代御史樊玉衡赠诗赞吴十九，曰："宣窑薄甚永窑厚，
天下驰名吴十九。更有小诗清动人，匡庐山下重回首。"中国台北"故宫博物
院"现藏明万历娇黄釉凸雕九龙方盂一座，底部款识为"钧尔陶兮，文尔质。
龙函润珠，跃东壁。万历年吴为制"。有学者认为，这座方盂底款的"吴为"
即吴十九。吴十九虽技艺精湛，但安贫乐道，生活质朴，堪称景德镇制陶工匠
典范。

唐英管理才能令景德镇创新发展

景德镇瓷器发展到清中期，技术和艺术成就达到其历史上巅峰。这种巅峰成
就的取得固然有方方面面的原因，但唐英对景德镇瓷器产业的管理与技术革新始
终是最为关键的因素。

唐英（1682—1756），字俊公，亦作隽公、叔
子，自号蜗寄、蜗寄老人，汉军正白旗，今辽宁沈
阳人。唐英一生75年，可简单分为三个篇章。第一
篇章即从出生到15岁，居家成长学习，"少负奇质，
工诗文与画，心悟绝人"；② 第二篇章从16岁到46
岁，入宫服侍康熙皇帝25年，后升任内务府员外
郎，管理造办处事务5年；第三篇章从46岁到去
世，主要在景德镇御窑厂督办陶务，亦"司榷两淮、
九江"，时间长达29年。

清代陶瓷艺术家唐英

唐英初到景德镇，完全是个门外汉。唐英到景德镇御窑厂，发现这里的一切
都是平生所仅见，生产工艺与流程"茫然不晓"，工匠所言技术术语和内容完全

① ［清］蓝浦、郑廷桂：《景德镇陶录图说》，连冕编注，济南：山东画报出版社，2004年，第137页。
② 《李绂序》，张发颖、习云展整理：《唐英集》，沈阳：辽沈书社，1991年，第32页。

听不懂，只得"日唯诺于工匠之意旨"，每日惴惴不安，生怕"辱命误公"。① 于是，唐英自降身份，不耻下问，与工匠同食宿，边生产边学习，用了整整三年时间，基本掌握了景德镇陶瓷制造的工艺流程和技术精髓。他说："于物料火候生克变化之理，虽不敢谓全知，颇有得于抽添变通之道。向之唯诺于工匠意旨者，今可出其意旨，唯诺夫工匠矣。"② 短短三年，便反客为主，能够在技术上指挥工匠，这是唐英在景德镇成功的重要基础。雍正年间，唐英虽在景德镇督办陶务，但其顶头上司是督理淮安关的年希尧，故这一时期的景德镇御窑厂也称"年窑"。年希尧因事被革职后，唐英于乾隆年间总理陶务，长达 20 年。因此，这20 年间的景德镇御窑厂也称"唐窑"。但这一时期，唐英是兼职总理陶务，其正职是督理宿迁关、九江钞关、粤海关等。其大部分时间都在处理榷关事务，每年仅春秋两季巡视景德镇御窑厂，因此，景德镇瓷器质量下降。朝廷大为不满，要求唐英赔偿。唐英在征得朝廷同意后，派遣协理官进御窑厂督造，情况开始好转。唐英管理御窑厂第八年，厂内"工匠办事人役"③ 每年达 300 人；总产量近10 万件。

从年窑到唐窑，唐英所做贡献极大。《景德镇陶录》记载，年窑瓷器"琢器多卵色，圆类莹素如银，皆兼青彩，或描锥、暗花、玲珑皆巧样。仿古创新，实基于此"。年窑"选料奉造，极其精雅"，④ 这是唐英于年窑的贡献。《景德镇陶录》记载，唐英"深谙土脉火性，慎选诸料，所造俱精莹纯全。又仿肖古名窑诸器，无不媲美。仿各种名釉，无不巧合。萃工呈能，无不盛备。

唐英监制的清乾隆天青釉粒粉宝相花纹如意寿带耳描金玉壶春瓶

---

① ［清］唐英撰：《瓷务事宜示谕稿序》，张发颖编：《唐英督陶文档》，北京：学苑出版社，2011 年，第13 页。

② ［清］唐英撰：《瓷务事宜示谕稿序》，张发颖编：《唐英督陶文档》，北京：学苑出版社，2011 年，第13 页。

③ ［清］唐英撰：《陶成纪事碑记》，张发颖编：《唐英督陶文档》，北京：学苑出版社，2011 年，第 4 页。

④ ［清］蓝浦、郑廷桂：《景德镇陶录图说》，连冕编注，济南：山东画报出版社，2004 年，第 141 页。

又新制洋紫、法青、抹银、彩水墨、洋乌金、珐琅画法洋彩、乌金、黑地白花、黑地描金、天蓝、窑变等釉色器皿。土则白壤而埴，体则厚薄惟腻，厂窑至此，集大成矣。"① "集大成"是对唐英最公允的评价与赞美。

唐英《陶冶图说》成为陶瓷工艺教科书。传统陶瓷制造工艺传承采用师徒制度、口耳相授、经验相传的方式，尚未形成教育制度体系，尤其是未能编撰教育制度体系的基本元素——教科书。唐英认为编撰一部陶器制造工艺方面的教科书是自己当仁不让的责任，他说："粤稽虞代，肇兴陶正之官。载诸考工，详列陶瓶之职。是知埏埴为器，日用必资，故应阐发精微，用以昭垂永久。"② 唐英这部教科书从"采石制泥、淘练泥土、炼灰配釉"开讲，他认为，"制瓷所需在泥土，而泥土之细在淘澄。泥土细而坯胎成灰，泥合而釉色备。泥釉是当首蓄，淘练尤合居先"。③ 其后，他讲解"制造匣钵、圆器修模、圆器拉坯"等17步陶瓷工艺，用20步方法，通过书面语言传承了景德镇制瓷工艺。"该书一经问世便成为后世督陶官员或其他从事制陶管理人员必备的教科书，甚至成了陶瓷工艺史和世界文化发展史上的重要著作"。④

唐英除在御窑厂管理方面进行创新外，还在制瓷技术上大胆创新。唐英督陶期间，在制瓷方面最显著的创新就是"吹釉法"。传统制瓷采用蘸釉，"上釉之法，古制将琢器之方长棱角者，用毛笔拓釉，弊每失于不匀。至大小圆器及浑圆之琢器俱在缸内蘸釉，其弊又失于体重，多破坏全器，倍为难得。今圆器之小者，仍于缸内蘸釉，其琢器与圆器大件俱用吹釉法。以径寸竹筒截长

日本永青文库藏
唐英瓷器书法对联

---

① ［清］蓝浦、郑廷桂：《景德镇陶录图说》，连冕编注，济南：山东画报出版社，2004年，第141页。

② ［清］唐英撰：《陶冶图编次（陶冶图说)》，张发颖编：《唐英督陶文档》，北京：学苑出版社，2011年，第6页。

③ ［清］唐英撰：《陶冶图编次（陶冶图说)》，张发颖编：《唐英督陶文档》，北京：学苑出版社，2011年，第6页。

④ 《唐英》，李放主编：《江西历代杰出科技人物传》，南昌：江西科学技术出版社，2000年，第182页。

七寸，头蒙细纱，蘸釉以吹。俱视坯之大小与釉之等类别，其吹之遍数，有自三四遍至十七八遍者。此蘸釉所由分也"。① 此外，唐英还在中国陶瓷史上首次进行了书法艺术与制瓷技术结合的尝试，并取得了成功。如日本永青文库藏唐英瓷器书法对联，对联内容："墨彩朝飞河北纸，炉烟夜篆海南香。"引首章为"御赐郁金积翠"，落款"蜗寄唐英书"。② 唐英还开创了中国陶瓷史文人瓷先河。初国卿先生说："唐窑另一个具有里程碑意义的贡献就是开文人瓷画之先河，在中国瓷器上绘中国画，写中国书法，题中国诗，钤中国印，同时署上瓷绘者的名字。使瓷画在保持工艺性的前提下，又达成了与纸绢画一样的绘画审美效果，尤其是在瓷画上署上瓷绘者的名字，这就更有了划时代的文化意义。"③

唐英以积极进取、创新求变的精神，引导景德镇陶瓷创新发展，使景德镇和景德镇瓷器成为享誉世界的中国名片、江西名片。唐英的创新精神值得后世学习。"榷使兼陶使，昌南于役频。秋山黄叶路，茅店夜灯人。云气侵衣薄，霜华染鬓匀。暂时樵牧伍，不觉在风尘。"④ 唐英的诗也许表达了"创新精神"的真谛——永远在路上。

第二节　江西古代十大名医的创新与进取

一、南宋名医崔嘉彦《崔氏脉诀》

崔嘉彦（1111—1190），字希范，今甘肃天水人，行医在江西南康，即今江西九江市庐山市（原星子县）。崔嘉彦出身道士，号紫虚真人，悬壶济世，精通脉学，创立西原正派脉学。中年以后在江西庐山隐居行医，位列江西古代十大名

---

① ［清］唐英撰：《陶冶图编次（陶冶图说）》，张发颖编：《唐英督陶文档》，北京：学苑出版社，2011年，第9页。
② 初国卿：《陶圣故里：唐英和"唐窑"的辉煌》，《芒种》2021年第1期。
③ 初国卿：《陶圣故里：唐英和"唐窑"的辉煌》，《芒种》2021年第1期。
④ 唐英：《深秋于役浮梁道中即事》，张发颖、习云展整理：《唐英集》，沈阳：辽沈书社，1991年，第54—55页。

医。西原正派脉学是在传统王叔和《脉经》、高阳生《脉诀》等二十四脉象基础上，创造性提出以浮、沉、迟、数"四脉为宗，以总万病"理念，从而创立西原正派脉学。西原正派脉学强调临床实用性，为此，崔嘉彦撰写《崔氏脉诀》作为理论与实践的指导。《崔氏脉诀》言简意赅，以"四言"论述为特征，共计 660句，2640 字，开创"四言"医论先河，亦名《四言脉诀》。明代医学家李时珍的父亲李言闻曾删订《崔氏脉诀》，并突出其"四言"特征，名为《四言举要》。如

江西古代十大名医之
崔嘉彦《崔氏脉诀》

崔嘉彦对脉学进行总论，曰："脉乃血派，气血之先。血之隧道，气息应焉。其象法地，血之府也，心之合也，皮之部也。"① 南宋大思想家朱熹与崔嘉彦交厚，曾前往庐山西原庵拜访崔嘉彦，并叩问养生之道。后，朱熹作《西原庵记》以记之。崔嘉彦对古代脉学影响深远，后世多位名医遥继其衣钵，本文所引用的《医灯续焰》便是其中一例。

二、南宋妇科专家陈自明

陈自明（约 1190—1272），字良甫，一作良父，今江西抚州人。陈氏乃中医世家，陈自明自幼耳濡目染，颇受熏陶。他喜爱医学医术，注重医理与医术结合，善于总结家学与其他医学之长，很快便在妇产科、内科等方面声名远播。著有《管见大全良方》《妇人大全良方》《外科精要》，其中，《妇人大全良方》是中国中医妇科学术史的奠基之作。《妇人大全良方》著于 1237 年，即南宋理宗嘉熙元年。该书"全面而系统地论述了妇女一生各时期的病症，分为调经、众疾、求嗣、胎教、妊娠、坐月、产难、产后八门。每门有论，论后列方，方后附以医案。全书共 24 卷，计 266 论，1118 方。该书总结了南宋以前妇产科的成就，博

---

① 《医灯续焰正文》，[明] 王绍隆撰；[清] 潘楫辑注：《医灯续焰》，北京：中医古籍出版社，2015年，第 1 页。

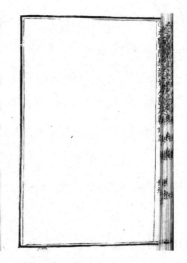

江西古代十大名医之陈自明《妇人大全良方》，亦称《妇人良方大全》

引南宋以前有关妇产科的文献 40 余种，参考了 20 余位有成就、有影响的医家的临证经验，并结合家传验方及多年的医疗实践，编撰而成。"①《妇人大全良方》问世后，获得医界同人盛赞，传承数百年仍被奉为经典，而且受到国外同行追捧，在日本、朝鲜均有手抄本传世。陈自明的医术之所以影响深远且广泛，一个重要原因是他敢于创新。他曾在书中对"乳岩"症状进行描述和论证，认为越早发现越能及时得到治愈，如果延误治疗，后果不堪设想。一般认为，陈自明所说的"乳岩"与现代医学的"乳癌"相似。可以说，陈自明是世界上第一位发现乳癌的医生，而且是第一位通过中医方法发现乳癌的中医妇科医生。

三、严用和辨证施治

严用和，生活于南宋时期，字子礼，今江西庐山人。其师刘开是崔嘉彦徒弟，故严用和是崔嘉彦徒孙。严用和慧而敏学，尤爱医术，12 岁拜名医刘开学习，17 岁便可独立坐堂开诊。严用和采用朴素的辩证法思维看待病人与疾病的

---

① 《校注说明》，[宋] 陈自明：《妇人大全良方》，刘洋校注，北京：中国医药科技出版社，2011 年。

关系，他说："世变有古今之殊，风土有燥湿之异，故人禀亦有厚薄之不齐，若概执古方，以疗今之病，往往枘凿之不相入者，辄因臆见，乃度时宜，采古人可用之方。"① 他运用此方法，先后撰《济生方》《济生续方》两部医书。可惜，两部书早已散佚。现代整理出版的《重订严氏济生方》是通过《永乐大典》《四库全书》等古书找到的《济生方》《济生续方》部分内容。他提出"调养脾肾，以滋化源""调畅气机，以利化痰""调气血和阴阳，以疗杂病""脉因证治合参，以求四者俱全""遣方用药，承古开今"等鲜明独到的医学观点。严用和的观点是明代中医温补学派和命门学说的理论基础，得到后世推崇。此外，严用和制方，亦采用辩证思维，刚柔相济，动静结合。如他主张以气化痰，并以二陈汤为基础制成治痰效方涤痰汤。严用和"毕生为医学的普及与提高做出了较大贡献，他的学术思想及治疗经验，足资后世借鉴，其学术地位在中医学的发展史中占有重要地位"。②

日本宫内厅书陵部藏严用
和《严氏济生方》

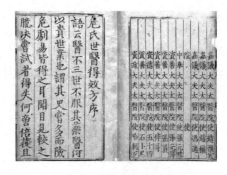

江西古代十大名医之
危亦林《世医得效方》

四、危亦林创造的的中医世界之最

危亦林（1277—1347），字达斋，今江西省抚州市南丰县人。危氏世代行医，家学深厚，医道精深。危亦林既继承家学，又博采众长，曾在外学习疮肿科和咽

---

① 《原序一》[宋] 严用和：《重订严氏济生方》，浙江省中医研究所文献组、湖州中医院整理，北京：人民卫生出版社，1980 年，第 21 页。

② 孙莹、曹瑛：《九江名医严用和生平及贡献》，《江西中医药大学学报》2022 年第 1 期。

喉口齿科，丰富自身学问，积累临床经验，终成一代名医。危亦林一生勤学好问，钻研不辍，于中医学发展计有三大创新性贡献。

世界上首次使用全身麻醉术。东汉末年医学家华佗在中医外科临床使用麻醉术，是中医麻醉术最早使用记录。可惜，相关资料早已不传。危亦林中医名著《世医得效方》记载，骨科有麻药"草乌散"，该药"治损伤骨节不归窠者，用此麻之，然后用手整顿"。① 草乌散主要成分是曼陀罗花、川乌、草乌等。1805年，日本外科医生华冈青州使用曼陀罗作为麻醉剂，一般认为这是世界上最早的记录。但事实上，危亦林作为中医骨外科专家，早于华冈青州450年，便已使用并记录了麻醉剂的用法和用途，这也是世界上最早的全身麻醉记录。

危亦林首创"悬吊复位法"。危亦林专门就医治背脊骨折首创"悬吊复位法"。《世医得效方》记载"背脊骨折法"，指出"凡挫脊骨，不可用手整顿，须用软绳从脚吊起，坠下身直，其骨便自然归窠。未直，则未归窠，须要坠下，待其骨直归窠。然后用大桑皮一片，放在背皮上，杉树皮两三片，安在桑皮上，用软物缠，夹定，莫令屈。用药治之"。② 学界一般认为，危亦林"悬吊复位法"与现代整复方法原理一致，其桑皮杉树皮固定方法与石膏固定原理一致，比英国医生达维斯1927年提出的悬吊法早600余年。此外，危亦林就医治肩关节脱位提出"架梯复位法"，这种治疗方法比现代外科奠基人巴累氏1572年的类似方法早200余年，居当时世界医学领先地位。

危亦林《世医得效方》是中医方剂学巨著。危亦林先后用10年时间，完成中国中医方剂学巨著《世医得效方》。该书共20卷，分内、外、妇、儿、五官、伤骨等科，共载医方3300余首。一些著名医方如参附汤、天王补心丹、玉屏风散、归脾汤、二妙散等至今仍在使用。危亦林《世医得效方》亦有深远的国际影响。《世医得效方》传播到日本，对日本古典骨伤学产生重要影响，是日本古代正骨术的重要理论基石。

---

① ［元］危亦林：《世医得效方》，王育学等校注，北京：中国中医药出版社，1996年，第301页。
② ［元］危亦林：《世医得效方》，王育学等校注，北京：中国中医药出版社，1996年，第293页。

危亦林及其《世医得效方》是中国古代中医学的巨大成就，其创新创造精神是江西古代精神标识的重要例证。

五、儿科推拿第一人龚廷贤

江西抚州金溪县江西古代十大名医之龚廷贤故里

龚廷贤（1522—1619），字子才，号云林，今江西省抚州市金溪县人。龚氏乃医学世家，父亲龚信供职于明太医院。龚廷贤自幼接受家学，根基扎实。及长，悬壶济世，访师拜友，切磋医术，医道精进，于各科均有研究。龚廷贤尤精儿科，著有《小儿推拿秘旨》两卷，重点论述了"多种小儿常见病的病因、病机、诊断以及小儿常见病的推拿穴位和推拿治疗方法"，[1] 史称"儿科推拿第一人"。龚廷贤认为，推拿是以手代针之神术，对治疗小儿病症尤具良效。由于小儿无法准确描述自身病情，小儿病症俗称哑科。龚廷贤根据哑科特征，发展和总结小儿望诊理论，为小儿病症治疗做出重要贡献。此外，龚廷贤还根据小儿身体特点，创新发展小儿穴位手法和口诀，对小儿常见病如惊风的治疗颇见效果。龚廷贤不仅重视儿科，对其他医学问题亦有深入研究，如内科、妇科、眼科、外科

---

① 《标注说明》，[明] 龚廷贤：《小儿推拿秘旨》，王道全等校注，北京：中国盲文出版社，2013 年，第 1—2 页。

等。他一生倾心医学研究与临床实践，著述等身。其代表作还有《种杏仙方》《万病回春》《秘授眼科百效全书》《复明眼方外科神验全书》《云林神彀》《济世全书》等数十种。龚廷贤年97去世，是一位长寿的中医学家。

六、医术与医德并重的明代医学家李梴

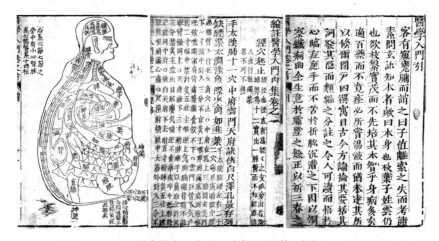

江西古代十大名医之李梴《医学入门》

明嘉靖万历年间医学家李梴，字健斋，今江西省抚州市南丰县人，生卒年不详。李梴自幼聪颖，因病学医，学成行医于赣闽，医术精湛，医德高尚。晚年，李梴集数十年问诊经验与众家医学理论于一身，完成一部专为初学者阅读和学习的著作——《医学入门》。《医学入门》不仅记载医术，而且专门论述医德，是古代强调医德与医术辩证关系，重视职业道德的重要医学文献。

《医学入门》是明代以前医学之大成。李梴编著《医学入门》，以明洪武年间医学家刘纯《医经小学》为蓝本，取前代医学名著如《素问》《灵枢》《脉经》等数十部之精华，内容包括"医学人物、天人相应、保养、运气、经络、脏腑、四诊、针灸、本草，外感温暑、伤寒及内伤、杂病证治，妇人、小儿、外科证治，内妇儿外各科方剂，治法及习医规格等"，① 是集明代以前医学之大成之作。

---

① 《导读》，[明] 李梴编撰：《医学入门》上，田代华等整理，北京：人民卫生出版社，2006年，第2页。

《医学入门》强调医德修养，重视职业道德养成。该书《习医规格》开篇即指出："医司人命，非质实而无伪，性静而有恒，真知阴功之趣者，未可轻易以习医。"[1] 古人秉持男女授受不亲之观念，于医学格外强调。李梴认为，问诊妇女，"或证重而就床隔帐诊之，或证轻而就门隔帷诊之，亦必以薄纱罩手。贫家不便，医者自袖薄纱。寡妇室女，愈加敬谨，此非小节"。[2] 他明确指出，习医即"不欺而已"，"欺则良知日以蔽塞，而医道终失；不欺则良知日益发扬，而医道愈昌"。[3]

《医学入门》作为中国中医名著，流传至日本、越南等国，李梴也成为具有国际影响的明代医学家，其医术与医德辩证思想至今仍影响后代中医学者。

七、痨病学家与养生大师龚居中

龚居中，生年不详，卒于 1646 年，生活于明万历崇祯年间，字应圆，别号如虚子，今江西省抚州市金溪县人。龚氏乃医学世家，龚居中耳濡目染，对医学各科均有研究，最擅长痨病治疗与养生疗法。

龚居中痨病疗法均载于其名著《红炉点雪》。该书原名《痰火点雪》，痰火即痨病，"因其有痰有火，病名酷厉可畏者，故今人讳之曰痰火"。[4] 后取"红炉飞片雪，龙虎自相随"的"红炉"二字，名其著为《红炉点雪》。全书共四卷，卷一论述痰火，卷二

江西古代十大名医之龚居中
《红炉点雪》

论述结核，卷三论述中药疗法，卷四论述针灸与养生疗法。龚居中对痨病结核的论述和治疗方案，不仅为古人疗病解忧，而且也对现代医学有借鉴和启发作用。

---

① 《习医规格》，[明] 李梴编撰：《医学入门》下，田代华等整理，北京：人民卫生出版社，2006 年，第1264—1265 页。

② 《习医规格》，[明] 李梴编撰：《医学入门》下，田代华等整理，北京：人民卫生出版社，2006 年，第1265 页。

③ 《习医规格》，[明] 李梴编撰：《医学入门》下，田代华等整理，北京：人民卫生出版社，2006 年，第1266 页。

④ [明] 龚居中：《红炉点雪》，上海：上海科学技术出版社，1959 年，第 1 页。

《红炉点雪》介绍了养生方法,如"却病延年一十六句之术""运识五脏升降法""动功六字延寿诀""静坐功夫"等,这些只是痨病养生方法,其他养生疗法均载于《福寿丹书》。

《福寿丹书》是龚居中另一部代表作。该书成于明天启四年(1624),共分安养篇、福延龄篇、福服食篇、福采补篇、福玄修篇、寿清乐篇、脏腑篇等七卷,系统阐述"养德养气是福寿之源"的中医养生理论。

龚居中作为明代痨病学家和养生大师,其著作至今仍是学界研究的重要内容,其记载的古方古法对现代人的健康养生仍有重要参考价值。

八、清代"医圣"喻昌

喻昌(约1585—1664),字嘉言,别号西昌老人,今江西省南昌市新建区人。喻昌60岁前,郁郁不得志,加之明末清初政局动荡,并无可圈可点的人生事迹。60岁,遁入空门,从名师学习医术,从此人生大放异彩。喻昌行医之地主要在江西和江苏,因其敢于创新,阐发新论,如"脾胃理论""幼科医论""大气论""秋燥论"等,故名噪一时,在江苏人称"医圣"。喻昌是著述等身的医学家,其传世著作有《寓意草》《尚论篇》《医门法律》《生民切要》《喻选古方试验录》《张机伤寒分经注》等,其中,《寓意草》《尚论篇》《医门法律》被称为"喻氏医学三书",是喻昌的代表作。

江西古代十大名医之
喻昌《寓意草》

《寓意草》撰于1643年,分医论与内科疑难杂症两部分内容。医论强调"先议病,后用药",主张"药性所谓良毒善恶,与病体所谓良毒善恶不同",认为"病经议明,则有是病即有是药,病千变药亦千变"。[1] 可见,喻昌乃采用辩

---

[1] 《先议病后用药》,[清] 喻昌:《寓意草》,艾军等校注,北京:中国中医药出版社,2008年,第1—2页。

证观念看待病情与药物的关系。

《尚论篇》全称《尚论张仲景伤寒论重编三百九十七法》。东汉医圣张仲景著《伤寒杂病论》，但因战乱，原著散佚，虽经历代医者学者校正，传世之作已非张仲景之旧。喻昌根据明代医学家方有执《伤寒论条辨》观点，潜心研究，大胆阐释，终于理顺张仲景的《伤寒杂病论》。

《医门法律》约成书于 1658 年。该书有六卷本、十二卷本、二十四卷本等，主要论述《内经》《伤寒》证治法则，以"六淫及杂证"为纲，分"中寒、中风"等门，"每门先冠以论，次为法，次为律。论者，析病因病机；法者，治疗之术；律者，明诸医之所以失，而判定过失所在"。① 喻昌写作此书的目的是防止庸医误人，使患者知道预防之法。

喻昌的医学理论和经验为后世医家推崇，至今仍有很大影响力。

九、医学翰林黄宫绣

黄宫绣（1720—1817），字锦芳，号绿圃，今江西省抚州市宜黄县人。黄氏乃书香门第，黄宫绣偏爱医学，刻苦钻研，终成一代名医。清嘉庆帝曾钦赐"医学翰林"匾额，表彰其对医学的杰出贡献。黄宫绣对中医学的贡献主要体现在其三部著作中，即《医学求真录》《脉理求真》《本草求真》。其中，《医学求真录》已经散佚。

江西古代十大名医之黄宫绣

《脉理求真》共三卷，主张望闻问切四诊合参，反对单独凭脉诊断，提出"治病必须重胃气"的临川观念。探索奇经八脉，认为"奇经之病，必求奇经之穴以治之"，② 为后世诊治神经内科的一些疑难杂症提供了借鉴。

黄宫绣实行中药分类，是现代中药分类鼻祖，其作《本草求真》是第一部

---

① 《校注说明》，[清] 喻昌：《医门法律》，丁侃校注，北京：中国医药科技出版社，2011 年。
② 《整理说明》，李小荣主编：《黄宫绣医学文集》，北京：中国医药科技出版社，2019 年，第 3—4 页。

中药功效分类比较完善的临床中医学专著。《本草求真》首创立体索引目录法，将 440 种药物按照补剂、收涩、散剂、泻剂、血剂、杂剂、食物分为七大类，每个大类有子目。这种创新性索引方式，方便查找，深受使用者认可。《神农本草经》与《本草纲目》的分类法均不如黄宫绣本草功效分类法。黄宫绣的分类法至今仍是现代中药学的主流分类法。

黄宫绣治学严谨，敢于创新，突破原有中药学目录分类方式，创造性开创本草功效分类法，实现了中医学目录分类法的进步。

十、老年病专家谢星焕

谢星焕（1791—1857），字斗文，号映庐，今江西省抚州市南城县人。谢氏乃医学世家，谢星焕"自幼读祖、父书，以医道济世，阅历近五十余年"。[1] 谢星焕继承家业，一生行医，尤对老年病研究颇深。他传承江西明代医学家喻昌"先议病，后用药"的诊治方法，因人而治，因病下药，屡收奇效。谢星焕根据传统医学理论，加之多年临床实践，提出老年病应重视阴阳调和的观点，认为老年阴精已竭，久病阳气亦惫，强调阴阳调理，重视早期诊断。

江西古代十大名医之谢星焕
《得心集医案》

谢星焕重视医术与经验的传承，留有大量医案，后人整理成集，名为《得心集医案》。《得心集医案》，亦称《谢映庐医案》，共 6 卷，记载医案达 250 余则。《得心集医案》分伤寒、虚寒、便闭等 21 门，每门后附有数则治疗成功案例。该书推崇张仲景医学理论，引用《内经》《素问》《灵枢》等达 50 条。此外，《得心集医案》传承喻昌理论，引用"嘉言"最多。

---

[1] 《姜演序》，[清] 谢星焕：《得心集医案》，任娟莉校注，北京：中国中医药出版社，2016 年。

谢星焕及其《得心集医案》至今仍是中医学的宝贵经验与财富。当代学者重视谢星焕医学经验和理论，进行了临床探索，但尚有广阔的研究空间。"目前较散在的探讨只不过是星焕临床学术经验的冰山一角"，[①] 我们尚需继续探索其医学理论和临床经验所蕴含的宝贵中医学财富。

第三节　江西古代科技创新人物

世界湿法冶金技术第一人——冶金学家张潜

所谓湿法冶金技术，具体而言就是"胆水浸铁炼铜技术"。胆水是指天然硫酸铜泉水。将铁浸入胆水中，铜与铁产生置换反应，经熔炼，产生胆铜。胆水浸铁炼铜技术是中国人在世界的首创，是冶金领域的早期重大发明，发明这一技术的人被誉为"世界湿法冶金技术第一人"。他就是北宋民间冶金学家张潜。

世界湿法冶金技术第一人张潜

张潜（1025—1105），字明叔，今江西省上饶市德兴市人。张潜出身耕农家庭，有兄弟姐妹10人。张潜自幼聪慧，喜爱读书，但由于家里无力负担其深造，只得放弃读书梦想，在家务农。农闲之时，张潜唯一爱好就是读书，尤其是对冶金充满好奇与兴趣。他在书中汲取前人经验并大胆实践，终于在德兴兴利场找到胆水，并成功炼铁成铜。成功后，张潜注重总结冶炼经验和工艺，并著《浸铜要略》，向世人慷慨传授自己的技术要领。张潜的成功也给张氏家族带来丰厚回报。仅以张潜一支为例，其家产雄厚，富甲一方。家族人丁兴旺，五世同堂，全家八十余口。经济条件大举改善后，张家后人走上读书之路。张家共出过10位进士，

① 徐春娟、陈荣：《〈谢映庐医案〉临床学术思想现代探骊》，《南京中医药大学学报（社会科学版）》2014年第2期。

30 位举人，是为数不多的科技与科举并重的家族。

张潜的技术也推动了社会经济的发展。据史料记载，唐时江西饶州永平监是铜钱重要生产基地，年产量 7000 贯。宋代，由于掌握了张潜胆水浸铁炼铜技术，产量大幅提升，年产量达 61 万贯。元代，张潜后人张理将《浸铜要略》献与国家。于是，朝廷命张理为场官，重开兴利场炼铜事宜。江西因此成为元代重要的炼铜基地。当时的炼铜主要用途是铸造流通货币——铜钱。江西也继唐宋之后，再次成为国家流通货币铜钱的生产基地。

张潜不仅有世界第一的冶金技术，而且还有过人的品格。张家虽富甲一方，但富不忘本，总是惦记乡民疾苦。乡民青黄不接时，张家总是平价卖粮。遇有大灾，张家往往开仓放赈，免费发放粮食。穷人向张家赊米赊面，张家从不记账。张潜去世后，乡民纷纷前来送行，络绎不绝。

可惜，《浸铜要略》一书在元代已经失传。

元代大科学家赵友钦

同张潜一样，赵友钦也是江西省上饶市德兴市人；与张潜更相同的是，赵友钦亦是民间科学家。与张潜不同的是，赵友钦专注科学理论研究，其研究范围涉及天文学、数学、物理学等多个学科，且在各个学科上均有极高建树，是元代科学集大成者。

赵友钦，因其出身布衣，故史料对其记载多有不详。如生卒年不详，字号不详，甚至名也不详。《钦定四库全书》认为其是元代人，名为友钦。但抛开这些不详，其著作《革象新书》则流传有序，而其科学成就大多记载于该书之中。《革象新书》分 5 卷，共 32 篇，阐释了赵友钦的天文学、数学、物理学等学科的思想和理论。明代，学者王祎删订《重

元代大科学家赵友钦
小孔成像实验

修革象新书》），流传最广。二书均收录于《钦定文渊阁四库全书》"子部"。

天文学史上首次提出日大月小的科学论断。《日月薄食》篇研究天体，主张"日道距天较近，月道距天较远"，强调"日之圆体大，月之圆体小；日道之周围亦大，月道之周围亦小"，[①] 在中国天文学历史上首次提出"日之圆体大，月之圆体小"的科学论断。

数学史上的主要贡献在割圆术。相传，祖冲之以割圆术求得圆周率，但其割圆术并未流传下来。赵友钦的割圆术载于其《革象新书》之《乾象周髀》篇，流传了下来。《乾象周髀》认为割圆术，应"自四角之方添为八角，曲圆为第一次，若第二次，则求其为曲十六。若第三次，则求其为曲三十二。若第四次，则求其为曲六十四。凡多一次，其曲必倍。若至十二次，则求其为曲一万六千三百八十四。其初之小方，渐加渐展，渐满渐实。角数愈多，而其为方者不复方，而变为圆矣"。[②] 据孔国平解释，赵友钦割圆术"原理与刘徽一致，步骤也与刘徽的基本相同。所不同的是：刘徽从圆内接正六边形起算，而赵友钦从圆内接正四边形起算"。[③] 赵友钦认识到，割圆"至千万次，其数终不穷"，[④] 这种思想非常接近现代极限观念。

小孔成像的光学理论最具价值。《小罅光景》篇记载："室有小罅，虽不皆圆，而罅景所射未有不圆。"赵友钦为研究这种光学现象，专门设计了一次光学实验。"假于两间楼下，各穿圆阱于当中，径皆四尺余。右阱深四尺，左阱深八尺，置桌案于左阱内，案高四尺。"[⑤] 通过精心实验，赵友钦论证了光的直线传播和衍射，阐明了小孔成像原理。他认为，孔大时，成像与孔形状相同；孔小

① ［元］赵友钦：《革象新书》，《影印文渊阁四库全书·子部·92·天文算法类》第786册，台北：台湾商务印书馆，1982年，第786—246页。

② ［元］赵友钦：《革象新书》，《影印文渊阁四库全书·子部·92·天文算法类》第786册，台北：台湾商务印书馆，1982年，第786—270页。

③ 孔国平：《赵友钦及其〈革象新书〉的数学成就》，《中国科技史料》1998年第2期。

④ ［元］赵友钦：《革象新书》，《影印文渊阁四库全书·子部·92·天文算法类》第786册，台北：台湾商务印书馆，1982年，第786—270页。

⑤ ［元］赵友钦：《革象新书》，《影印文渊阁四库全书·子部·92·天文算法类》第786册，台北：台湾商务印书馆，1982年，第786—263页。

时，成像与光源形状相同。这是中国古代物理学史上的重大成果。

赵友钦作为民间科学家，其科学与科技贡献长期以来未得到学界重视与研究。赵友钦还有一个身份，即全真教道士，道号缘督子。王哲然认为，赵友钦的光学问题与实验很有可能受西域伊斯兰天文学者之启发。[①] 王锦光先生认为，赵友钦十分注重从客观实际出发探索自然规律，善于用比喻来解释物理规律，常利用手头简单的物品来做实验，其科研方法与实验技术仍值得我们借鉴。[②]

明代杰出科学家宋应星及其《天工开物》

宋应星是江西古代科技创新人物的杰出代表，其名著《天工开物》被誉为"中国十七世纪的工艺百科全书"。宋应星还是中国古代传统技术哲学的集大成者，其技术哲学与理论具有重要学术价值，长期以来，始终是学界的重要研究对象。

宋应星，生于 1587 年，字长庚，今江西省宜春市奉新县人。宋氏家族有辉煌，也有衰落。曾祖宋景累官至吏、兵、工三部尚书，卒赠太子少保、吏部尚书。宋景之后，宋氏三代为尚

明代杰出科学家宋应星塑像
（江西奉新县）

书省官员，是为"三代尚书第"。至宋应星一代，宋氏家族因回禄之灾（火灾）而破落。家族虽败落，但宋应星始终受到良好的教育。宋应星更是聪颖好学，努力不辍，于"诸子百家，靡不淹贯"。虽然学富五车，但宋应星在科举考试上却屡战屡挫。他前后参加六次会试，有"六上公车不知苦"之誉，却终以失败告终。此后，宋应星决定放弃科举，转向自己更加喜爱的自然科学、生产技术、农

① 参见：王哲然：《赵友钦小孔成像研究来源初考》，《自然科学史研究》2014 年第 4 期。
② 王锦光：《赵友钦及其光学研究》，自然科学史研究所主编：《科技史文集（12）物理学史专辑》，上海：上海科学技术出版社，1984 年，第 99 页。

学等领域。谁知无心插柳柳成荫，他在这片领域创造出世界级的奇迹与贡献，这些奇迹与贡献均载于其代表作《天工开物》。

《天工开物》是当时涉猎最广泛的科技百科全书。宋应星生活的年代，在中国是明末清初时期，在欧洲是启蒙运动时期。中国与欧洲有不同，也有相似。这种相似表现在思想上是启蒙，表现在器物上是科技的发展。宋应星在这样的历史背景下，完成了巨作《天工开物》。该书原为二十卷，刊行时删去《观象》《乐律》二卷，保留十八卷，即《乃粒》《乃服》《彰施》《粹精》《作咸》《甘嗜》《陶埏》《冶铸》《舟车》《锤锻》《燔石》《膏液》《杀青》《五金》《佳兵》《丹青》《曲蘖》《珠玉》。《乃粒》论述农事，位列第一，体现农为邦本思想；《乃服》论述桑蚕纺织成服；《彰施》论述染色；《粹精》论述谷物加工，去其糠麸，取其精华；《作咸》论述各种食用盐的生产；《甘嗜》论述制糖及其原料；《陶埏》论述陶瓷制造及其工艺；《冶铸》论述从青铜器到铜钱各类金属器具的生产工艺；《舟车》论述水陆交通工具制造；《锤锻》论述铜铁冶炼及相关工具制造；《燔石》论述与土有关的物质资料的生产制造；《膏液》论述食用油、照明油的榨制；《杀青》论述各类造纸术及其工艺；《五金》论述金银铜铁锡铅等金属的生产提炼；《佳兵》论述军用武器弹药制造；《丹青》论述朱砂与墨的制造；《曲蘖》论述酒曲药曲的制造工艺；《珠玉》论述贵重宝石产地与制造。一般认为，宋应星将《乃粒》放在首位，《珠玉》置于末位，是"贵五谷而贱珠玉"思想的体现。

宋应星为古代中国科技成果构建了一个综合体系。《宋应星评传》作者潘吉星先生认为，"宋应星与以前历代科学家相比，其所做出的新贡献在于，他对明代以前几千年来中国在农业和工业生产方面所积累的技术经验作了全面概括并使之系统化，构成一个综合科技体系。仅凭这一点就足以使他在中国科技史中居于显要地位"。[①] 潘吉星先生认为，宋应星的另一大贡献在于，"他不是专靠前人的

① 潘吉星：《中国思想家评传丛书·宋应星评传》，南京：南京大学出版社，1990年，第508页。

文献，而主要靠自己的亲自见闻对工农业许多生产领域的技术作了真实而细致的写照"。① 宋应星之前，古代技术文献很少涉及金属冶炼等工业领域。"自战国以来直到明代，中国浩瀚的典籍中竟没有一部书系统论述金属冶炼及加工工艺者。"② 宋应星做前人所未做，创造性地用《五金》《冶铸》《锤锻》三卷，系统地论述了钢铁金属生产、铸造及其技术工艺。

《天工开物》体现着宋应星"天工开物"的科学思想。宋应星遵循自己的科学思想论述古代中国科技成就，这个科学思想就是"天工开物"思想，即"承认自然界和自然现象的客观存在，万物有其自然属性，按自然界特有的规律而发展变化，同时还承认有不依人的意志为转移的自然力的存在及其作用"。③ 因此，宋应星主张人工与天工互补，人类可以利用自然并改造自然，人类在自然面前具有能动性。

《天工开物》产生巨大国际影响。《天工开物》不仅载有详尽的科技成果，而且还配有大量插图，可谓图文并茂，引人入胜。据统计，该书有配图123幅，共画有286个人物。由于该书知识性与趣味性并重，因此不仅得到国内读者追捧，而且还远销国外。17世纪末，《天工开物》传入日本，引起日本科学界震动，促成了"开物之学"的兴起。此后，又传入朝鲜、越南。18世纪末，《天工开物》传入欧洲。由于该书比法国启蒙运动领袖狄德罗主编的《百科全书》早120年，著名科学家李约瑟称宋应星为"中国的狄德罗"。

明末清初自然科学集大成者揭暄

明末清初，江西出现了一位自然科学集大成者。他饱读古代科学典籍，并由此涉猎西学，于天文学、物理学、化学、生物学均有创见。他就是揭暄。

揭暄（1613—1695），字子宣，号韦纶，别号半斋，今江西省抚州市广昌县

---

① 潘吉星：《中国思想家评传丛书·宋应星评传》，南京：南京大学出版社，1990年，第509页。
② 潘吉星：《中国思想家评传丛书·宋应星评传》，南京：南京大学出版社，1990年，第511页。
③ 潘吉星：《中国思想家评传丛书·宋应星评传》，南京：南京大学出版社，1990年，第401页。

人。揭氏乃书香门第，揭暄自幼受家庭熏陶，博
览群书，尤爱兵书。后来，揭暄总结历代兵家理
论与实践，撰写《揭子兵经》《揭子战书》，因
此，揭暄也是当之无愧的军事理论家，但其更重
要的贡献则来自自然科学研究，尤其是物理学
研究。

明末清初自然科学集大成者
揭暄塑像（江西广昌县）

揭暄通过实验研究力学。明代著名学者、思
想家方以智是揭暄的老师。揭暄曾校注方以智
《物理小识》，并描述大气压力实验。他取一只有
上下两个口的瓶子，"闭其一孔，水自不入，气塞中也；倒而悬之，水亦不出，
气未入也。万斛之石不能压一气球，必气出尽而后合"。① 方以智的西学知识来
自传教士，揭暄的物理学实验大概亦源自西学。同一时期，欧洲相关实验也在开
展。1643 年，意大利物理学家埃万杰利斯塔·托里拆利进行了大气压力实验，
并于次年发明了水银气压计。1654 年，神圣罗马帝国马德堡市长格里克为证明
托里拆利实验，进行了著名的"马德堡半球实验"，用八匹马分两边拉两个合在
一起的抽真空的半球，成功证明大气压力的存在。揭暄所描述的实验与欧洲的实
验是同一时期，说明这一时期的中国力学知识与世界同步。此外，揭暄还用月球
引力原理解释潮汐现象，并提出地球与月亮相背的位置也起潮，这一论断比牛顿
早二十年。②

揭暄等人对海市蜃楼现象做了科学解释。游艺是清代福建籍科学家，著有
《天经或问前集》《天经或问后集》等，揭暄与游艺合作研究，提出海市蜃楼是
水气上升映照物体的结果，映照于水气中的物体随水气明暗而变化，"气盛则明，
气微则隐，气移则物渐改目。在山为山城，在海为海市"。现代光学理论对海市

---

① ［明］方以智：《物理小识》，《影印文渊阁四库全书·子部·173·杂家类》第 867 册，台北：台湾商
　务印书馆，1982 年，第 867—753 页。
② 李迪：《揭暄在物理学的贡献》，《自然杂志》1979 年第 3 期。

蜃楼的解释与此异曲同工。

揭暄的天文学成就载于《璇玑遗述》。《璇玑遗述》，又名《写天新语》，共六卷四十四篇（卷末为十一图说）。卷一论述天体构成及运动；卷二论述天地关系，阐述地圆说；卷三论述日月五星运动问题，提出七个天体自转等独创性观点；卷四继续论证天体自转；卷五论证与批判西方三际理论，主张三际无定；卷六论述风雨雷水火等自然现象。揭暄融合中西天文学理论，对西方天文学理论坚持去粗取精原则，大胆创新，形成很多独创观点。学生评价揭暄："其辨西氏之说十有五六，决千古之疑者十有三四。"揭暄老师方以智赞曰："每发一条辄出大西诸儒之上。"[①]

揭暄作为明末清初杰出物理学家，其批判的理论精神和扎实的实践态度代表着古代江西人民的科学创新精神，是江西优秀文化精神标识的践行者。

旷世奇才发明家齐彦槐

清代，江西出了一位发明家，他的发明涉及农业、天文多个领域。农业方面，他发明龙尾车和恒升车，提高农田灌溉效率；天文方面，他发明中星仪、天球仪和面东西日晷。他的发明促进农业生产效率提高，促进科学进步。他就是齐彦槐。

齐彦槐（1774—1841），字梦树，又字萌山，号梅麓，今江西省上饶市婺源县人。清代，婺源属于安徽，因此古籍记载齐彦槐为安徽婺源人。齐氏乃书香门第，其父齐翀为乾隆癸未进士。齐彦槐14岁时入姚鼐门下学习，姚鼐为清代桐城派散文大家，与齐翀同科进士。读书期间，因诗文得到清代著名文学家袁枚

清代发明家齐彦槐像
位于上饶市婺源县赋春镇

---

① 转引自：孙承晟：《揭暄〈璇玑遗述〉成书及流传考略》，《自然科学史研究》2009年第2期。

赏识，称其为"旷世奇才"。这位旷世奇才不仅文学功底深厚，而且酷爱发明。

农业发明，齐彦槐成功研制出龙尾车。龙尾车是农田灌溉水车，由明代大臣徐光启引介至国内。徐光启翻译意大利熊三拔《泰西水法》，书中有龙尾车简介。龙尾车是由轴、墙、围、枢、轮、架等六部分组成的灌溉农具，其动力可用人、风、马、牛，方便灵活。此车引介至中国后，前后有多位科学家仿制，其中，影响最广、仿制最成功的当数齐彦槐。齐彦槐为此还赋诗《龙尾车歌》一首，全诗400余字，详细记述了龙尾车的成功研制过程。诗中有曰："飞流直下三千丈，水不自知其已上，激浪奔腾似决渠，神机活泼如翻掌。"齐彦槐仿制龙尾车，还得到了晚清名臣林则徐的高度重视。林则徐作诗赞曰："千车倒挽刷黄流，两坝三河可长闭。"[1] 不过，龙尾车虽研制成功，但因其造价高昂，故难以推广。

齐彦槐还是伟大的天文仪器发明制造家。齐彦槐认为，从观天视角而言，天球仪乃"天外观天"；中星仪乃"对面观天"。天球仪有地平规、子午规、赤道规、黄道规四大规圈，其构建思想来自西方天文学理念，但融入中国传统天文学"星分六等"观念，是当时中国最先进的天文学仪器。天球仪至今仍在，收藏于中国历史博物馆。中星仪类似表盘，由星盘、时刻圈、节气圈、时针组成，具有两种功能，一是"能在昼夜准确定出每时每刻的中星"；二是"夜间报时"[2] 功能。面东西日晷，亦称"斜晷"，是将晷面立在地上，利用太阳光在子午面上的投影长短来确定时间，也称"立晷"。

齐彦槐无论是在农具制造领域还是在天文仪器制造领域，既能够继承中国传统理念，又能够借鉴西方科学思想，做到中西并用，中西结合，其研制成功的龙尾车，其制造发明的天文仪器，均达到当时最高水平。

---

① 转引自：郭怀中：《清代安徽科学家齐彦槐》，《安徽师大学报（哲学社会科学版）》1993年第1期。
② 邓可卉：《齐彦槐及其制作的天文仪器》，《内蒙古师大学报（自然科学（汉文）版）》2000年第1期。

第四节　江西古代地理水利创新人物

《太平寰宇记》作者状元乐史

北宋地理学家风俗学家乐史

《太平寰宇记》是北宋历史地理总志，是全国方志完备体例的代表作。《四库提要》评价说："其书采撮繁富，惟取赅博……盖地理之书，记载至是书而始详，体例亦至是而大变。"① 这部开历史地理体例先河名著的作者就是江西人乐史。

乐史（930—1007），字子正，号月池，今江西省抚州市宜黄县人。乐史生于五代十国年间，初仕南唐，成名于北宋。南唐后主李煜期间，乐史参加进士考试，名列榜首，状元及第，授秘书郎。北宋期间，任著作佐郎、三馆编修、太常博士等，著述甚多，大多散佚。据统计，乐史一生著书二十余种，千余卷，传世最著名的就是《太平寰宇记》。

---

① 纪昀等：《太平寰宇记·地理类二总志之属·提要》，《影印文渊阁四库全书·史部·227·地理类》第469册，台北：台湾商务印书馆，1982年，第469-1至469-2页。

《太平寰宇记》全书共 200 卷，计 130 万字。该书现存 193 卷，散佚 7 卷。书名"太平"是指该书始著于宋太宗太平兴国四年（979），"寰宇"是指该书以当时的国家版图为限，记录全国地理、历史、民俗、物产、人物、艺术、传说等，可谓无所不包，内容广博。乐史不仅开创地理志书新体例，而且其影响绵延至今。清代著名学者钱大昕称其为舆地志"巨擘"。有学者认为，乐史既关注"太平"，又放眼"寰宇"，"充溢着爱国主义激情，表达了作者热爱民族、热爱祖国的伟大胸怀"。[①]

如今，乐史及其《太平寰宇记》仍然是学界研究的重要课题。有学者认为，《太平寰宇记》具有重要的地名学价值；有学者认为，《太平寰宇记》具有重要的文献学价值；有学者认为，《太平寰宇记》具有重要的民俗学价值。乐史还在《太平寰宇记》中，重点记载了江西的舆地与风俗，体现着对家乡无比的热爱与思念之情。1007 年，乐史故于河南洛阳，享年 78 岁。后人将其灵柩运回江西，安葬于故里，慰其思乡之情。

疏浚汴河的江西水利工程家侯叔献

清·徐扬《乾隆南巡图》阅视黄淮河工局部

汴河位于北宋国都汴梁，即今河南开封市，隋代称通济渠，唐宋称汴河，是大运河重要支流。北宋年间，汴河时常洪水泛滥，既危害人民生活，又造成重大经济

---

① 《乐史》，李放主编：《江西历代杰出科技人物传》，南昌：江西科学技术出版社，2000 年，第 22 页。

损失，治理汴河上升为国家战略。负责汴河治理工程的水利专家就是侯叔献。

　　侯叔献（1023—1076），字景仁，今江西省抚州市宜黄县人。23 岁，中进士，入仕途，辅佐王安石变法。47 岁，升任都水监，负责全国水利事务，并积极支持王安石兴修水利，发展农业的具体变法措施。51 岁，汴河水受降雨影响，超出安全水位，睢阳河堤告急。侯叔献冷静分析洪水汛情，果断采取分洪措施，于上游处决堤泄洪。同时，于下游紧急修补睢阳河堤。次日，上游泄洪区水满，而睢阳河堤修补完毕，可以安全度汛。52 岁，侯叔献主持了一生最重要的水利项目——疏浚汴河工程。他制定严格施工标准，认真督察施工进度，防止施工与民争利。施工过程中，他首次采用"铁龙爪扬泥车法"疏浚河道淤泥。据《宋史·河渠志二》记载，该法为"选人李公义"① 所献。其法为："用铁数斤为爪形，以绳系舟尾而沉之水，篙工急櫂，乘流相继而下，一再过，水已深数尺。"② 是年，侯叔献奉诏修浚淮南运河，言："刘瑾相度淮南合兴修水利，仅十万余顷，皆并运河，乞候开河毕工，以水利司钱募民修筑圩埠。"③ 53 岁，侯叔献逝于治水任上。

　　侯叔献去世，王安石作《叔献公挽诗》以寄哀思，以追故旧。诗曰："江河复靓舜重瞳，荒度平成继禹功。爱国忘家钦圣命，劳身焦思代天工。"④

元代航海家汪大渊

　　明代郑和下西洋，人所共知。但很少有人知道，早在元代，一位江西航海家便已远涉重洋，足迹遍及印度洋、南海，累计航行长达七年，为中外早期文化交流做出了杰出贡献。他就是汪大渊。

---

① 《卷92·志第45·河渠志2》，[元] 脱脱等：《宋史》第 7 册，北京：中华书局，1977 年，第 2282 页。
② 《卷92·志第45·河渠志2》，[元] 脱脱等：《宋史》第 7 册，北京：中华书局，1977 年，第 2282 页。
③ 《卷95·志第48·河渠志5》，[元] 脱脱等：《宋史》第 7 册，北京：中华书局，1977 年，第 2372 - 2373 页。
④ 转引自：《侯叔献》，李放主编：《江西历代杰出科技人物传》，南昌：江西科学技术出版社，2000 年，第 31 页。

元代大航海家汪大渊铜像（江西南昌象湖湿地公园）

　　汪大渊，生于约 1311 年，字焕章，今江西省南昌市人。他是"直到近代以前，我国历史上行踪最广的伟大航海家"。① 约 20 岁起，汪大渊两次出洋。

　　汪大渊第一次出洋在 1330—1335 年间，远洋至非洲东岸。他从泉州出发，到海南，过西沙群岛，沿越南海岸线，到越南南部昆仑岛。再从越南向西北航行，经柬埔寨、泰国，绕泰国湾南下，经马来西亚，到新加坡等地。继续向西北航行，过马六甲海峡，到达孟加拉。绕孟加拉湾沿岸航行，至印度半岛南部，北上到巴基斯坦卡拉奇。向西到伊朗，进入波斯湾，到伊拉克。进入底格里斯河，向北到达摩苏尔。返航波斯湾，沿阿拉伯半岛北岸出波斯湾，经亚丁湾，进入红海，到达沙特阿拉伯麦加。继续向北航行，经埃及库塞，南下出红海经曼德海峡。绕过索马里哈丰角，到肯尼亚马林迪、埃塞俄比亚达累斯萨拉姆、桑吉巴尔岛，返航。返航经印度半岛南部，到马尔代夫群岛，向北经斯里兰卡科伦坡，跨锡兰海峡，经苏门答腊亚齐等地，抵达廖内群岛。最后，沿马来半岛东岸北上，返回泉州。这次航行长达五年，经东南亚、南亚、中亚、西亚，到非洲东北部、东岸，游历泰国湾、波斯湾、红海，甚至进入伊拉克腹地，访问其北部著名城市

---

① 沈福伟：《元代航海家汪大渊周游非洲的历史意义》，《西亚非洲》1983 年第 1 期。

摩苏尔。汪大渊这次远航真是中国古代航海史上的创举。

汪大渊第二次出洋在 1337—1339 年间,其主要航行区域在南海。他从泉州出发,沿越南沿海南下,到柬埔寨海域,经泰国湾,沿马来半岛东岸,向南到新加坡。过马六甲海峡,经苏门答腊岛亚齐,到爪哇岛北岸,在马都拉岛等地停靠。继续向北航行至加里曼丹岛,绕岛大半周,停靠坤甸、达士角、文莱等地。继续东行至苏拉威西岛、班达群岛,向北至苏禄群岛,在巴拉望岛、班乃岛、民都洛岛、马尼拉等地停靠。最后,经中沙群岛、西沙群岛、海南岛,返航泉州。

汪大渊另一大贡献在于其名著《岛夷志略》。汪大渊前后两次,出洋七年,每到一处,均详细记录当地风土人情、地理景物,后编辑成书,名为《岛夷志》。《岛夷志》因战乱,在明代以后失传。现存《岛夷志略》是明代抄本所改。《岛夷志略》涉及国家和地区达 220 余个,"其重要性更超过了宋明诸作"。[1]《岛夷志略》具有极高的世界地理历史学地位,古今中外重要学者如沈曾植、近代美国驻华公使柔克义等均从此书汲取营养,破解 14 世纪中国与南洋群岛国家关系,以及当时一些鲜为人知的岛屿与陆地的自然人文状况。

汪大渊虽然为古代中外交通史留下了宝贵的史料,但其终于何时何地却并未见史料记载。

明代父子水利学家徐九思徐贞明

明末年间,江西贵溪涌现出一对父子水利学家,他们治河清淤,引渠灌溉,为民纾困,为国分忧。他们就是父子水利学家徐九思与徐贞明。

父亲徐九思(1495—1580),字子慎,今江西省鹰潭市贵溪市人,明嘉靖进士,水利学家。徐九思先任江苏句容县令,颇有政声。后任工部主事、郎中,负

---

[1] 梓良姚楠:《前言》,[元] 汪大渊原著:《岛夷志略校释》,苏继庼校释,北京:中华书局,1981 年,第 2 页。

《徐九经升官记》的原型一般认为是徐九思

责水利事务。《明史》记载，徐九思任职工部主事、郎中期间，曾"治张秋河道"，① 疏通漕河与盐河，使二河在汛期可以互为泄洪通道。徐九思年 85 岁，终。徐九思的水利事业后继有人，这个人就是其子徐贞明。

徐贞明，生年不详，字孺东，今江西省鹰潭市贵溪市人，明穆宗隆庆五年（1571）进士。明万历三年（1575），徐贞明任工部给事中，上书提出自己的水利主张。他说："东南之力竭矣。又河流多变，运道多梗，窃有隐忧。闻陕西、河南故渠废堰，在在有之；山东诸泉，引之率可成田；而畿辅诸郡，或支河所经，或涧泉自出，皆足以资灌溉。北人未习水利，惟苦水害，不知水害未除，正由水利未兴也。盖水聚之则为害，散之则为利。"② 徐贞明主张兴修西北水利，即流经山西、河北等地的海河流域的水利，以解京畿地区缺水之苦。徐贞明的建议未被采纳，但他没有放弃，而是坐言起行，亲自实践。他带人实地考察，绘制地图，了解地貌水情，历时两个月，走遍永平（今河北秦皇岛市卢龙县）滨海近山之境，得到翔实一手资料，更加坚定自己的主张。不幸的是，徐贞明再次上

① 《徐九思》，《卷 281·列传 169》，[清] 张廷玉等：《明史》第 24 册，北京：中华书局，1974 年，第 7214 页。

② 《徐贞明》，《卷 223·列传 111》，[清] 张廷玉等：《明史》第 19 册，北京：中华书局，1974 年，第 5881—5882 页。

书之时，却因事牵连，被贬。被贬期间，徐贞明心系水利，作《潞水客谈》（亦称《西北水利议》）。该书是徐贞明的代表作，亦是其之前上书思想的延续和发展。《潞水客谈》强调兴修西北水利的重要性、可行性以及具体措施，是古代重要的水利著作，影响后世颇深远。明代大臣兼大儒徐光启《农政全书·凡例》指出，西北水利至"徐孺东先生《潞水客谈》备矣"。[1]

1585 年，徐贞明任监察御史领垦田使，督修水利。他利用这次机会，大胆实践自己的主张，在永平开垦水田近四万亩。他的成功实践却遭致地方守旧势力的反对，认为水田成功会造成赋税向西北转移，侵害本土既得利益。徐贞明的实践下得不到地方支持，上得不到皇帝肯定，不得不遗憾退出。不久，他辞职还乡。1590 年，徐贞明身故。

徐氏父子先后致力于国家水利事业，既有理论主张，又敢于大胆实践，是中国古代水利史上重要的一环。尤其是徐贞明突破传统，大胆创新，敢于实践，用科学的方法证明了其理论的实用性和有效性，为后代水利事业的发展提供了基于实践的理论基础。

清代治黄专家戴均元

黄河是中华民族的母亲河，中国古代水利事业亦与黄河密不可分。清代，治黄依然是国家水利首要工程。治黄过程中，涌现出许多杰出的水利专家，江西人戴均元是其中之一。

戴均元（1746—1840），字修原，号可亭，今江西省赣州市大余县人。1775 年，中乾隆乙未科进士。戴氏乃名门之后，迁居大余时已家道中

清代水利学家戴均元

---

[1] [明] 徐光启：《农政全书·凡例》，朱维铮、李天纲主编：《徐光启全集》第 6 册，上海：上海古籍出版社，2010 年，第 4 页。

落。戴氏重视教育，乾隆年间，一家四人为进士，时称"西江四戴"。四戴之中，有戴均元、戴衢亨二人为相，时称"一门四进士，叔侄两宰相"。戴均元历任翰林院编修、安徽学政、内阁学士、河道总督、都察院左都御史、礼部尚书、吏部尚书、协办大学士、军机大臣、上书房总师傅。戴均元是道光皇帝的师傅，加太子太师。戴均元一生贡献颇多，涉及多领域，这里仅述其治黄功绩。

戴均元治黄主张采用"因时调济"之法。通过对汛期黄河的多次实地考察，戴均元放弃所谓的一劳永逸之法，主张"因时调济，以蓄清故黄，束水攻沙，为不易之良法"，认为疏浚盐河等支流河道为蓄洪之需，可保黄河汛期畅行无阻。他还实地考察黄河上游，主张汛期要重启疏洪旧闸，以免黄河水倒灌。此后，清嘉庆帝命戴均元为河东河道总督，专司河务。永定河下游淤塞，地势增高，洪水漫溢，有人建议将河口改移到南岸。戴均元认为，南岸人口众多，河口改道隐患甚大，建议加高加固堤坝，防止洪水外溢。嘉庆帝同意戴均元的方案。

晚年，戴均元回到家乡。82 岁，因西陵地宫渗水事件，被抄家。道光帝念旧情，仅将戴均元削职除名。95 岁，戴均元在家乡病故。

参 考 文 献

1. 《毛泽东选集》第 1 卷，北京：人民出版社，1991 年；

2. 《习近平在庆祝中国共产党成立 95 周年大会上的讲话》，2016 年 7 月 1 日；

3. 《习近平在庆祝改革开放 40 周年大会上的讲话》，2018 年 12 月 18 日；

4. 《在二〇二二年春节团拜会上的讲话》，2022 年 1 月 30 日；

5. 《习近平主持召开中央全面深化改革委员会第二十二次会议》，2021 年 11 月 24 日；

6. 《坚持用马克思主义及其中国化创新理论武装全党》，2021 年 11 月 16 日；

7. 《习近平总书记在中央政治局第十三次集体政治学习的重要讲话》，2014 年 2 月 24 日；

8. 《习近平在纪念红军长征胜利 80 周年大会上的讲话》，2016 年 10 月 21 日；

9. 《习近平在庆祝中国人民解放军建军 90 周年大会上的讲话》，2017 年 8 月 1 日；

10. 《习近平春节前夕赴江西看望慰问广大干部群众》，2016 年 2 月 4 日；

11. 《中共中央政治局召开民主生活会 习近平主持并发表重要讲话》，2017 年 12 月 27 日；

12. 习近平：《在纪念中央革命根据地创建暨中华苏维埃共和国成立 80 周年座谈会上的讲话》，《人民日报》2011 年 11 月 5 日第 1 版；

13. 习近平：《论中国共产党历史》，北京：中央文献出版社，2021 年；

14. 詹小美：《中华精神标识的要义凝练与国际传播》，《人民论坛·学术前沿》2018 年 9 月上；

15. 井冈山革命博物馆编：《中国革命摇篮井冈山》，北京：人民出版社，2004 年；

16. 俞兆鹏、李少恒主编：《中国地域文化通览·江西卷》，北京：中华书局，2013年；

17. 《改革开放40年：绿色生态成为江西最大财富、最大优势、最大品牌》，《中国日报》2018年9月27日；

18. 许怀林：《江西史稿》，南昌：江西高校出版社，1998年；

19. 夏道汉、陈立明：《江西苏区史》，南昌：江西人民出版社，1987年；

20. 周兆望：《江西通史·魏晋南北朝卷》，钟起煌主编：《江西通史》3，南昌：江西出版集团、江西人民出版社，2008年；

21. 陈金凤：《江西通史·隋唐五代卷》，钟起煌主编：《江西通史》4，南昌：江西出版集团、江西人民出版社，2008年；

22. 许怀林：《江西通史·北宋卷》，钟起煌主编：《江西通史》5，南昌：江西出版集团、江西人民出版社，2008年；

23. 许怀林：《江西通史·南宋卷》，钟起煌主编：《江西通史》6，南昌：江西出版集团、江西人民出版社，2008年；

24. 吴小红：《江西通史·元代卷》，钟起煌主编：《江西通史》7，南昌：江西出版集团、江西人民出版社，2008年；

25. 方志远：《江西通史·明代卷》，钟起煌主编：《江西通史》8，南昌：江西出版集团、江西人民出版社，2008年；

26. 赵树贵、陈晓鸣：《江西通史·晚清卷》，钟起煌主编：《江西通史》10，南昌：江西出版集团、江西人民出版社，2008年；

27. 班固撰：《汉书》第6册，北京：中华书局，1962年；

28. 蒋炳钊：《百越文化研究》，厦门：厦门大学出版社，2005年；

29. 《春秋左传今注今译》下，李宗侗注译，叶庆炳校订，北京：新世界出版社，2012年。

30. 木子：《江西瑞昌铜岭商周矿冶遗址新发现》，《中国文物报》1992年2月2日；

31. 《第一篇 先秦时期》，《江西冶金》1994年第6期；

32. 杨欢：《新论"六齐"之"齐"》，《文博》2015 年第 1 期；

33. 彭明瀚：《吴城文化研究》，北京：文物出版社，2005 年；

34. 江西博物馆等：《新干商代大墓》，北京：文物出版社，1997 年；

35. 许智范：《江西新干大洋洲青铜器群及有关问题》，《故宫博物院院刊》1994
年第 3 期；

36. 张亚莉：《略论商周扁足鼎》，《华夏考古》2017 年第 2 期；

37. 郭军涛：《商周青铜扁足鼎特点简析》，《故宫博物院院刊》2017 年第 6 期；

38. 曹志红、赵彦风：《人类活动记录下的江西华南虎历史分布》，《鲁东大学学
报（哲学社会科学版）》2015 年第 6 期；

39. ［英］艾兰著，和奇、陈斯雅译：《虎纹与南方文化》，《南方文物》2014 年
第 2 期；

40. 彭明瀚：《商代江西的农业经济与文明》，《农业考古》2003 年第 1 期；

41. 冯应榴辑注：《苏轼诗集合注》下册·卷 44，上海：上海古籍出版社，
2001 年；

42. 北京大学古文献研究所：《全宋诗》第 11、14、62 册，北京：北京大学出版
社，1993 年；

43. 沈乃文主编：《明别集丛刊·第 1 辑·第 49 册》，合肥：黄山书社，2013 年；

44. 《江西省南安府志（一）》卷 2，《中国方志丛书·华中地方·第 268 号》，台
北：成文出版社，1975 年；

45. ［梁］钟嵘：《诗品集注》，曹旭集注，上海：上海古籍出版社，2011 年；

46. ［梁］沈约：《宋书》第 8 册，北京：中华书局，1974 年；

47. 逯钦立辑校：《先秦汉魏晋南北朝诗》中册，北京：中华书局，1983 年；

48. ［日］渡边秀方：《中国哲学史概论》中，刘侃元译，太原：山西出版传媒
集团、山西人民出版社，2015 年；

49. 施国祁注：《元遗山诗集笺注·卷 2》，太原：山西古籍出版社，2005 年；

50. ［宋］王质等撰：《陶渊明年谱》，许逸民校辑，北京：中华书局，1986 年；

51. 徐新杰：《陶渊明故里辨》，《九江师专学报（哲学社会科学版)》，1985 年 1、2 期合刊；

52. 张金涛主编：《中国龙虎山天师道》，南昌：江西人民出版社，2000 年；

53. 张香凤：《试论龙虎山道教文化的底蕴》，《史学月刊》2006 年第 12 期；

54. 罗成德、王付军：《丹霞地貌与宗教文化关系初步研究》，《乐山师范学院学报》2011 年第 12 期；

55. 《龙虎山志》编纂委员会等编：《龙虎山志》，南昌：江西出版集团、江西科技出版社，2007 年；

56. 王亦然：《理学开山祖师：周敦颐》，郑州：中州古籍出版社，2014 年；

57. 孙晓春主编：《中国政治思想通史·宋元卷》，北京：中国人民大学出版社，2014 年；

58. 陆九渊：《陆九渊集》，北京：中华书局，1989 年；

59. 中共中央党史研究室：《中国共产党历史·第 1 卷（1921—1949)》上册，北京：中共党史出版社，2011 年第 2 版；

60. 中国社会科学近代史研究所、安源工人运动纪念馆编：《中国现代革命史资料丛刊·刘少奇与安源工人运动》，北京：中国社会科学出版社，1981 年；

61. 中共萍乡市委、萍乡市人民政府：《弘扬安源精神　加快萍乡发展》，《人民日报》2002 年 9 月 16 日（第 5 版)；

62. 陈林辉等：《论安源精神的理论内核》，《萍乡学院学报》2021 年第 5 期；

63. 白孟宸：《八一精神永放光芒　南昌八一起义纪念馆》，《国家人文历史》2021 年第 6 期；

64. 叶桉：《八一精神内涵的概括表述》，《中国高校社会科学》2016 年第 4 期；

65. 钟爱保、周云：《试论"八一精神"的丰富内涵》，《老区建设》2021 年第 10 期等；

66. 吴正裕主编：《毛泽东诗词全编鉴赏》，北京：人民文学出版社，2017 年；

67. 中共中央文献研究室编、逄先知主编：《毛泽东年谱（1893—1949)》上卷，北京：中央文献出版社，2013 年；

68. 叶桉：《略论秋收起义精神对八一精神的承继和井冈山精神的启迪——纪念秋收起义 84 周年而感》，《江西科技师范学院学报》2011 年第 4 期；

69. 《江泽民在江西考察工作时指出：结合群众实践加强党的建设，深入基层为群众办实事办好事》，《人民日报》2001 年 6 月 4 日；

70. 陈荣华等：《试论中华苏维埃共和国临时中央政府的诞生及其历史意义》，《江西社会科学》1982 年第 1 期；

71. 方志敏：《我从事革命斗争的略述》，北京：人民出版社，1980 年；

72. 刘佩芝：《方志敏是苏区精神的首倡者和实践者》，《党史文苑》2018 年第 7 期；

73. 徐新玲：《山江湖工程的实施》，《党史文苑》2020 年第 7 期；

74. 刘济民：《山江湖工程：江西富民强省的跨世纪工程》，《中国人口·资源与环境》1997 年第 3 期；

75. 刘勇：《建设国家生态文明试验区 打造美丽中国"江西样板"》，《辽宁行政学院学报》2018 年第 5 期；

76. 赖熹姬、张乔娜：《江西生态文明建设的实践与启示》，《中共南昌市委党校学报》2020 年第 4 期；

77. 《绿色发展意正浓——江西推进国家生态文明试验区建设综述》，2022 年 4 月 15 日；

78. 江西省统计局、国家统计局江西调查总队：《江西省 2021 年国民经济和社会发展统计公报》，2022 年 3 月 24 日；

79. [清] 董诰等编：《全唐文》，北京：中华书局，1983 年；

80. 吴松弟：《中国移民史第 3 卷·隋唐五代时期》，福州：福建人民出版社，1997 年；

81. [元] 脱脱等：《宋史》第 7、25、33、36、38 册，北京：中华书局，1977 年；

82. [元] 王礼：《教授夏道存行状》，《麟原文集·前集·卷3》，《影印文渊阁

四库全书·集部 159 别集类》第 1220 册,台北:台湾商务印书馆,1982 年;

83. 《江西省·九江府志·卷 22》,《中国方志丛书·华中地方·第 267 号》,台北:成文出版有限公司,1975 年;

84. [明] 宋濂等:《元史》第 2 册,北京:中华书局,1976 年;

85. [宋] 乐史撰:《太平寰宇记》,王文楚等点校,北京:中华书局,2007 年;

86. 文天祥:《文天祥全集·卷 17》,北京:北京市中国书店据 1936 年世界书局版影印,1985 年;

87. 卞利:《清代江西赣南地区的退契研究》,《中国史研究》1999 年第 2 期;

88. 曾枣庄、刘琳主编:《全宋文》第 10、104、281、287 册,上海:上海辞书出版社、安徽教育出版社,2006 年;

89. 关宰瑨:《限田外合计产应役》,《名公书判清明集》卷 3,北京:中华书局点校本,1987 年;

90. 朱文慧:《现实与观念:南宋社会"民风好讼"现象再认识》,《中山大学学报(社会科学版)》2014 年第 6 期;

91. 刘馨珺:《明镜高悬:南宋县衙的狱讼》,北京:北京大学出版社,2007 年;

92. 杜路、马治国:《宋代民间好讼之风的成因研究》,《人文杂志》2014 年第 5 期;

93. 许怀林:《宋代民风好讼的成因分析》,《宜春学院学报(社会科学)》2002 年第 1 期;

94. 孔凡礼点校:《容斋随笔》,北京:中华书局,2015 年;

95. [宋] 周密:《唐宋史料笔记丛刊·癸辛杂识》,北京:中华书局,1988 年;

96. [宋] 沈括:《唐宋史料笔记丛刊·梦溪笔谈》,北京:中华书局,2015 年;

97. 陈景良:《讼学、讼师与士大夫——宋代司法传统的转型及其意义》,《河南省政法管理干部学院学报》2002 年第 1 期;

98. 郑鹏:《文本、话语与现实——元代江南"好讼"考论》,《中国史研究》2018 年第 1 期;

99. 中央档案馆编：《中共中央政治报告选辑（1922—1926）》，北京：中国党校出版社，1981年；

100. 张耀奎：《论人民武装动员领导体制的历史演进与发展》，《军事历史》2011年第5期；

101. 《红色中华》；

102. 余伯流等：《井冈山》，南昌：二十一世纪出版社，1999年；

103. 刘爱民、赵小军：《土地革命战争的兵役动员——以"扩红"运动为背景的考察》，《军事历史》2019年第4期；

104. ［唐］魏徵等撰：《隋书》第5册，北京：中华书局，1973年；

105. ［清］张廷玉：《明史》第19、23、24册，北京：中华书局，1974年；

106. 李天白编著：《江西古代名将谱》，南昌：江西教育出版社，2013年；

107. 江西内河航运史编审委员会：《江西内河航运史（古、近代部分)》，北京：人民交通出版社，1991年；

108. 屈大均：《广东新语》上，北京：中华书局，1985年；

109. 李桂平：《赣江十八滩》，北京：生活·读书·新知三联书店，2014年；

110. 刘于浔：《修筑万家洲圩堤记》，《南昌文徵·卷20》，台北：成文出版社有限公司据民国二十四年重印本影印；

111. 江西苏区交通运输史编写组：《江西苏区交通运输史》，北京：人民交通出版社，1991年；

112. 常建华：《宋以后宗族的形成及地域比较》，北京：人民出版社，2013年；

113. 陈煜斓：《家训族约的价值取向与社会效应——以江州义门陈"家法"为例》，《闽南师范大学学报（哲学社会科学版)》2014年第2期；

114. 黄宝权：《内部需求与外部推动——中国古代江州"义门陈"家族文化形成原因探析》，《九江学院学报（社会科学版)》2015年第1期；

115. 李才栋：《江西古代书院研究》，南昌：江西教育出版社，1993年；

116. 幸友金：《桂岩书院新考》，《中国书院论坛》3，《江西省书院研究会第四届年会学术论文汇编》，2002 年；

117. 李梦阳等：《白鹿洞书院古志五种》上册，北京：中华书局，1995 年；

118. ［清］恽敬：《重建东湖书院记》，《大云山房文稿·初集卷 3》，商务印书馆，1936 年；

119. 谢祖安：《民国宜春县志》，南京：江苏古籍出版社，1996 年；

120. 《天一阁藏明代方志选刊·正德袁州府志》卷 8，上海：上海古籍出版社，1963 年影印；

121. ［宋］王谠：《唐语林校证》上，周勋初校，北京：中华书局，2008 年；

122. ［五代］王定保：《唐摭言》，阳羡生校点，上海：上海古籍出版社，2012 年；

123. 《抚州府志·卷 49》，《中国方志丛书·华中地方·第 253 号·江西省抚州府志》，台北：成文出版社有限公司影印本；

124. 陈秋露：《明代江西进士家族研究》，江西师范大学 2015 年硕士论文；

125. 王立新：《美国传教士与晚清中国现代化——近代基督新教传教士在华社会文化和教育活动》，天津：天津人民出版社，1997 年；

126. 黄炎培：《清季各省兴学史》，沈云龙主编：《近代中国史料丛刊续编第 66 辑》，台北：文海出版社，1974 年；

127. 刘禄山、吴宣：《故园的守望者——蔡敬襄》，《南方文物》2005 年第 1 期；

128. 桂汀生：《桂瑞藩传略》，桂桥学校校友会编印，1999 年；

129. 何志军：《江西近代私立教育研究》，齐齐哈尔大学 2014 年硕士论文；

130. 汤志钧、汤仁泽编：《梁启超全集》第 1 集，北京：中国人民大学出版社，2018 年；

131. 王观澜：《叶坪乡的查田运动》，《星火燎原》选编之 2，北京：中国人民解放军战士出版社，1983 年；

132. 李国强：《中央苏区教育史》，南昌：江西教育出版社，2001 年；

133. 湖南省长沙师范学校编：《徐特立文集》，长沙：湖南人民出版社，1980 年；

134. 《徐特立年谱》编委会：《徐特立年谱》，北京：人民出版社，2017 年；

135. 〔美〕埃德加·斯诺：《西行漫记》，董乐山译，北京：东方出版社，2005 年；

136. 江西省档案馆选编：《湘赣革命根据地史料选编》下，南昌：江西人民出版社，1984 年；

137. 江西现代史学会编：《与红三军团有关的历史问题及文献》，南昌：江西人民出版社，1981 年；

138. 聂荣臻：《聂荣臻回忆录》，北京：解放军出版社，2007 年；

139. 刘云：《"二苏大"与中央苏区文艺——访老红军胡德兰》，《新文化史料》1995 年第 2 期；

140. 邢东风辑校：《马祖语录》，郑州：中州古籍出版社，2008 年；

141. 〔美〕马里奥·泊塞斯基：《马祖语录以及禅语录的创作》，《中国哲学史》2010 年第 2 期；

142. 吕春瑾：《论马祖道一的"平常心是道"》，《学习月刊》2012 年第 4 期下半月；

143. 释纯一：《试论马祖道一禅师对中国佛教的建树》，《佛学研究》2002 年；

144. 王斯琴：《宝峰净域马祖道场——记江西宝峰禅寺》，《中国宗教》2009 年第 9 期；

145. 冯学成讲述：《宝镜三昧讲记：曹洞宗禅修秘籍》，广州：南方日报出版社，2013 年；

146. 徐文明：《洞山良价与曹洞宗源》，《浙江学刊》2000 年第 3 期；

147. 〔宋〕赞宁：《宋高僧传》，北京：中华书局，2010 年；

148. 毛忠贤：《中国曹洞宗通史》，南昌：江西人民出版社，2006 年；

149. 周世泉等：《本寂与曹洞宗的最后形成》，《东华理工大学学报（社会科学版）》2008 年第 3 期；

150. 谢奇烨：《曹洞东渐——读日僧东皋心越的禅学思想》，《佛学研究》2021 年第 2 期；

151. 《净土宗初祖慧远大师》，《前进》2021 年第 2 期；

152. 《全晋文》，[清] 严可均校辑：《全上古三代秦汉三国六朝文》，北京：中华书局，1958 年；

153. 龚斌：《慧远法师传》，南昌：江西人民出版社，2008 年；

154. [宋] 李昉等编：《太平广记》上，长沙：岳麓书社，1996 年。

155. [清] 金桂馨、漆逢源《逍遥山万寿宫志》，清光绪四年刊本；

156. [明] 张宇初：《道藏》第 10、24 册，北京：九州出版社，2015 年；

157. 许蔚校注：《净明忠孝全书》，北京：中华书局，2018 年；

158. 中共江西省委党史资料征集委员会：《江西党史资料·30·袁玉冰专集》，北京：中央文献出版社，1994 年；

159. 卢中岳：《袁玉冰与〈一个马克思学说的书目〉》，《赣图通讯》1984 年第 1 期；

160. 魏建刚：《越窑制瓷史》，北京：中国社会科学出版社，2015 年；

161. 李放主编：《江西历代杰出科技人物传》，南昌：江西科学技术出版社，2000 年；

162. [清] 蓝浦、郑廷桂：《景德镇陶录图说》，连冕编注，济南：山东画报出版社，2004 年；

163. 王睿：《吉州窑之永和窑与临江窑初步比较》，《南方文物》2015 年第 2 期；

164. 张发颖、刁云展整理：《唐英集》，沈阳：辽沈书社，1991 年；

165. 张发颖编：《唐英督陶文档》，北京：学苑出版社，2011 年；

166. 初国卿：《陶圣故里：唐英和"唐窑"的辉煌》，《芒种》2021 年第 1 期；

167. [明] 王绍隆撰；[清] 潘楫辑注：《医灯续焰》，北京：中医古籍出版社，2015 年；

168. [宋] 陈自明：《妇人大全良方》，刘洋校注，北京：中国医药科技出版社，2011 年；

169. [宋] 严用和：《重订严氏济生方》，浙江省中医研究所文献组、湖州中医院整理，北京：人民卫生出版社，1980 年；

170. 孙莹、曹瑛：《九江名医严用和生平及贡献》，《江西中医药大学学报》2022 年第 1 期；

171. ［元］危亦林：《世医得效方》，王育学等校注，北京：中国中医药出版社，1996 年；

172. ［明］龚廷贤：《小儿推拿秘旨》，王道全等校注，北京：中国盲文出版社，2013 年；

173. ［明］李梴编撰：《医学入门》上下，田代华等整理，北京：人民卫生出版社，2006 年；

174. ［明］龚居中：《红炉点雪》，上海：上海科学技术出版社，1959 年；

175. ［清］喻昌：《寓意草》，艾军等校注，北京：中国中医药出版社，2008 年；

176. 李小荣主编：《黄宫绣医学文集》，北京：中国医药科技出版社，2019 年；

177. ［清］谢星焕：《得心集医案》，任娟莉校注，北京：中国中医药出版社，2016 年；

178. 徐春娟、陈荣：《〈谢映庐医案〉临床学术思想现代探骊》，《南京中医药大学学报（社会科学版）》2014 年第 2 期；

179. ［元］赵友钦：《革象新书》，《影印文渊阁四库全书·子部·92·天文算法类》第 786 册，台北：台湾商务印书馆，1982 年；

180. 孔国平：《赵友钦及其〈革象新书〉的数学成就》，《中国科技史料》1998 年第 2 期；

181. 王哲然：《赵友钦小孔成像研究来源初考》，《自然科学史研究》2014 年第 4 期；

182. 王锦光：《赵友钦及其光学研究》，自然科学史研究所主编：《科技史文集（12）物理学史专辑》，上海：上海科学技术出版社，1984 年；

183. 潘吉星：《中国思想家评传丛书·宋应星评传》，南京：南京大学出版社，1990 年；

184. ［明］方以智：《物理小识》，《影印文渊阁四库全书·子部·173·杂家类》

第 867 册，台北：台湾商务印书馆，1982 年；

185. 李迪：《揭暄在物理学的贡献》，《自然杂志》1979 年第 3 期；

186. 孙承晟：《揭暄〈璇玑遗述〉成书及流传考略》，《自然科学史研究》2009 年第 2 期；

187. 郭怀中：《清代安徽科学家齐彦槐》，《安徽师大学报（哲学社会科学版)》1993 年第 1 期；

188. 邓可卉：《齐彦槐及其制作的天文仪器》，《内蒙古师大学报（自然科学（汉文）版)》2000 年第 1 期；

189. [清] 纪昀等：《影印文渊阁四库全书·史部·227·地理类》第 469 册，台北：台湾商务印书馆，1982 年；

190. 沈福伟：《元代航海家汪大渊周游非洲的历史意义》，《西亚非洲》1983 年第 1 期；

191. [元] 汪大渊：《岛夷志略校释》，苏继庼校释，北京：中华书局，1981 年；

192. 朱维铮、李天纲主编：《徐光启全集》第 6 册，上海：上海古籍出版社，2010 年。

后　记

优秀文化精神标识是习近平总书记提出的重要文化概念。《江西优秀文化精神标识及其传承研究》能够获批为 2019 年江西高校人文社科规划项目，一方面是其荣幸，另一方面体现优秀文化精神标识概念已经凸显其理论魅力。本项目的理论基础来自国家社会科学基金后期资助项目的学术积累，可以说，前者是后者绽放的又一朵小花。我希望这朵小花未来能够结出更大的硕果。项目研究的三年时间多半在与疫情做斗争，客观环境的艰难可想而知。好在项目组成员能够克服不利因素的困扰，努力前行，为项目的成功完成创造了扎实的基础。

《江西优秀文化精神标识及其传承研究》主要内容共计六章。其中，第一、第二章的文献资料由李焱老师收集并整理；第三、第四章的文献资料由徐方亮老师收集并整理；第五、第六章的文献资料由朱玲老师收集并整理。众人拾柴火焰高，在此，要感谢三位老师的辛勤劳动。

《江西优秀文化精神标识及其传承研究》已经完成，但对优秀文化精神标识的思考仍在继续。由江西而全国，中国之大，如何用优秀文化精神标识概括与描绘，或许是下一个课题的方向。

此外，我还要真诚感谢我的工作单位——赣州师范高等专科学校。项目之初，学校提供了人员与智力的双重支持和协助；项目之中，学校提供后勤、办公、图书馆、网络等配套；项目之终，学校提供科研经费配套，保障科研成果得以正式出版发行。可以说，学校的鼎力扶持是本项目成功结项的最关键因素。

社科类科研难，出版成果更难。在此，我想借用江西优秀文化精神标识之"不学为辱"自勉，更一并感谢所有"重文重教"的各方人士。

徐忱于赣州师专

2023 年 2 月 9 日

图书在版编目（CIP）数据

江西优秀文化精神标识及其传承研究 / 徐忱著. --
北京：中国文史出版社，2023.9
ISBN 978-7-5205-4069-8

Ⅰ. ①江… Ⅱ. ①徐… Ⅲ. ①地方文化－研究－江西
Ⅳ. ①G127.56

中国国家版本馆CIP数据核字(2023)第091498号

责任编辑：蔡晓欧

出版发行：**中国文史出版社**

社　　址：北京市海淀区西八里庄路 69 号院　邮编：100142
电　　话：010-81136606　81136602　81136603（发行部)
传　　真：010-81136655
印　　装：廊坊市海涛印刷有限公司
经　　销：全国新华书店
开　　本：720×1020　1/16
印　　张：14.5　　字数：202 千字
版　　次：2023 年 9 月第 1 版
印　　次：2023 年 9 月第 1 次印刷
定　　价：55.00 元